炼铁生产

管材矫直生产

我国第一套火车车轮压轧生产

穿孔生产

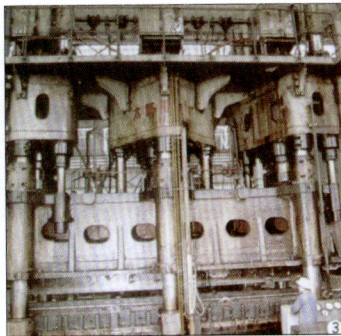

40MN汽车纵梁油压机

2×250吨桥式起重机

齿轮生产

激光加工处理人字齿轮轴齿面

钻孔

车削外圆

铣削斜齿轮

活塞销挤压生产

模锻曲轴

车曲轴

膛削发动机汽缸体

联轴器的平衡检测

曲轴测量

键槽加工

安全制动器应用

电力液压块式制动器应用

气动盘式制动器应用

摩托车发动机

汽车发动机

双动力发动机

电动汽车

飞机发动机

航空发动机

概念车

概念车

转动的和谐

铸造产品

铸造产品

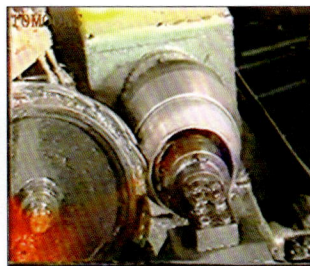
板料冲压拉深水壶半成品

粉末冶金产品

粉末冶金产品

铸件成品

精密铸造单晶涡轮叶片

精密铸造钴基合金导向叶片

塑胶管件活接头

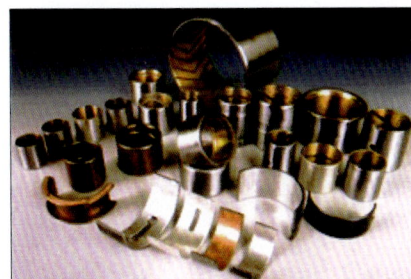
各种轴瓦和轴承衬

液压泵摩擦副材料

油膜轴承

滚动轴承

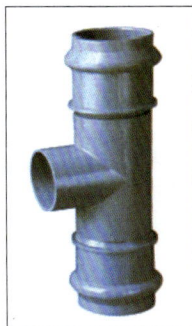
塑胶双柔90度三通

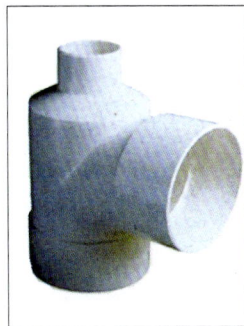
塑胶瓶形三通

不锈钢储气机

北京科技大学校训：学风严谨，崇尚实践

部件

曲柄连杆机构

零件

生活中的机械

晶体艺术之美多面体空间刚架结构

金属连接艺术之美

盘古科技

人文工程盘古文化

回归自然鸟巢

工业和信息化普通高等教育
"十二五"规划教材立项项目

国家级教学团队实践教学系列教材
Guojiaji Jiaoxue Tuandui Shijian Jiaoxue Xilie Jiaocai

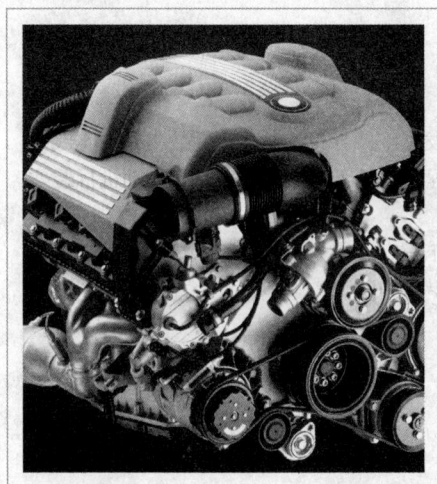

发动机原理与拆装实践教程
——现代工程实践教学

樊百林 编著

翁海珊 窦忠强 主审

Engine Principle and Disassembly Practice
—— Modern Engineering Practice

人民邮电出版社

北京

图书在版编目（CIP）数据

发动机原理与拆装实践教程：现代工程实践教学 /
樊百林编著. -- 北京：人民邮电出版社，2011.5
ISBN 978-7-115-24107-8

Ⅰ. ①发… Ⅱ. ①樊… Ⅲ. ①汽车－发动机－理论－
教材②汽车－发动机－装配（机械）－教材 Ⅳ.
①U464

中国版本图书馆CIP数据核字(2011)第025700号

内 容 提 要

本书共 7 章，内容包括现代工程实践教学导论，现代车辆工程发展实践导论，发动机拆装工具与实践教学课前准备，四冲程发动机基本结构与汽车发动机拆装实践，二冲程发动机工作原理与摩托车发动机拆装实践，离合器、联轴器和制动器，虚拟制造和虚拟装配。

本书可作为普通高等院校工业设计、自动化、信息技术、车辆工程、环境与资源、土木等近机械类和机类专业相关课程的实践教学教材使用，也可供相关工程技术人员参考使用。

发动机原理与拆装实践教程——现代工程实践教学

◆ 编　著　樊百林
　主　审　翁海珊　窦忠强
　责任编辑　蒋　亮

◆ 人民邮电出版社出版发行　北京市崇文区夕照寺街 14 号
　邮编　100061　电子邮件　315@ptpress.com.cn
　网址　http://www.ptpress.com.cn
　中国铁道出版社印刷厂印刷

◆ 开本：787×1092　1/16　　彩插：2
　印张：16.25　　　　　　　2011 年 5 月第 1 版
　字数：393 千字　　　　　2011 年 5 月北京第 1 次印刷

ISBN 978-7-115-24107-8
定价：34.00 元

读者服务热线：(010)67170985　印装质量热线：(010)67129223
反盗版热线：(010)67171154

全面、协调、可持续地发展经济、政治、文化，是科学发展观的重要思想。而把科学发展观贯彻落实在高校的教学与实践中，是每个高校教师应尽的职责。本书作者，从1986年工作以来，曾经担任"飞焊内补小车自动焊机"技术服务指导，"ø108三辊穿孔机设计"，"ø76高频焊接设备给排水系统和环保系统设计"等十几项工程设计，具有较宽的专业知识面和很强的实际设计工作经验。

作者从事高校教学以来，长期从事"工程材料与制造基础"、"机械设计制图"等课程的理论教学，同时负责"实践教学课程与实践教学研究课题"，承担"金工实习"、"发动机拆装实践"等课程的实践教学，与学生有着深入的接触与交流。"发动机拆装实践"是作者付出大量时间、心血筹建并开展至今，本实践教学课程与以往的教学模型有很大的差别，具有很强的实践性、工程零部件结构直观性、结构的复杂性和配合的真实性。从21世纪新阶段的实际出发，把握构建创新性社会发展的宏观规律，了解当代大学生的实际需求，所以在教学中渗透工程设计意识、安全环保意识、以人为本的管理意识、人文意识等多方面的内容，深受同学们的欢迎。

"发动机拆装实践"课程，是提高大学生综合工程意识和综合工程实践能力的重要实践环节，是培养大学生理论联系实际的重要途径之一，不仅同学们喜欢，而且学校特别重视。北京科技大学校训为"学风严谨，崇尚实践"，所以把实践课程放在非常重要的位置，并在实践教学基地建设和经费投入等方面给予了大力支持，使得这门课程能够不断地走向健康发展之路。当然，这门课程能够受到广大师生的欢迎，是与作者多年来，全身心地投入大量时间负责承担教学实践课程和理论课程，并对实践教学进行探索和研究分不开的。

本书的出版对拓宽实践教学内涵有很重要的指导意义，本实践课程必然给无数大学生拓宽工程实践意识和创新意识，作者的创新精神正是现代教学所极需的。

北京科技大学机械工程学院

罗圣国 教授

2010年之旦

2009 年 12 月召开的"哥本哈根气候峰会",虽没有达成任何有实质性意义的协议,但人类关注环境、关注生态的意识却不会因此而减弱。保护地球,是现代人义不容辞的责任,每个人都应从自己的工作和生活中尽一份努力,为地球和人类的长治久安做出自己应有的贡献。

现代科学技术对自然的改造与利用,为人类带来了巨大的利益,同时,也给人类的持续发展带来了潜在的威胁,如化学污染、温室效应、核弹威胁、能源枯竭等问题,正在困扰着人类。崇尚实践,培养创新意识,构建创新性和谐社会靠地球村每一位公民的低碳环保意识,当今世界上的有识之士都在关注这些问题,并在努力倡导一种全新的与自然相和谐的思想。本书作者通过自己多年来的努力,为了把这种思想融入在自己的教学实践中,做了大量的探索工作,提出了现代工程是集"绿色工程"、"人文工程"及"科技工程"为一体的"综合工程"的理念,并把这种理念应用在"发动机拆装实践"和"机械设计制图"、"机械制图"等课程中,受到了广大师生们的一致好评。

"发动机拆装实践"课程,是高校教学中理论联系实际的一个重要环节,是学生从知识走向能力的重要一步。这一课程,虽然课时不是很多,但"麻雀虽小,五脏俱全",它可以牵涉到方方面面的工程知识,只要教育者有心,不仅可以把制图课程的构形分析融入实践教学中,而且可以把车辆工程、机械设计、制造工艺、安全环保以及人文科学、经济管理、计算机等多方面的意识培养融入教学,从而使它成为培养学生综合工程素质一个重要的实践场所。

教与学的关键是:教师与学生心灵上的互动。作者是这么想的,也是这么做的。此书从内容和理论深度上具有一定的实用性和科学前沿性,作者在立志于培养德才兼备的高科技人才意识方面具有独到的见解,而最难能可贵的是作者已把它付之于实践!

本书的出版对提高大学生的工程背景知识和推动高校实践教学发展具有很重要的促进作用。

北京邮电大学信息与通信工程学院

蔡海滨 教授

2010 年 1 月 5 日.

作者 80 年代初上大学时，曾经在首钢，武钢，宝钢等钢厂参观学习过 4 个月时间，这些参观和学习给我此后对冶金设备专业知识的学习奠定了基础，《金工实习》5 周对工艺的认识奠定了基础。在大学四年，学习了很多门理论课程和实验课程，其中几个实验课程使我记忆尤深，永生难忘，为我今后的研究奠定了基础，那就是《机构实验》，《流体力学实验》、《变形阻力实验》等实验，一些高深的理论，通过参观或亲自动手做实验，通过实验老师的耐心讲解，理论变得通俗易懂，同时大大激发了作者对这些课程的学习兴趣。回顾大学四年，作者认为实验很重要，实验和理论课堂是各具特色的两条腿，互为补充，缺一不可。

当今社会，许多企业，公司招聘人才首选实践型人才，就业和生存的艰难使实验和实践教学显得尤为重要。

满足人类自身的物质和精神的需求，解决现实生存和就业问题，从而达到和谐自然、和谐社会、保护人类自身生存环境的崇高目标是我们人类教育的最终目的。培养具有综合素质、综合能力、以人文科学为基础、具有研究型、工程型、实践型、复合型、创新型、国际化的高科技技术人才，成为 21 世纪高等教育人才培养的重要教学目标。

21 世纪，随着科技的高度发展，人类自身生存和发展的理念发生了根本变化，由过去纯粹的专业"技术工程"理念逐渐转型到保护地球，爱护自然生存环境的现代"绿色工程"、"人文工程"、"科技工程"三大理念的"综合工程"理念，体现了我国创新发展的可持续性发展理念，体现了中华民族根文化——和谐发展的科技文化理念。

现代工程的本质在于将现代科学技术知识、安全与环保知识、经济知识、管理知识、人文科学知识等应用于水利、建筑、环保、车辆、机械等工程实践活动中，满足人类自身精神和物质追求的需要，解决生存和就业的现实问题，达成和谐人类自身，和谐社会，和谐自然的目的。

现代大学生面临着扩大知识面、社会实践知识面和工程实践知识面的挑战，同时面临着就业和生存的挑战。大学生的"基础知识、专业技术基础知识、专业知识、人文科学知识以及以人为本的管理知识"有机结合是提高大学生综合素质的有效途径之一。

本书以车辆工程知识为主体，实践教学为主导，以工艺为引线，培养综合工程实践意识和综合工程实践能力为教学目标（工程知识包括构形知识）。本书参与现实，贴近生活，适应性广，实践性强。

本书属于实践教学类教材，适合于高等院校、大中专院校机械类专业、近机类、非机类专业技术基础课程的实践教学使用，也适合于文科类专业实践教学课程使用。

作者才疏学浅，在发动机拆装实践教学的筹建过程中，得到了清华大学车辆工程学院、清华大学管理学院、北京科技大学、北京科技大学机械工程学院、北京科技大学机械工程学院工学系、北京科技大学机械工程学院实验中心以及北京科技大学工程训练中心等单位各位领导、教师、工人以及各位仁人志士的鼎力支持，特别感谢于晓红、翁海珊，许纪倩，陈健，甄同乐，邹静，汪泽瑞，刘长水，王社君，王建宏等教师在筹建过程中给予作者的关心、鼓励和支持。

翁海珊教授，窦忠强教授对本书进行了认真的审定，提出了宝贵的建议，在这里作者对他们表示衷心的感谢。

作者水平有限，纰漏与不妥之处在所难免，敬请各位读者不吝指教，建议和意见可发给编者：fanbailin@sohu.com。

樊百林

2011 年 2 月

于北京科技大学机电楼

目录

CONTENTS

第 1 章

现代工程实践教学导论

知识来源于社会又回归于社会。
一切构形来自于功用、艺术美学、文化设计三大意识领域。

培养目标

1. 拓宽工程知识领域，培养综合工程实践意识和综合工程实践能力。
2. 培养对机械、机器、机构的意识和对零件的结构设计意识。
3. 培养基本的制造工艺意识和合理的焊接结构工艺性设计意识。
4. 培养质量责任安全意识。
5. 培养工程和谐创新意识。

实践与学习目标

1. 结合发动机拆装实践，熟悉机械及其连接。
2. 结合发动机拆装实践，正确描述基本连接件相关知识。
3. 参观螺纹加工。
4. 参观键槽加工。
5. 结合现实事故案例，提高安全设计责任意识。
6. 结合现实事故案例，了解焊接安全结构性设计原则。
7. 结合生产实践，初步了解零件加工制造工艺。
8. 结合生产实践，对零件进行构形设计分析。
9. 结合生产实践，对机器进行初步的机构分析机构设计。
10. 结合发动机拆装实践和现实生产生活，以弹簧为例，了解国家和行业弹簧标准的概念，了解弹簧功用、材料、制造、检验、设计、绘图等设计思想。
11. 结合拆装实践和现实生产生活，熟悉轴承的应用场合和了解轴承的相关知识。

第1节　概述

　　知识来源于社会又回归于社会，实践教学是一门新型的学科，它是主体人类对社会、自然界正在存在的事件进行去伪存真，全方位研究、分析、学习的一个过程；同时，也是主体人类对生活、生产中使用的客观实体机器、客观事物及其规律，直接进行全方位分析、研究、学习的一个过程。在实践教学过程中，呈现出知识量大，知识涉及面广，现实直观性强，工程综合性强等特点。

　　对于大一的学生，轴承、键、销、铆钉、螺纹连接标准件，真实的润滑油、真实的艰苦作业环境，真实的结构原理，真实的机构，真实的工程材料和工具等等，都是第一次见到，有的甚至是第一次亲耳听到。正如学生说："学了机械制图快一年了，却始终对着一些图片或是简单的模型，画来画去，现在终于看到了真实的家伙了，…"，"'百闻不如一见'，但是我更加认识'百闻不如一实践'，…"，"当今的大学生如果不注重理论联系实际，不注重积累实践经验，就会是一个百无一用的书橱。""这是任何一堂理论课都无法比拟的课程…。""这是一堂无比重要的课，知识量远大于普通课堂的十倍百倍。""我校的校训是'学风严谨，崇尚实践'，这次实践就是'崇尚实践'的具体体现。""深深体会到学校为什么把'实践'提到校训的地位……。"

　　"由三视图想象出来的实物图与真的实物有一定的差距，虽然老师的 PPT 做的生动形象，但是看 PPT 中的平面图，不如看真的实物生动形象。这次拆装摩托车发动机让我看到了很多从没见过的结构。"

　　学生的渴望多么的朴素而真实。"…老师，这们课要一直保持下去，能不能多开几门实践教学的课程。…"

　　"老师发动机工作原理是什么？为什么设计成这样的形状？"这是一个真实而简单的问题，而回答这个问题却需具备车辆工程专业知识。

　　发动机拆装实践教学具备了专业技术基础知识和专业知识等相关知识，通过实践教学大学生可以了解现实社会和现实生产，获取真实的知识点、结构复杂性和真实的配合装配关系；直接获得直观真实的技术基础知识、专业基础知识和专业知识，直接获得成本意识、工程意识，得到真实的工程实践能力的培养。

　　人类学习的目的是为了生存，满足人类对物质、精神世界的需求，从而达到社会的和谐。和谐的基础之一是尊重，通过实践教学，学生的尊重意识在实践教学过程中得到培养，精神世界得到升华。正如学生说"平时总是有点瞧不起那些在生产线上的工人农民，总认为自己是学知识啃书本的，应比他们高一些，可当我站在发动机面前无所事从，一片茫然时，我的心一下子凉了，也只有此刻，我终于明白了那些劳动者的伟大…"。"…了解到想成为一名优秀的工人，也是不容易的…。""那些装配工人师傅的工作真是特别值得尊敬，同样，他们一丝不苟的工作态度也值得学习。""发动机制造这个行业，是一个值得尊敬和学习的行业。"

　　实践教学是全方位分析、研究、学习的一个过程，是一门以生活、生产设备为基础的理论与实践相结合的实践性教学课堂。作者总结十几年的实践教学经验，结合工程实践阐述了实践与实验的区别。

　　连接件、传动件和支撑件是工程中常用件，焊接结构在建筑工程、机械工程等工程中应用非常普遍，通过拆装实践，熟悉连接件的实际应用相关知识、通过焊接结构教学案例，阐述焊接结构工艺性设计原则，以车辆工程为主线，阐述弹簧的实际应用。

本章以工程中常用的标准件为基础，以工艺为引线，讲解工程实践中的设计意识，从而培养大学生从人类生活、生产实践中获取知识的能力和工程实践能力；培养结构设计意识、机构意识、工艺意识、责任意识、质量安全意识、合理的焊接结构安全工艺性设计意识、创新意识，拓宽工程知识领域，培养综合工程意识。

第2节　试验、实验、实践教学

一、试验、实验

1．试验

试验的定义　众多因素变化制约着一个事件的变化，对影响事件的因素没有完全理透，为了探究影响因素对事件的影响规律而进行的试用操作。或为了了解某事物的性能或某事件的结果而进行的尝试性活动。

试验的本质　对影响事物或事件的因素没有完全理透，从众多因素中找出主要因素，并研究其规律的过程。

目前常用的试验法有正交试验法、模拟仿真法。

正交试验法　能够大幅度减少试验次数而且不会降低试验可行度。

模拟仿真法　试验设备是计算机，但试验数据和规律具有一定的参考价值。

2．实验

实验的定义　为达到某一研究目的，利用科学仪器设备等或在人工模拟的环境条件下，排除干扰，忽略外界的影响，突出主要因素，在对研究目的有利的条件下，对事物或事件进一步进行细致的观察，分析事件或事件详细的影响因素、变化规律、发展过程，从而进一步认识事物、事件规律，以获得指导现实生产、生活的具有一定参考价值的数据、规律。

实验的本质　在掌握了一定事物影响因素和变化规律的基础上，进一步深入细致地研究其影响因素是如何对事物、事件进行影响的，研究其详细的变化规律，研究事件的详细发展过程。

习惯上，人们把试验和实验看做同一个概念，实际上试验和实验是研究事物影响因素、发展规律的两个阶段。试验和实验有时是在同一台设备、同一个环境下进行研究的。有时实验是在试验的基础上，根据试验掌握的某些规律进行的一系列操作或活动。

二、实践教学

实践教学是一种新的教学理念，不同于过去的实验教学。

1．实践教学概述

实践教学的目的

（1）提升人文素养、和谐自身、和谐社会、和谐自然，实现对宇宙人生真理的正确认识。

（2）提高人类主体自身综合工程意识和综合工程实践能力。

实践教学的客体

（1）来自于客观社会、自然界客观存在的自然现象、客观存在的事实、真实发生的事件等。

（2）来自于现实生产和现实生活中正在使用的机器、设备等客观实体。

实践教学的主体 客观存在的人类。

实践教学对主体的要求

（1）具有正确的对宇宙人生真理的认知意识和正确的实践经验。

（2）具有辩证思维意识和辩证解决客观实际问题的实践能力。

（3）了解、参与现实社会和现实生产的实践经验。

（4）具有熟练的基础知识和专业知识。

（5）具有较强的综合分析客观世界发展规律的能力。

实践教学的定义 主体人类对社会、自然界正在存在的事件进行去伪存真，全方位研究、分析、学习的一个过程；同时，也是主体人类对生活、生产中使用的客观实体机器、客观事物及其规律，直接进行全方位分析、研究、学习的一个过程。

实践教学的特点 在实践教学过程中，呈现出知识量大，知识涉及面广，现实直观性强，工程综合性实践强等特点。

实践教学的实质 全方位系统工程学习、研究、训练的场所和课堂。

2．实践教学客体设备和实验教学客体设备的区别

以汽车发动机和减速器为例来说明实践教学客体设备和实验教学客体设备的区别。实践教学客体设备如图 1-1 所示，为来自于生产中使用的发动机和减速器；实验教学客体设备如图 1-2 所示，为非生产使用的发动机和减速器教学模型。

（a）发动机实体 　　　　　　　　　　（b）减速器实体

图 1-1 实践教学客体设备

（a）非生产用的发动机教学模型 　　　　　（b）非生产用的减速器教学模型

图 1-2 实验教学客体设备

（1）学习研究的艰苦程度相差很大　现实生产使用的实践教学设备发动机、减速器，最起码的有润滑油，很重、很脏、很大（微型结构除外）；而非现实生产使用的实验设备发动机、减速器教学模型，很干净、很轻，没有放置润滑油。

（2）它们的复杂程度不一致　从外观上看它们的复杂程度不一致，内部结构复杂程度和零件的结构复杂程度不一致。

车辆工程中使用的发动机实践教学实体与发动机模型结构有天壤之别，重量相差甚远，结构不一致。可想而知，从实践教学实体和从实验教学模型实体获得的工程知识有天地之别。

（3）局部细小结构不一致　很多关键性的结构在非现实生产使用的实验模型中体现不出来，而这些细小的局部结构却是机器性能好坏的关键所在，也是机器设计时必不可少的考虑因素。现实生产中使用的实践教学实体设备，零件的细小部位的结构体现得淋漓尽致。

（4）零件之间的配合精确程度不一致　现实生产使用的减速器和发动机，零件之间的配合严格按照设计要求和工作要求进行设计、加工制造、装配、验收。而实验教学模型是非现实生产使用的教学测绘减速器模型和发动机教学模型，零件之间的配合关系不是完全按照机器各种不同工作要求设计加工制造的。

（5）零件数量相差很大　生产使用的减速器、发动机和教学测绘减速器实验模型和发动机教学模型所使用的零件数量相差很大。

（6）材质完全不一致　生产使用的减速器、发动机和教学测绘减速器实验模型和发动机教学模型所使用的材质完全不一致。

（7）拆装、测绘的时间不一样　由于配合严格程度不一致，结构复杂程度不一致，操作艰苦性不一致，零件数目不一致，所以，单纯拆装实践教学实体，现实生产使用的发动机、减速器，所花的时间比拆装非现实生产使用的发动机、减速器实验模型时间要长4～16倍，可想而知，测绘所花的时间相差甚远。

（8）工程知识获取量不同　观看、拆装、测绘一台非现实生产使用的发动机实验模型和观看、拆装、测绘一台现实生产使用的发动机实践教学实体，主体人对工程意识、工程能力的心理体悟有天壤之别。

工程意识的培养就在于对现实生产设备的直接接触，直接体验设备结构的真实性，结构的复杂性，功能的真实性，零件数量的真实性，作业的艰苦性等。

3．实践教学开展的条件

现实生产实体设备投入教学，开展难度大，以发动机拆装实践教学为例来说明，要想开展实践教学，应具备充分条件和必要条件，只有这两个条件同时具备实践教学才得以落实。

充分条件

（1）具有生产实体设备。

（2）具有一定的空间，实践的场所。

（3）主体教师应具有如下素养：基础知识扎实和专业知识面宽；熟悉与设备相关的生产知识，具有实际设计工作经验；掌握普通和特殊专用工具的使用；具有维修和装配意识和知识；具备工程意识和能力。

必要条件　起步筹建开展实践教学，教师需要投入大量的时间、精力甚至金钱，并且教师需要学习与实践教学使用的设备相关的专业和非专业知识。

只有充分条件和必要条件都具备时，实践教学才得以筹建开展落实。否则，难于将现实生产中的正在使用的实体设备用于现实大学生课程教学中。

通过实践教学可以了解现实社会和现实生产，可以获取真实的知识点、真实的结构复杂性、真实的配合和装配关系，获得直观真实的基础知识、技术知识和专业知识，直接获得成本意识、价值意识、工程意识。

三、现代工程实践教学案例

案例一　妙趣横生的发动机拆装实践教学

学生说："学了机械制图快一年了，却始终对着一些图片或是简单的模型，画来画去，现在终于看到了真实的家伙了。……"

发动机由三百多个零件组成，零件的形状行行色色不同，学生问，为什么这些实体设计成这么奇形怪状？这是一个多么简单而真实的问题，而要回答这个问题，没有车辆工程专业知识无法解释这个原因，所以实践教学必然来自于真实的生产。工程意识的培养必然是掌握工程知识的基础上才可能谈及工程意识，工程能力的培养。

知识来源于社会又回归于社会，现代大学生多么渴望亲眼见一见真真的工程实体零件。亲手拆一拆真真的机器……这也就是北京科技大学的校训"学风严谨，崇尚实践"的意义所在。

现代大学生缺乏工程意识和工程能力，面临着扩大知识面、社会实践知识面和工程实践知识面的挑战，同时面临着就业和生存的挑战。

培养大学生从人类生活、生产实践中获取知识的能力。培养构形意识，结构设计意识、工艺意识、创新意识、拓宽工程知识领域，培养综合工程意识是高等教育制图教学目标之一。

通过实践教学不仅培养了大学生的工程动手实践能力、分析解决实际问题的能力，获得较真实的工程经历，为大学生工程实践与工程应用能力的培养奠定了基础；而且培养了大学生的工程制图意识，获得了工程设计的一般过程，更重要的是为培养工程意识为理念的制图教学奠定了坚实的实践基础。

1. 以工程意识为基础的实践教学

工程意识来自于真实的生产和生活，来自于真实的工程背景。学生说："老师在课堂上给我们看了生动的键槽加工生产场景多媒体，看了各种键的三维造型 PPT，……，我们还是觉得键太抽象了，能不能让我们看一看真实的键的实体啊。"渴望见到、摸到真实的工程实体，如此的朴素而真实的求知欲望。

笔者通过十年的实践教学——拆装生产和生活中真实使用的设备发动机如图 1-3 所示，为大学生提供了熟悉和了解工程环境的场所，提供了工程实践的机会，为大学生改革创新设计提供了空间。如此多的零件，如此复杂的结构，如此奇妙的原理……正如学生说："百闻不如一实践，我现在才深深体会到学校为什么把"实践"提到校训的地位，……这是任何一堂理论课都无法比拟的课程；这是一堂无比重要的课，知识量远大于普通课堂的十倍百倍。"

工程意识包括 20 多个方面，对于不同的专业，在机械设计制图理论教学与实践教学过程中，对大学生可以进行不同侧重点的工程意识的传递。

工程中的零件是在特定的工作环境下工作，所以了解零件的功用、工作环境和工作载荷性质是《机械设计制图》工程零件设计的基础。以活塞为例说明。

(a)　　　　　　　　　　　　　　　(b)

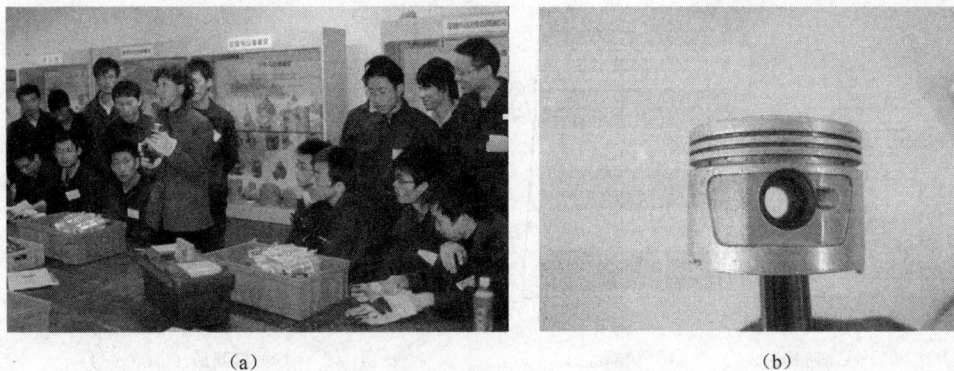

图 1-3　工程实践教学

（1）零件的奇妙功能

活塞是发动机中最重要的零件之一。其功能是构成燃烧室，承受气体压力，并通过活塞销和连杆驱使曲轴旋转。奇妙的功能促成了独特的设计结构。活塞顶部构形设计要考虑到燃烧室的形状，如图 1-4 所示。别小看这些简单的形状，它可与发动机的能量传递和压缩比有很大的关系。我们这样来研究圆柱体、球体等构形设计，使枯燥无味的圆柱体赋予了工程知识的灵魂。

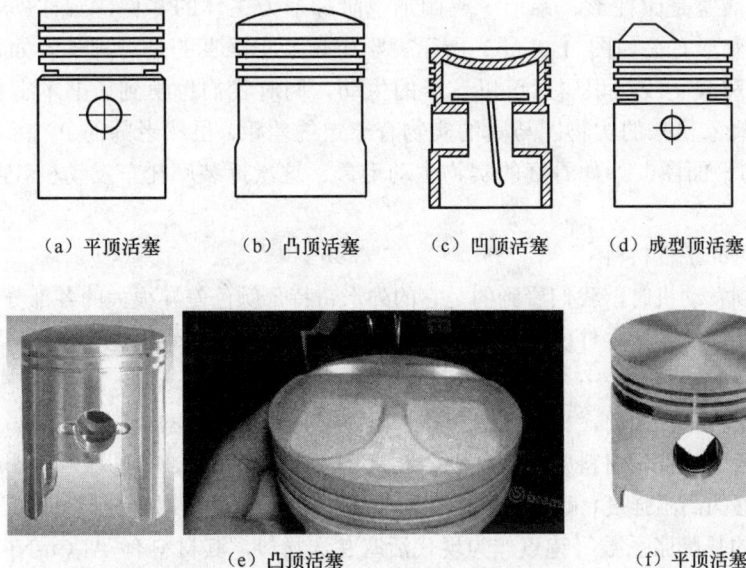

（a）平顶活塞　　　（b）凸顶活塞　　　（c）凹顶活塞　　　（d）成型顶活塞

（e）凸顶活塞　　　　　　　　　　　（f）平顶活塞

图 1-4　活塞顶部形状

（2）独特的零件工程温度

活塞在高温和化学腐蚀下工作、润滑不良、散热条件差；顶部工作温度高达 600～700K，且分布不均匀；根据工程环境，在制图形状构形设计时要考虑到温度的变化，如图 1-5 所示。考虑到温度上高下低的不同，活塞由圆柱体演变而成的锥体、阶梯形、椭圆形的活塞，使构形扩展知识点赋予了工程意识和工程知识内涵，学生说：当今的大学生如果不注重理论联系实际，不注重积累实践经验，就会是一个百无一用的书橱。正所谓知识来源于社会又回归于社会。

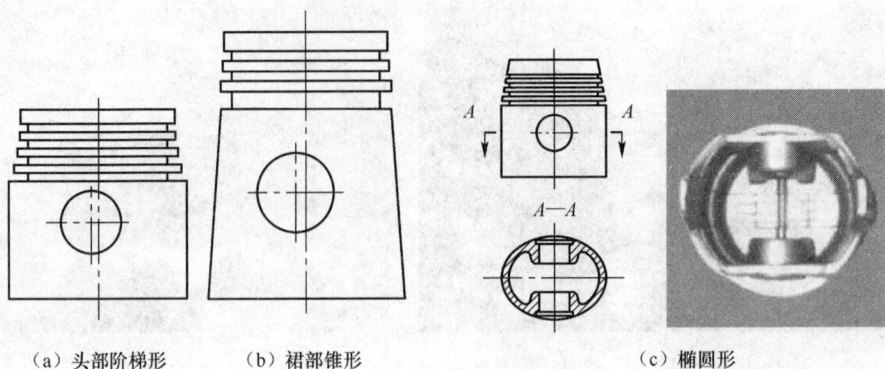

（a）头部阶梯形　　　　　（b）裙部锥形　　　　　　　　　（c）椭圆形

图 1-5　活塞示意图

（3）防止敲缸设计偏贯

活塞在高速下工作，线速度达到 10m/s，承受很大的惯性力。活塞顶部承受最高的压力、附加载荷和热应力，使之变形，破坏配合联结。活塞承受的气体作用力如何传递给连杆？有一个不可或缺的活塞销，为活塞销设计一个安稳的孔，以防止出现敲缸，使活塞较平顺地从压向汽缸的一面过渡到压向另一面，保证发动机的平顺性，这个孔不可能正贯，一定要偏贯布置（中心线不对中）如图 1-5 所示，别小看 0.5 mm 的偏心，它可是延长发动机寿命的致关重要的距离。活塞是园柱形、锥形、椭圆形、阶梯形为主体的零件，圆柱外表面可以设计浅坑，与散热和变形有关如图 1-3（b）所示。学生说：实践真的是一种学习知识的捷径，书本上乏味的偏贯和截交线知识居然可以这样的生动，同时我们也学到了书本上根本学不到的知识！由三视图想象出来的实物图与真的实物有一定的差距，虽然老师的 PPT 做的生动形象，但是看 PPT 中的平面图，不如看真的实物生动形象。这次拆装摩托车发动机让我看到了很多从没见过的结构。

（4）不同颜色的工程材料

当第一眼看到发动机时，我们看到的是它的外形奇特，颜色差异很大的各部分实体，通过颜色的世界来判别发动机各个零件所使用的材料，使材料的学习变得有趣生动，不再难于记忆。黑色的汽缸体，灰色的铝合金……

站在真真的工程零件面前，材料的选择非常严谨，它决定了成本和制造工艺。活塞作为传递能量一个非常重要的构件，材料要求密度小、质量轻、热传导性好、热膨胀系数小等特殊要求；并具要求具有足够的高温强度、耐磨和耐蚀性能、尺寸稳定性好。铝合金材料以其质轻、良好热传导性以及较低的热膨胀系数等特点作为现代活塞首选材料，其材料有 Al-Cu-Ni-Mg 系合金，Al-Cu-Si 系合金，共晶、亚共晶型、过共晶型 Al-Si 合金。

铝基复合材料以及碳纤维增强碳基复合材料均以其优良的材料综合性能作为发展材料，陶瓷材料的应用对于解决温度问题有一定的发展前景，目前存在复合缺陷有待进一步研究解决。

（5）制造工艺

工程制图零件设计构形的基础是满足功用的条件下，降低成本。对于一般附荷 Al-Si 类合金，采用重力铸造成型，成本较低，如图 1-6 所示。对于高负荷的 Al-Si 类合金材料，采用挤压铸造成型，对于更高负荷的赛车活

图 1-6　铸造成型

塞，采用锻造成型等，为了改善铝活塞的磨合性，对活塞裙部进行表面处理镀锡、石墨涂层等工序，加工的方法很多……

（6）三维数字化结构造型设计

在制图课程中进行三维数字化造型设计，通过造型设计培养工程意识，掌握活塞的工程专业知识，巩固了制图知识点，同时掌握了软件的学习，正所谓一举三得。

组成活塞各部分的基本形体在满足功能要求的前提下，尽可能结构简单，各形体间相互协调、造型美观，工艺简单，成本低廉。

活塞是园柱形、锥形、椭圆形、阶梯形为主体的零件，其形状与散热和变形有关，头部简单的环槽，多么神气的空间，它却是控制密封和润滑的必须结构。活塞的形状与工况有很大的关系，根据发动机的工作要求、成本等要求，各个厂家设计方案各式各样。

（7）尺寸标注实践教学

通过拆装活塞，获取真实的零件结构和有关的知识点，真实的感受配合的松紧程度和装配关系，在掌握活塞功能的基础上，对活塞进行构形分析，并绘制出其零件结构示意图，如图 1-7 所示。

活塞结构简单，难度在于如何标注尺寸公差，如何认识形位公差对活塞特定工作环境下的重要性。在理解了零件功能和工作性质情况下，进行尺寸标注，选择形位公差，使难以理解的知识点变得简单容易。

粗糙度值的大小与零件的冲击、振动、噪音有很大的关系，不同的加工工艺，所能达到的粗糙度值不同，其加工经济成本不同。

正如学生说："通过这次拆装，对我有许多帮助，不致于稀里糊涂标上尺寸，到最后画装配图时却不合理、装不上，当设计图纸和汽车一样重时，汽车就能上公路行驶了'今天才体会到这句话的真正含义，……"

2．世界五彩缤纷　实践收获多彩

工程实践教学课程含盖了《车辆工程》、《车辆维修》、《机械制造工艺》，《机械设计》，《机械制图》，《机械原理》，《节能工程》，《安全工程》、《金工实习》、《材料工程》等方面的知识内容。

工程实践教学可以使学生获取真实的零件结构和有关的工程知识点，真实的感受配合的松紧程度和装配关系等，有利于培养大学生工程实践能力。

零件的设计基础来自于功用，制图课程设计的学习来自于工程实践，有利于培养总工程项目设计师的设计思维。

工程实践教学的内涵无限宽广，不只是上面所提及的内容，学生家教不同，成长环境不同，后天学习的知识结构不同，兴趣爱好不同等，学生对实践教学的感受和侧重点不同让我们看看学生的认识：

（1）激发了学生对机械的兴趣

"通过这次实验，看到了机械制造中各个工种密切配合，共同完成的成果，令人向往。同时，也看到不足，产生了投身机械行业，为此奋斗终身的信念，可以说，在理论上，实践上及思想上均得到了升华"，"第一次接触发动机拆装课，让我在经过亲自动手实践之后，有了许多前所未有、全新的感受。我惊喜的发现，'机械'这一专业，同学们平常提起来都是刻薄的评价，但当你真正的面对、真正的接触时，那其中蕴含的复杂的原理。会让人感到极大的兴趣与乐趣，只一次的实践，我就能切实感到自己无论是动手能力、吃苦耐劳等各方面的能力与品质得到了较大的培养和

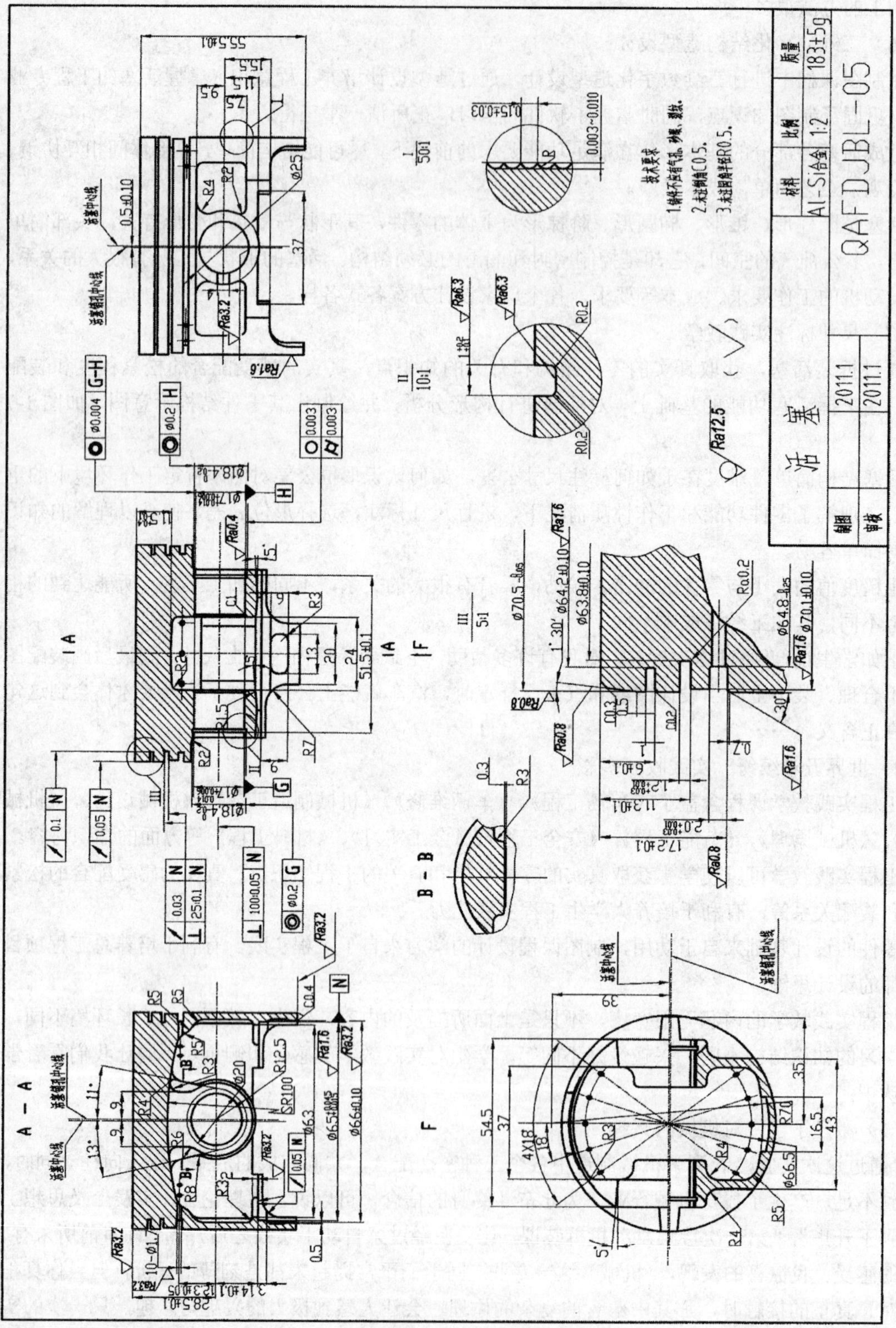

图 1-7　活塞结构示意图

提高，这也是让我感到最为欣喜的，这种欣喜又让我对这门课有了更大的兴趣，希望以后能持续这门课"。"今天我们拆装的是发动机，明天我们就有信心拆装更复杂的东西，将来就有信心和能力设计出性能更优越的发动机"，"能否设计出节约能源和防止污染的新型发动机？"等等。

（2）提升品性 增强了对劳动人民的感情

"平时总是有点瞧不起那些在生产线上的工人农民，总认为自己是学知识啃书本的，应比他们高一些.可当我站在发动机面前无所事从，一片茫然时，我的心一下子凉了，也只有此刻，我终于明白了那些劳动者的伟大"，"了解到想成为一名优秀的工人，也是不容易的"。

（3）生动的机器设计的课程

"…我对机械不感兴趣，经过樊老师给我们详细讲解了摩托车发动机结构原理，并且把金工实习的内容和发动机拆装联系起来讲解，就连拧螺栓都有方法…，使我对发动机里面的机械运动产生了浓厚的兴趣…，樊老师在发动机方面的积极钻研精神、坚忍不拔的意志是我今后工作应该学习的榜样，我一生都应该这样工作…

…最重要的还是樊老师利用发动机给我们上了一节生动的机器设计的过程，所有的零件都是在先想到应有的功能下，再来进行构形设计，让其很多问题得以解决，…保证其可靠性，准确性和应用性…"

（4）增强了集体观念和协作精神

"…通过实践，培养了我的责任感，使我具有一丝不苟的工作精神，并使小组成员团结起来，协作工作，具有一定的互助意识"，"使我明白集体协作可以提高工作效率，在集体协作中，分工合理可以大幅度提高生产效率"。

（5）学好实践这本书

"这种实践对我们大学生非常有意义，不仅提高了我们的动手能力，更能让我们把书本里学到的知识与实际结合，这无疑提高了我们大学生的综合能力，我建议学校多增设一些这样的实践课程，以提高学生的动手能力，激发学生的学习兴趣。"

"…我大概明白了发动机的工作原理，更重要的是我懂得了怎样才能成为一个合格的大学生。这不仅需要渊博的学识，更重要的是能联系实际。实际生活中到处充满我们不懂的知识，我们今后应该更多地在实践中摸索，学习，真正学好'实践'这本书。"

案例二 人类工程环境中的构形科学

构形的目的有三，其一解决物体功用性，其二展示艺术美学等，其三诠释人类文明内涵。无论从哪个角度构形，最终目的是提高人类自身品质，满足人类自身物质和精神的需求，解决现实生存和就业问题，从而达到和谐社会，实现天人合一，维护世界和平是全人类共同愿望。

1. 科学技术中的艺术美学创新实践

科技的进步使我们的眼睛和心灵得到那么多的愉快享受，像今天那样活泼，那样丰富，科技的进步使艺术内涵得到拓宽和升华，使是艺术从精神世界发展到物质世界。

金属晶体结构如图1-8所示，常见的晶格类型有体心立方晶格、面心立方晶格、密排六方晶格。结构不同，晶格常数不同，物理化学和机械性能不同。

水立方如图1-9（a）所示，建筑结构就像不规则排列金属晶格，类似多晶体金属结构。用杆件将晶胞连接并焊接成为一个整体，如图1-9（b）所示。

（a）体心立方晶格　　　　　　　　　　（b）面心立方晶格

（c）密排立方晶格　　　　　　　　（d）晶体中原子的排列

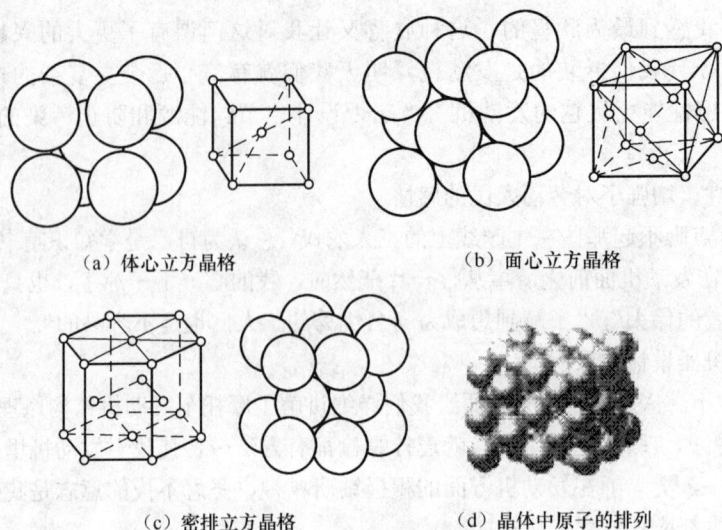

图1-8　金属晶体结构

建筑面积 8 万平方米的水立方是我国自主创新科技亮点的技术，工作量是同等工程的 2～3 倍。100 年耐久性使用年限的混凝土结构、基于"气泡理论"的新型多面体空间钢架结构。

水立方使用杆件有 20670 根，球节点有 10080 个，每个杆件都不一样，每个节点的空间三维坐标均不同。建设中运用独特的聚四氟乙烯（ETFE 膜）立面装配系统，钢加膜结构。展现一种金属晶体结构中的艺术之美。

专业基础知识、专业知识的升华与实践使人类能够享受科技中带来的艺术美感。

（a）晶体结构艺术之美多面体空间刚架结构　　　（b）匠心独运焊接连接结合力犬牙交错互相咬合

图1-9　水立方

2．工程中的文化创意实践

创意是大智大勇的同义，是导引品德递进升华的圣圈，是一种智能拓展，是一种文化底蕴，是文化实践的前沿导引。

平等、公正、和谐是人类文明的基础。在人类历史长河的发展进程中，马克思代表了无产阶级消灭了剥削阶级，辩证法的文化美。古代教育家孔子代表了真诚礼的和谐文化美。历史哲学家老子代表了天人合一、保护环境的和谐中道思想美……多元文化代表了不贪，忍辱，无私奉献、平等关爱的文化美。

火炬大楼一角的设计如图 1-10 所示，作者认为"盘古"二字反映了"立天之道，立地之道，立人之道"的领导和为人风范，反应了设计人员对博大精深"龙"文化的领悟。"龙"文化的工程设计鸟巢如图 1-11 所示，作者认为，它是唤醒人类回归自然，呵护资源的责任意识。正如徐龙说：人类善待自然就是善待自己。

图 1-10　奥运工程体现人文工程盘古文化

图 1-11　回归自然鸟巢

　　人类设计工程，工程服务于人类，任何一位工程设计人员有责任为保护我们的地球环境，保护我们的生态家园而考虑以人文科学为基础，以环保安全为理念的绿色生态和谐设计工程方案。科学发展的文化基础必然是一种"回归自然"的思想。所谓：执古之道，以御今有，能知古始，是为道纪。

　　3．结论

　　一切构形来自于功用、艺术美学、文化设计三大意识领域。功用和加工工艺是零件构形设计的基础，满足性能的前提下，降低成本，节约资源以解决现实使用和生存问题。

　　艺术美学是在解决基本生存问题的基础上，提升精神生活的一种手段。表现了人和大自然的辩证关系，同样也表现了人类生生不息的精神世界。

　　文化创新设计是和平发展的呼唤，是人类文明延续的呼唤。人类需要尊重人类文化内涵，文明才得以升化。

第3节　发动机拆装实践教学的目的和意义

　　为了满足 21 世纪对人才的需求，把培养综合素质、综合设计能力和综合工程实践能力作为机械基础系列课程的重要任务；与课堂理论教学相结合，互为依托和补充，构成人才知识、能力和素质、人文意识，管理意识培养的完整体系。

　　实践教学客体和实践教学案例来源于生活和生产，使学生能够直接接触社会和生产，具有现实性和实用性；实践教学是获取工程实际知识和能力的直接渠道，直观性强，是培养研究型、实践型、综合型人才素养的场所和课堂，是培养学生综合工程意识和工程实践能力的场所和课堂。

　　目前大学生普遍动手能力、实践能力差，工程背景知识欠缺。将《车辆工程》专业课的实践课程引入机械基础课程中，作为技术基础课程——《机械制图》、《机械设计与制图》等理论课程教学的实践教学环节，这是解放以后，我国机械制图基础课堂教学史上改革的一大创举，它为大学生提供了工程实践的机会、理论联系实践的机会，也为大学生就业提供了实践的机会。

一、实践教学的意义

全面、协调、可持续地发展经济、政治、文化，是科学发展观的重要思想。而把科学发展观贯彻落实在高校的教学与实践中，具有重要的意义。

21 世纪，随着科技的高度发展，人类自身生存和发展的理念发生了根本变化，由过去纯粹的专业"技术工程"理念逐渐转型到保护地球，爱护自然生存环境的现代"绿色工程""人文工程"，"科技工程"三大理念的"综合工程"理念，体现了创新性可持续发展观。

现代工程的本质在于将现代科学技术知识、安全与环保知识、经济知识、管理知识、人文科学知识等应用于水利、建筑、环保、车辆、机械等工程实践活动中，满足人类自身精神和物质追求的需要，解决生存和就业的现实问题，达成和谐人类自身，和谐社会，和谐自然的目的。

传统的教学方式，一直以理论课堂教学为主，实践教学为辅，21 世纪，社会需要更高的应用型人才，实践型人才，同时由于就业和生存的压力，需要大学生提高工程意识和工程实践能力，提高社会适应能力，理论与实践是互为关联，互为补存学习的途径，提高实践教学力度势在必行。

二、发动机拆装实践教学的目的

发动机拆装实践教学主要目的是培养大学生综合工程实践意识和综合工程实践能力，主要体现在人文工程、科技工程、绿色工程意识和能力三个方面，具体表现在下面几个方面：

（1）培养对机械的兴趣。

（2）培养总工程项目设计师的设计思维和实践意识。

（3）培养发现问题、解决问题的创新思维意识和能力。

（4）培养现代工程设计意识和能力。

（5）培养工程系统意识和能力。

（6）培养研究型人才的意识。

（7）培养从实践中获取知识的能力。

（8）培养理论联系实际的能力。

（9）培养动手实践能力。

（10）培养拆卸复杂部件的操作技能。

（11）培养装配复杂部件的装配意识和装配能力。

（12）培养初步制造工艺和加工工艺的意识和能力。

（13）培养严谨的工作意识和作风。

（14）培养自我管理的意识和能力。

（15）培养团体合作意识和能力。

（16）培养安全、环保、节能意识和能力。

（17）了解社会现状，培养工程责任意识。

发动机拆装实践教学知识量大，信息量大，实践性强。发动机拆装实践教学课程涵盖了《车辆工程》，《车辆维修》、《机械制造工艺》，《机械设计》、《机械制图》、《机械原理》、《节能工程》、《安全工程》、《金工实习》、《材料工程》等知识内容。这些内容要渗透到实践教学中，不仅需要教师的专业知识、专业基础知识、工程实践经验，而且需要教师投入大量的时间、精力。

将《车辆工程》专业课的实践教学内容，引入《机械设计制图》《机械制图》等课程中作为实践教学内容，实现了学科间的横向联系和纵向贯穿，达成了使学生对机械重新认识的实践课堂，以及重新认识自我的实践教学课堂。正如冶金 0704 王慧同学所说："这是一堂无比重要的课，知识量远大于普通课堂的十倍百倍。"

思考题

1. 北京科技大学的校训是"学风严谨，崇尚实践"，请写出你对这句话的认识和体会。
2. 实践教学环境如何改善，写出设计施工方案，画出通风管道布置图。

第 4 节 机械的组成与连接

培养目标

本节培养对机械、机器、机构的认识，培养对连接标准件的认识，培养国标意识。

一、机械的组成

机器一般具有如下特征：①机器是人为的实体组合；②这些实体之间具有确定的相对运动；③可代替人的劳动完成有用功或进行能量的转化。具有前两个特征的机器我们称之为机构，例如，汽车、机床是机器，而汽车的组成部分发动机和机床的组成部分电动机是机构。机器和机构习惯上统称为机械。

机械的种类很多，从功能的角度来看机械是由原动部分、传动部分和工作部分组成。如图 1-12 所示的车床，电动机是原动部分，皮带传动、齿轮传动、螺纹传动等为传动部分，工作部分为主轴、刀架、尾架等。

从结构制造角度来看，机械是由部件和单独作为装配单元的零件组成。其中部件是机械的装配单元，它由若干个零件按照一定的方式装配而成。如图 1-13 所示的车床结构示意图中，丝杠 9、光杠 10 等都是独立的零件，尾架 8 是机床作为独立装配单元的部件之一，它由 42 个零部件组成。

机械的功能主要由组成部分的运动规律和运动形式所决定。如果抛开其结构和形态仅从运动角度分析，机械是由若干能完成确定运动的机构组成。其中机构是由若干个运动单元即构件组成。由于结构和制造的需要，常常把若干零件刚性地连接在一起，作为一个整体而运动，即一个刚性整体的运动单元，称为构件。当然，一个不与其他任何零件刚性连接的单独零件，也可称为一个基本的运动单元，同样称之为构件。构件是组成机构的最基本的运动单元。简而言之，凡彼此之间没有相对运动、而与其他零件之间可以相对运动的零件或零件的组合，称为构件。大刀架、尾架是一个刚性整体的构件，主轴也是一个构件。

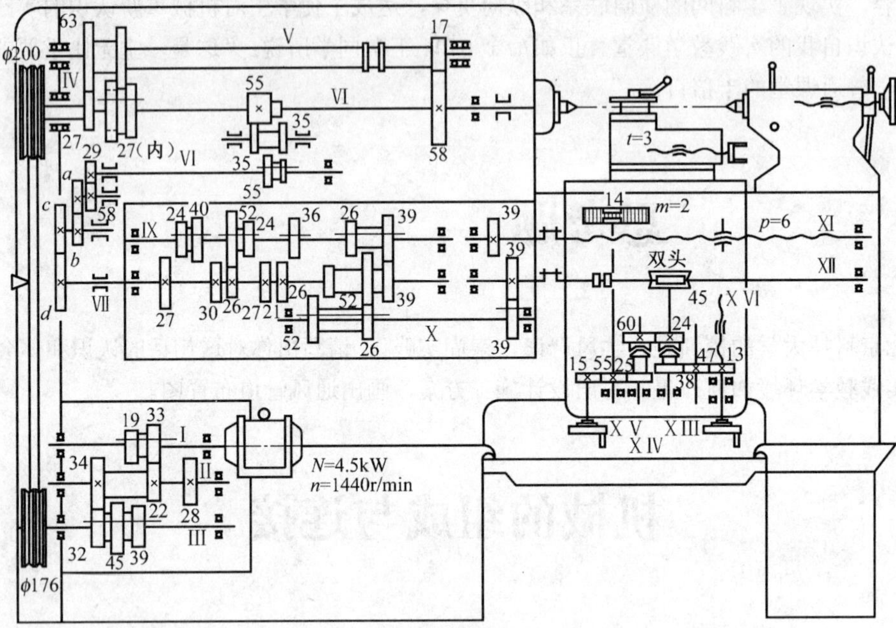

图 1-12　C6132 车床传动示意图

图 1-13　车床结构示意图

1—床头箱；2—主轴；3—横刀架；4—方刀架；5—小刀架；6—大刀架；7—溜板箱；8—尾架；9—丝杠；10—光杠；11—床身；12—床腿；13—变速箱；14—进给箱；15—挂轮罩；16—带轮罩

二、连接

连接是用机械、物理或化学的方法把两个或两个以上的零件组合成一个整体，使其在运转过程中零件相互之间不发生相对运动。

机械中的连接一般分为可拆连接和不可拆连接两大类。

可拆联接可分为螺纹联结如图 1-14、图 1-15 所示、键连接如图 1-16 所示、销连接如图 1-17 所示等。

图 1-14　千斤顶（螺旋要素）

图 1-15　螺栓连接

不可拆联接可分为：几何形状尺寸协调如过渡配合、过盈配合，如图 1-18 所示，铆接如图 1-19 所示、粘接如图 1-20 所示、焊接如图 1-21 所示等。如图 1-22 所示为奔驰 0404 大型客车的承载式车身骨架焊接实例。

图 1-16　花键连接

图 1-17　开口销防松

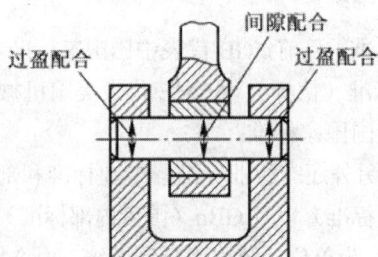

图 1-18　过盈配合

图 1-19　铆接

图 1-20　粘结

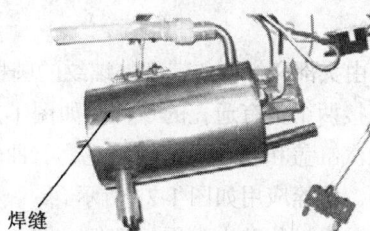

图 1-21　焊接

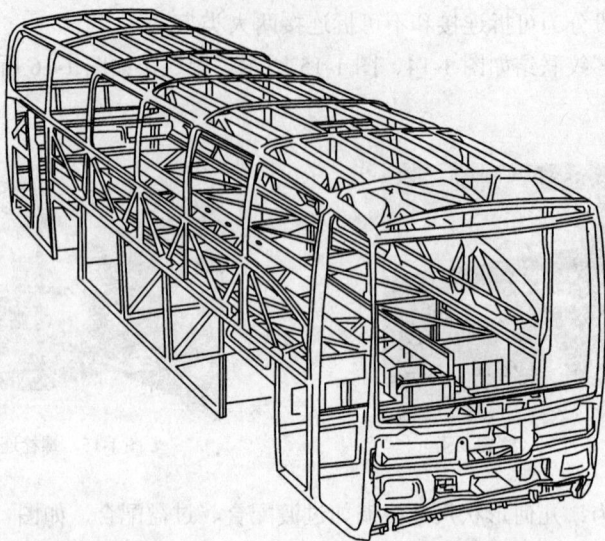

图 1-22　焊接件—奔驰 0404 大型客车的承载式车身骨架

三、连接件的实践认识

本节结合拆装实践，认识联结标准件，培养观察分析认识能力，培养对理论课程学习的兴趣。

当我们拆装工程上使用的发动机部件时，我们会发现发动机部件使用了许多连接件，支撑件，传动件。使用的螺纹紧固件种类很多，这些零件已标准化。支撑件轴承，传动件齿轮等大小不同，形状不同。国家对这些机件从结构、尺寸等有关方面全部或部分进行了标准化，凡是全部符合国家标准规定的机件，称为标准件。有些主要参数已经标准化的机件，称为常用件。

螺栓紧固件包括普通螺栓、铰制孔螺栓、紧定螺钉、双头螺柱、螺钉、螺母、垫圈等，这些件已经标准化。具体选用标准件时，可根据使用场合、空间大小、拆装、放松等要求，查阅手册或标准，酌情选用。

标准就是规范，每个国家和部门都有自己的标准。目前，GB 代表中国国家标准（国标），ANSI 代表美国国家标准（美标），DIN 代表德国国家标准（德标），ASME 代表美国机械工程师协会标准，JIS 代表日本国家标准（日标），BSW 代表英国国家标准。

GB（国家标准）是我国众多标准中的一种，另外还有行业标准，专业标准和部门标准等。国家标准又分：GB（强制性标准）和 GB/T（推荐性标准）以及 GBn（国家内部标准）等。

GB、DIN、JIS 等的螺纹都有是以 mm（毫米）为单位，统称为公制螺纹。而 ANSI、ASME 等的螺纹是以英寸为单位的，称为美制螺纹。BSW 为英制标准，其螺纹也以英寸为单位。图 1-23 所示为螺栓的应用。

1. 螺栓

螺栓：由头部和螺杆（带有外螺纹的圆柱体）两部分组成的一类紧固件，需与螺母配合使用，用于紧固连接两个带有通孔的零件，如图 1-25（a）所示。这种连接形式称螺栓连接。

发动机汽缸盖和汽缸体之间，左、右曲轴箱盖与中箱之间，每个位置都是通过各种规格的螺栓相连接的。螺栓应用如图 1-23 所示。

联轴器是机械传动中常用的部件，图 1-24（a）、（c）所示是两种结构式的联轴器，主要用来联接不同部件中的两轴（或轴与其他回转零件）使之共同旋转并传递转矩，在某些场合也可用作安全装置。详见第 6 章。

图 1-23　螺栓应用

　　左半联轴器和右半联轴器使用的联结方式很多，这里只介绍铰制孔螺栓连接方式和普通螺栓连接方式，如图 1-24（b）、图 1-24（c）所示。结合拆装实践，了解铰制孔螺栓连结和普通螺栓连结画法之间的区别。如图 1-24（d）、图 1-24（e）所示。

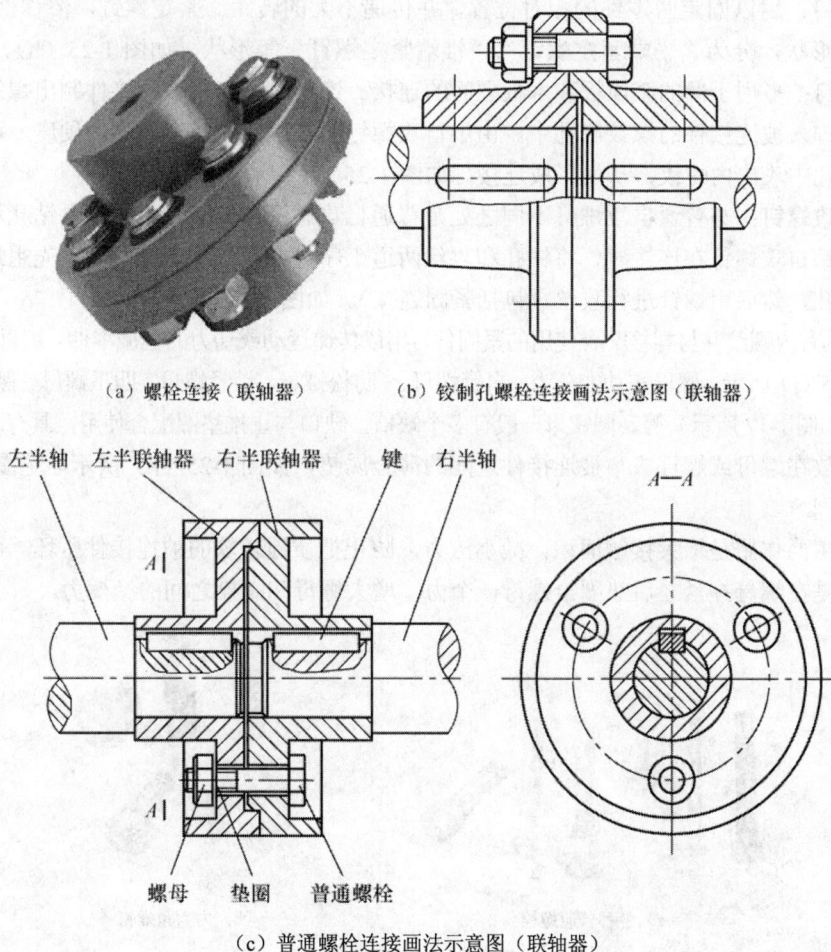

（a）螺栓连接（联轴器）　　　　　　（b）铰制孔螺栓连接画法示意图（联轴器）

左半轴　左半联轴器　右半联轴器　键　右半轴

A—A

螺母　垫圈　普通螺栓

（c）普通螺栓连接画法示意图（联轴器）

图 1-24　联轴器

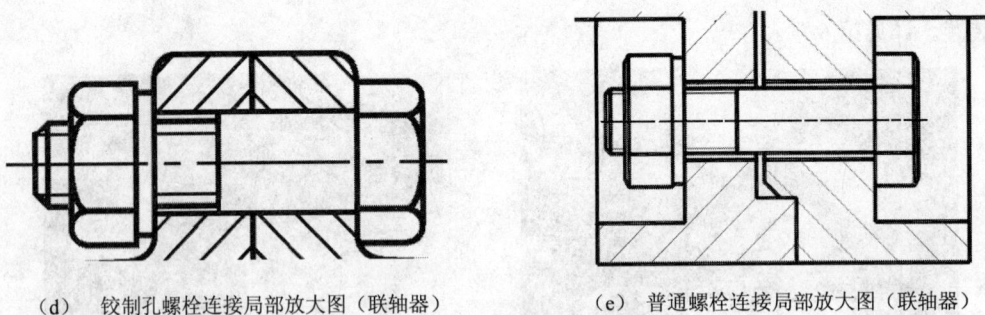

（d）　铰制孔螺栓连接局部放大图（联轴器）　　　（e）　普通螺栓连接局部放大图（联轴器）

图 1-24　联轴器（续）

2．其他螺纹紧固件

结合发动机拆装实践，认识图 1-25 所示的各种螺纹紧固件，掌握螺纹紧固件的画法，联系实践，熟悉它们的应用场合。

螺钉：从构形角度分析，由头部和螺杆两部分构成整体的一类紧固件。头部具有各种结构形状的螺纹紧固件，如图 1-25（b）所示。

双头螺柱：从构形角度分析，两端均有螺纹的圆柱形紧固件。如图 1-25（c）所示。

紧定螺钉：用以固定两零件的相对位置，并传递不大的转距。紧定螺钉，俗称"顶丝"，根据其端部的形状，分为"平端紧定螺钉"、"锥端紧定螺钉"等形状，如图 1-25（h）、（i）所示。

自攻螺钉：多用于薄的金属板和木板之间的连接。连接时，先对被连接件制出螺纹底孔，再将自攻螺钉拧入被连接件的螺纹底孔中。由于自攻螺钉的螺纹表面具有较高的硬度，可在被连接件的螺纹底孔中攻出内螺纹，从而形成连接。如图 1-25（d）所示。

自钻自攻螺钉：与普通自攻螺钉不同之处是普通自攻螺钉在连接时，须经过钻孔和攻丝两道工序；而自钻自攻螺钉在连接时，将钻孔和攻丝两道工序合并为一次完成。即首先用螺钉前部的钻头进行钻孔，然后用螺钉进行攻丝（包括紧固连接）。如图 1-25（e）所示。

螺母：具有内螺纹并与螺栓配合使用的紧固件，用以传递运动或动力的机械零件。螺母头部形状各异，如图 1-25（j）所示。螺母按功能分为：自锁螺母、防松螺母、锁紧螺母、四爪螺母、保险螺母（即开口螺母，如图 1-17 所示）等。圆螺母一般有多个缺口，缺口与止推垫圈配合使用，具有防松功能。

垫圈：放在螺母或螺钉头与被连接件之间的薄金属垫，如图 1-25（k）所示。垫圈形状不同，功能有所不同。

平垫圈主要作用是增大接触面积，减小压力，防止把质地较软的被连接件压坏。而弹簧垫圈的基本作用是在螺母拧紧之后垫圈给螺母一个力，增大螺母和螺栓之间的摩擦力。

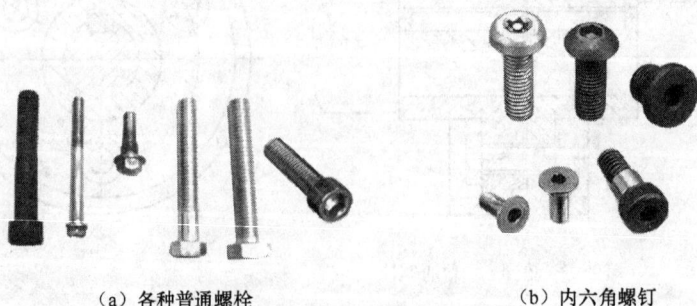

（a）各种普通螺栓　　　　　　　　　　（b）内六角螺钉

图 1-25　螺纹紧固件

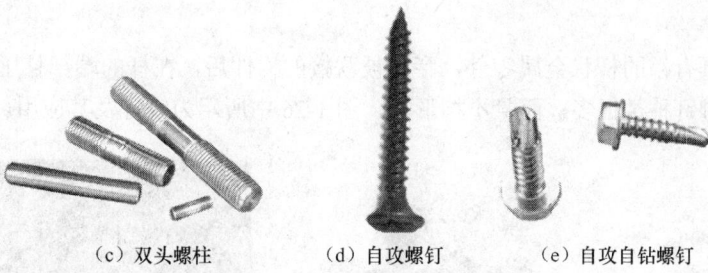

（c）双头螺柱　　　（d）自攻螺钉　　　（e）自攻自钻螺钉

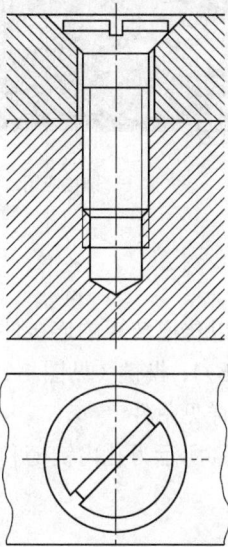

（f）螺钉联结的装配画法　　　（g）双头螺柱联接的装配画法

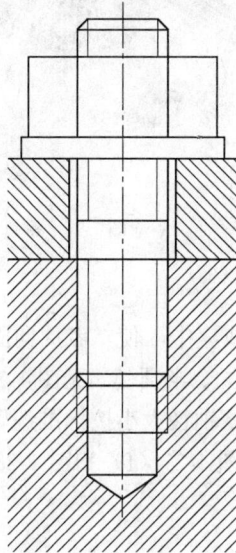

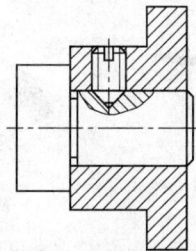

（h）紧定螺钉　　　（i）紧定螺钉连接的装配画法

（j）各种结构形状的螺母　　　　　　　　（k）各种形状结构的垫圈

图 1-25　螺纹紧固件（续）

3．铆钉

铆钉：一端具有帽的杆状金属零件，穿入被联接的构件后，在杆的端部打压出另一头，将构件压紧、固定。铆钉种类很多，而且不拘形式。图 1-26 中所示为铆钉及其应用。

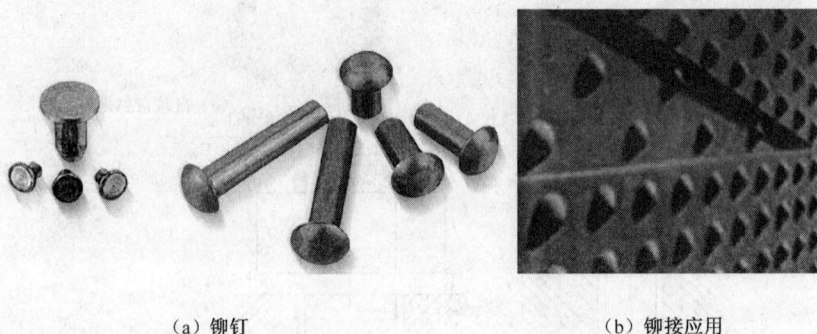

（a）铆钉　　　　　　　　　　　（b）铆接应用

图 1-26　铆钉

4．键

键：置于轴和轴上零件的槽或座中，使二者周向固定以传递转矩的连接件。键是标准件，常用的键有普通平键（见图 1-27（a））、半圆键（见图 1-27（b））、楔键（见图 1-27（c））和花键（花键连接见图 1-16）等。键需要根据轴径大小按标准选取，详见附件。

图 1-27（d）、图 1-27（e）、图 1-27（f）和图 1-28 分别所示为孔内键槽和轴上键槽画法、尺寸标注以及键槽的加工。

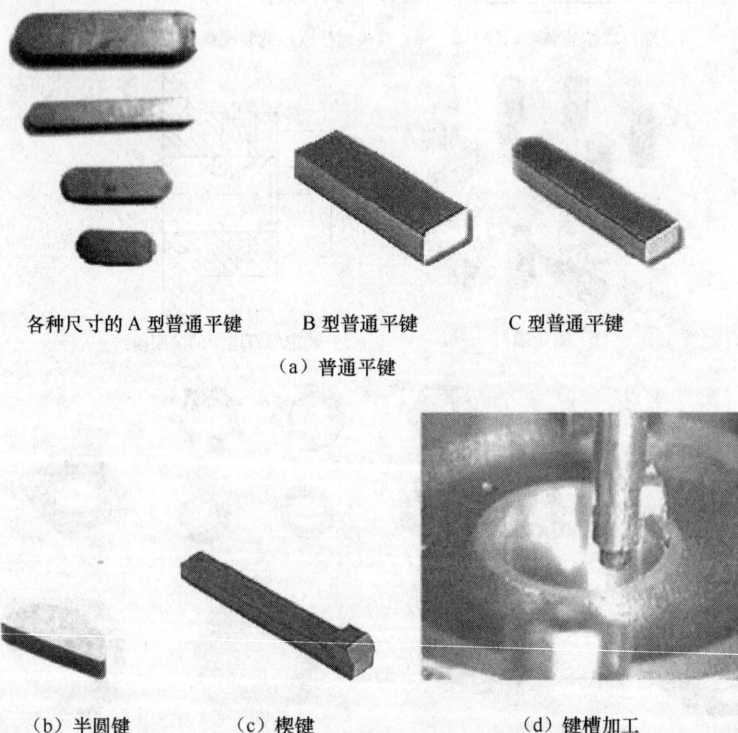

各种尺寸的 A 型普通平键　　B 型普通平键　　C 型普通平键

（a）普通平键

（b）半圆键　　　（c）楔键　　　　（d）键槽加工

图 1-27　孔内键槽

（e）用插刀插键槽　　　　　　　（f）尺寸标注

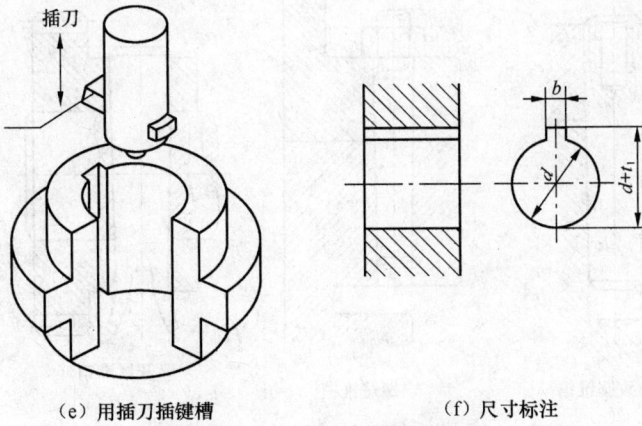

图 1-27　孔内键槽（续）

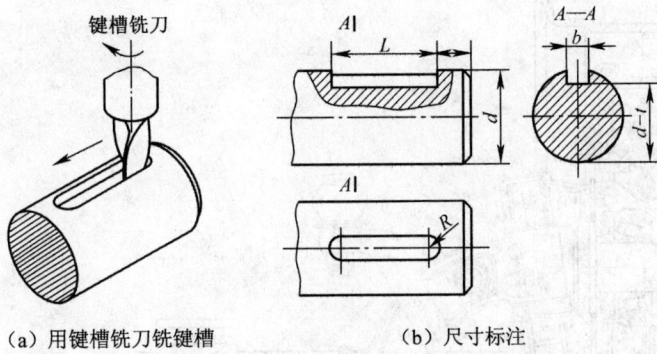

（a）用键槽铣刀铣键槽　　　　　　（b）尺寸标注

图 1-28　轴上的键槽

5. 销

销：贯穿于两个零件孔中，主要用于定位，也可用于连接或作为安全装置中过载易剪断元件。又称销钉或销子。常用的销钉有圆柱销和圆锥销。有关国标详见附件。

图 1-29（a）所示为工程设计中常用的标准零件销，图 1-29（b）、（c）、（d）所示为销装配示意图的画法，图 1-29（e）所示为销的一种特殊应用。

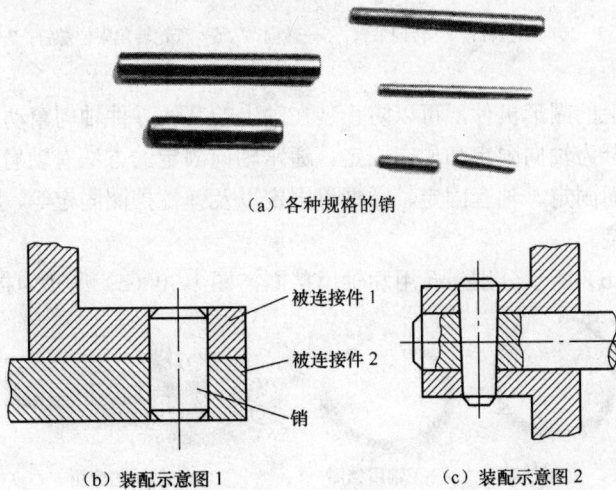

（a）各种规格的销

被连接件 1
被连接件 2
销

（b）装配示意图 1　　　　　　　（c）装配示意图 2

图 1-29　销及其应用

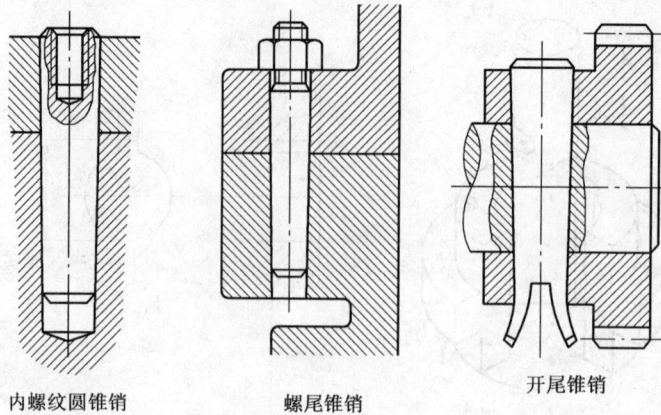

内螺纹圆锥销　　　　　　　螺尾锥销　　　　　　　开尾锥销

（d）销装配示意图 3

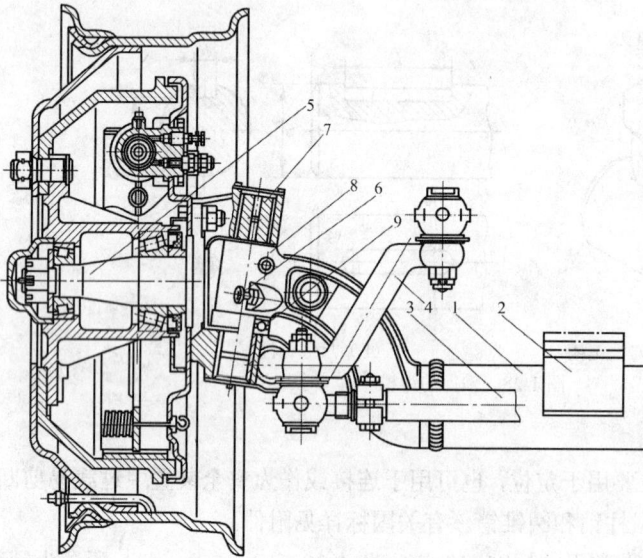

（e）主销及其应用——北京 BJ1040 型汽车转向桥（前桥）　　　（f）注销实体

图 1-29　销及其应用（续）

1—前梁；2—钢板弹簧座；3—转向横拉杆；4—转向节臂；5—转向节；6—车轮转角限位螺钉；7—主销；8—前梁拳形部分

6. 弹性挡圈

挡圈：紧固在轴上的圈形机件，可以防止装在轴上的其他零件轴向窜动。

轴上零件的固定分为轴向固定和周向固定。通常轴向固定的方法有轴肩或轴环固定、轴端挡圈或轴端挡圈加圆锥面固定、轴套固定、圆螺母固定以及弹性挡圈固定等，其中圆锥面加挡圈固定具有较高的定心精度。

如图 1-30（a）、（b）所示分别为孔用和轴用挡圈，图 1-30（c）所示为挡圈的应用。

（a）孔用挡圈　　　　（b）轴用挡圈　　　　（c）挡圈的应用

图 1-30　挡圈及其应用

思考题

1．结合拆装实践，观察了解各种标准零件的结构形式。
2．螺纹连接的基本类型是什么？结合拆装实践，指出你所观察到的螺纹连接类型。

第5节　焊接结构脆断事故案例

培养目标

本节培养责任意识、质量工程意识、安全合理结构设计意识。

脆断断裂一般是在应力不高于结构的设计应力和没有明显塑性变形的情况下发生的，具有突然破坏的性质，不易事先发现和预防。因此，脆断事故常常带来灾难性的后果。

一、国外焊接结构的脆断事故

国外焊接结构脆断事故的典型事例见表 1-1。

表 1-1　　　　　　　　　　国外焊接结构脆断事故的典型事例

破坏时间、地点	结 构 种 类	破坏原因分析
1950 年 比利时	阿尔拜特运河上全焊结构桥梁（威廉德式桥）	钢材不合格，设计不合理，有严重应力集中，施工质量太差，在-20℃低温下裂纹引起脆断
1947 年 12 月 苏联	立式圆筒储油罐	在-43℃低温下，接头（垂直壁与罐底）处有严重应力集中、焊接裂纹、未焊透等缺陷，并有很大残余应力
1949 年 美国	动力铲吊杆全焊结构	裂纹从吊杆内隔板附近开始，沿横向对接焊缝发展
1951 年 1 月 加拿大	焊接板梁式公路钢桥，由 6 个 55m 跨度和两个 45.8m 跨度所组成	不合格的沸腾钢焊制，曾出现裂纹并经过局部修补，在-35℃低温下断成数截
1962 年 7 月 澳大利亚	支承钢筋混凝土桥面的焊接钢梁	钢材含碳量高，焊接性较差，断面变化急骤，从应力集中处发生脆断
1962 年 法国	Mn-Mo 钢制造的原子能电站用压力容器，板厚 100mm	环焊缝由于消除应力热处理不当，导致材料性能恶化，引起开裂
1965 年 12 月 英国	北海油田用 75m × 7.5m × 3.95m 矩形浮船、钻井架、椿腿等组成的钻井船	升降连接杆处有气切火口裂纹，钢材试验冲击值低，在 3℃时发生脆断，平台整个坍塌
1974 年 12 月 日本	用厚度 12mm，$\sigma_s = 588.4$MPa（60 kgf/mm^2）的钢板焊制的圆筒形石油储罐	没有考虑到罐体和地基相互作用，由环状边板与罐壁拐角处产生脆裂

二、国内球形容器破裂事故

国内球形容器破裂事故示例见表 1-2。

表 1–2　　　　　　　　　　　　　国内球形容器破裂事故示例

破坏时间	结构种类	破坏原因分析
1975 年 5 月	板厚 34mm，直径 12.3m，15MnVR	使用中球壳破裂两处，介质喷出，未着火，由于操作失职，焊缝质量太差
1977 年 8 月	板厚 40mm，直径 9.2m，FG43	未使用，水压爆破，二次补焊后水压破裂三次。由于加工球瓣时，材料过热，焊缝有缺陷
1978 年 5 月	板厚 34mm，直径 12.3m，FG43	未使用，制造缺陷 485 处，总长 57m，热焊缝有缺陷，母材性能差，装配应力大
1978 年 8 月	板厚 25～28mm，直径 15.7m，16Mn	使用 2 年，开罐检查两台球罐内侧有 51 处缺陷，制造缺陷漏检，使用中扩展
1979 年 4 月	板厚 34mm，直径 12.3m，FG43	使用 3 个月破裂 4 处，介质喷出，未着火
1979 年 5 月	板厚 40mm，直径 12.3m，FG43	使用中破裂一处，介质喷出，未着火，焊缝有缺陷，母材塑性低
1979 年 10 月	板厚 30mm，直径 9.2m，16Mn	未使用，水压破裂，横向穿透裂纹一处，焊缝裂纹漏检
1979 年 12 月	板厚 25mm，直径 9.2m，15MnV	使用一年两个月，其中一个球罐沿焊缝脆裂，着火燃烧，引起其他球罐爆炸，焊缝脆断

　　国内外焊接结构脆断事故调查分析表明，造成焊接结构脆断的主要原因是结构设计不合理，材料选用不当和制造工艺及检验技术不完善等。可见，合理地设计结构，正确地选择材料，采用合理的制造工艺，实行严格的检验制度，对于预防焊接结构发生脆断破坏事故是十分必要的。对于每一位设计人员，质量意识维系到家庭的幸福和生命的安全。

思考题

　　结合社会现实，分析一例工程事故原因。

第6节　焊接结构工艺性设计

培养目标

　　本节培养合理的焊接结构工艺性设计意识、焊接质量工程意识。

　　在设计结构时，应综合比较结构质量要求，各种加工方案的成本，以及加工条件，选择合适的结构设计方案。图 1-31 所示为方形梁柱框架。

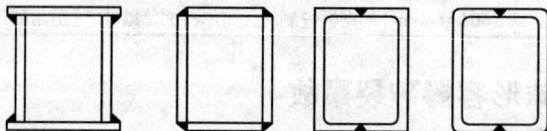

　　在设计焊接结构时，尽量利用型钢和冲压件，以减少焊缝长度和焊缝面积。图 1-32 所示为 4 种结构形式的方形梁柱框架焊接结构示意图。

图 1-31　方形梁柱框架　　　　　　　图 1-32　方形梁柱框架结构示意图

开拓思维：

（1）除上述 4 种结构形式外，是否还有其他合理的焊接结构形式？如果有，画出其他焊接结构设计示意图。

（2）手绘完成图 1-31 所示方形梁柱框架结构完整的焊接结构示意图。

（3）你认为焊接顺序如何布置更合理？

一、结构设计的合理性

在结构设计时，要保证焊透性；尽量使焊缝处于平焊，保证焊接质量和提高生产率。埋弧自动焊缝位置便于保存焊剂；点焊和缝焊，焊缝位置便于电极伸入。

1．便于操作的结构设计

结构设计时，应有足够的操作空间，便于焊接，如图 1-33 所示。

2．便于自动焊接的结构设计

合理的结构设计，应考虑施焊时存放焊剂，便于自动焊接，如图 1-34 所示。

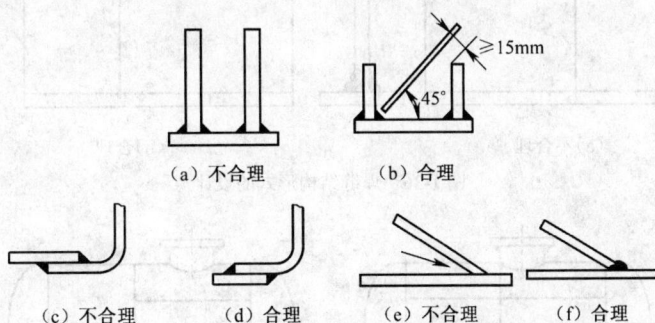

图 1-33　操作空间对焊接合理性的影响

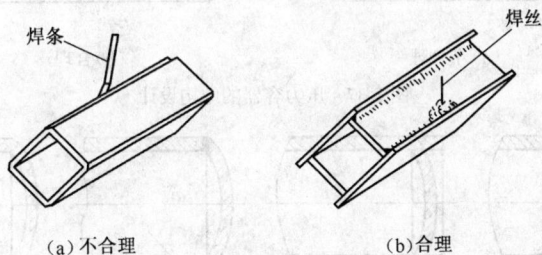

图 1-34　不同结构对自动焊接的影响

3．点焊接头的结构设计

点焊和缝焊时，要考虑电极伸入方便，如图 1-35 所示。

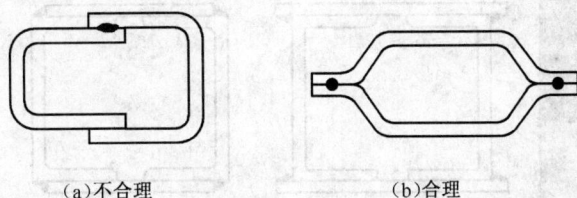

图 1-35　点焊接头的结构设计

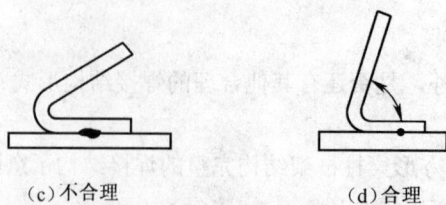

（c）不合理　　　　　　　　　（d）合理

图 1-35　点焊接头的结构设计（续）

4．避免焊缝集中交叉的结构设计

焊缝布置不合理，过热严重，使焊接接头性能严重下降，焊接残余应力增大，甚至引起裂纹，因此不能采用十字焊缝，如图 1-36、图 1-37 所示。

中、高压容器封头应按照图 1-38（d）所示进行结构设计。

5．设计结构时，应使焊缝尽量对称

设计结构时，应使焊缝尽量对称，以减少焊接变形，如图 1-39 所示。

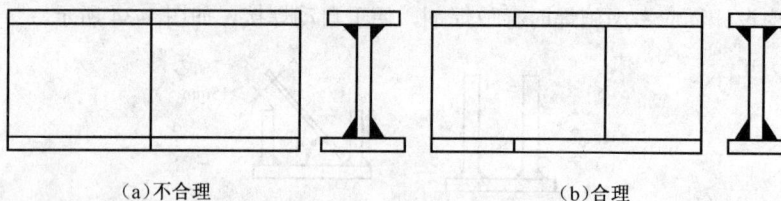

（a）不合理　　　　　　　　　　　　　（b）合理

图 1-36　焊缝结构形式的设计

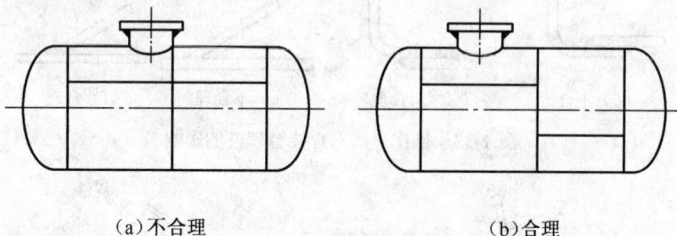

（a）不合理　　　　　　　　　　　　　（b）合理

图 1-37　压力容器的结构设计

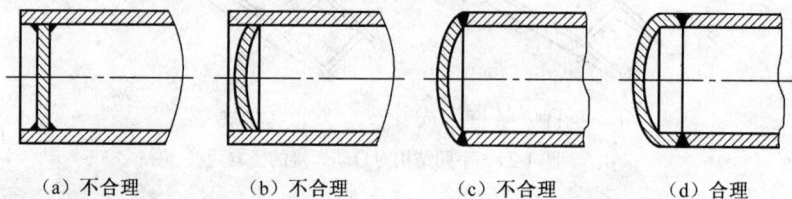

（a）不合理　　　　　（b）不合理　　　　　（c）不合理　　　　　（d）合理

图 1-38　中、高压容器封头的设计

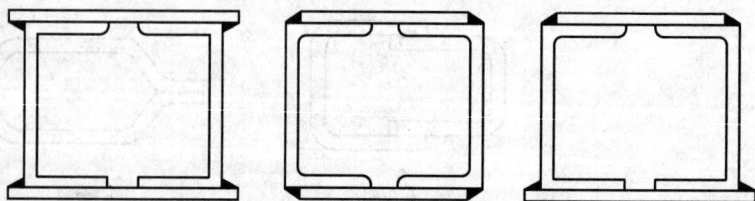

图 1-39　方形梁柱设计示例

6. 结构设计时，接头远离加工表面

在结构设计时，为防止焊接变形，应考虑接头远离加工表面，如图 1-40 所示。

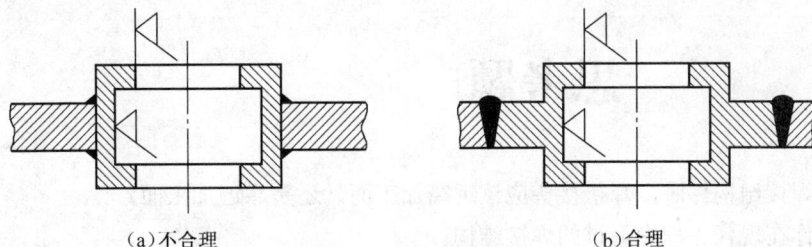

（a）不合理　　　　　　　　　　　（b）合理

图 1-40　接头位置的设计

二、接头形式

常用的基本接头形式有对接、搭接、角接、T 形接头等。接头形式的选择是根据结构的形状和焊接生产工艺而定，要考虑易于保证焊接质量和尽量降低成本。

为保证接头两侧受热均匀，确保焊接质量，要求接头两侧板厚或截面相同或相近，如图 1-41 所示。

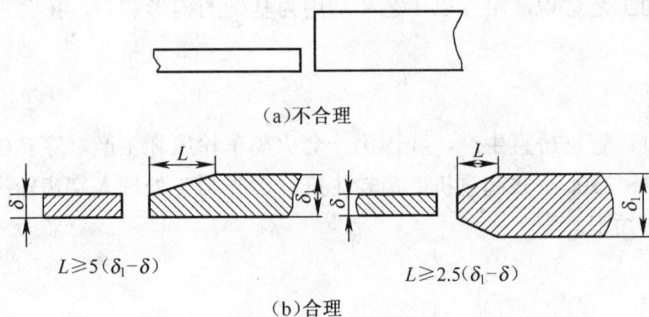

（a）不合理

$L \geqslant 5(\delta_1 - \delta)$　　　　　　　$L \geqslant 2.5(\delta_1 - \delta)$

（b）合理

图 1-41　接头形式的设计

对于厂房屋架、桥梁、起重机吊臂等桁架结构，多用搭接接头，如图 1-42 所示。

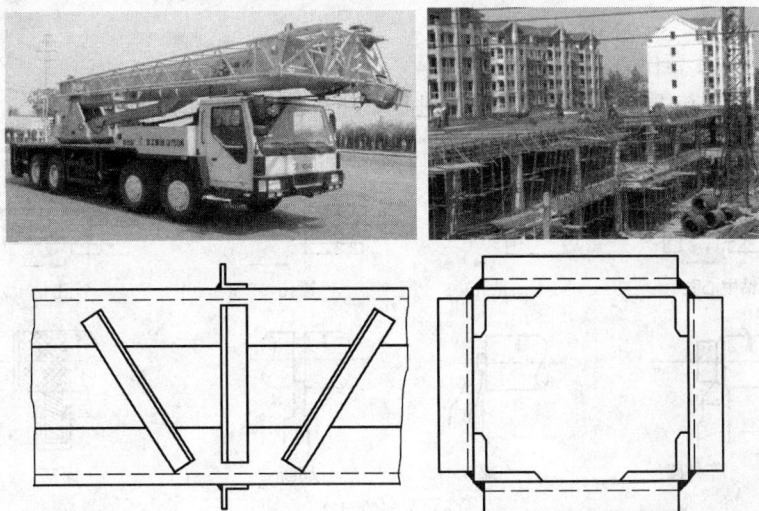

图 1-42　搭接接头的应用

合理地选择焊接接头形式、进行焊接结构的设计，合理地布置焊缝，以减少焊接变形，从而保证焊接质量，提高生产率。

思考题

1. 设计焊接结构件时，焊接接头应该远离加工面，还是靠近加工面？
2. 列举你在现代工程中见过的焊接结构。

第7节　生产场景与加工制造

培养目标

本节培养初步的工艺意识，培养以工艺和功用为基础的构形意识，拓宽工程知识领域。

一、生产场景

见本书彩色插页，管材矫直生产，我国第一套火车车轮压轧生产，穿孔生产，汽车纵梁油压机，葛洲坝水电站 2×250t 桥式起重机，齿轮生产，激光加工处理人字齿轮齿面等，通过观察分析，获取工程和工艺知识。

二、加工制造

机器零件结构不同，形状各异，零件是通过各种传统和先进制造工艺加工而成，通过下面一些常见的传统加工工艺图片，让我们了解一下机械制造的基本加工范围，对零件的结构设计奠定初步工艺意识。

1. 车削基本加工范围

车削加工的工艺范围较广，在车床上可进行车外圆和台阶，车端面，孔加工，切槽和切断，车锥度，车成形面等。图 1-43（a）所示为车削的用途，图 1-43（b）所示为车削外圆。

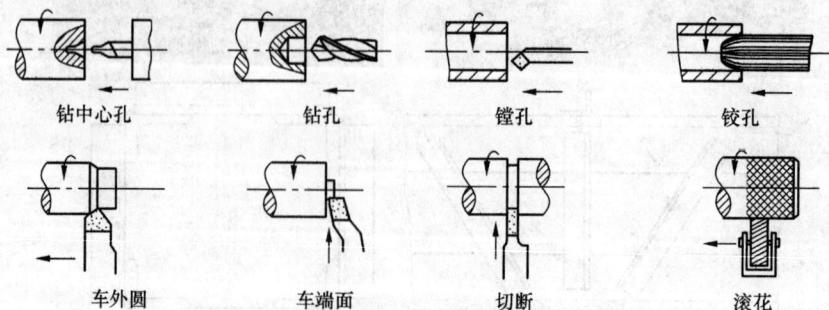

钻中心孔　　钻孔　　镗孔　　铰孔

车外圆　　车端面　　切断　　滚花

（a）车削的用途

图 1-43　车削

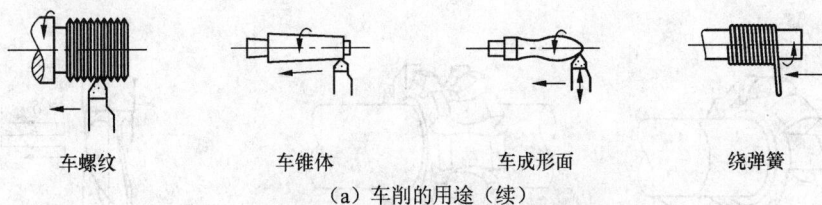

车螺纹　　车锥体　　车成形面　　绕弹簧

（a）车削的用途（续）

（b）　车削外圆

图 1-43　车削（续）

2．铣削基本加工范围

铣削加工的工艺范围较广，在铣床上可以铣削平面、台阶面、凹平面，铣凹、凸圆弧面，切断，铣直角槽、T 形槽、V 形槽、燕尾槽，铣键槽、半圆键槽、螺旋槽，铣齿轮等。如图 1-44 所示。

3．刨削基本加工范围

卧式刨床可刨平面、垂直面、斜面，刨正六面体零件，刨 T 形槽等。如图 1-45 所示为刨削加工示意图。

立式刨床（插床）可以加工内部表面，如方孔、各种多边形孔、孔内键槽等。

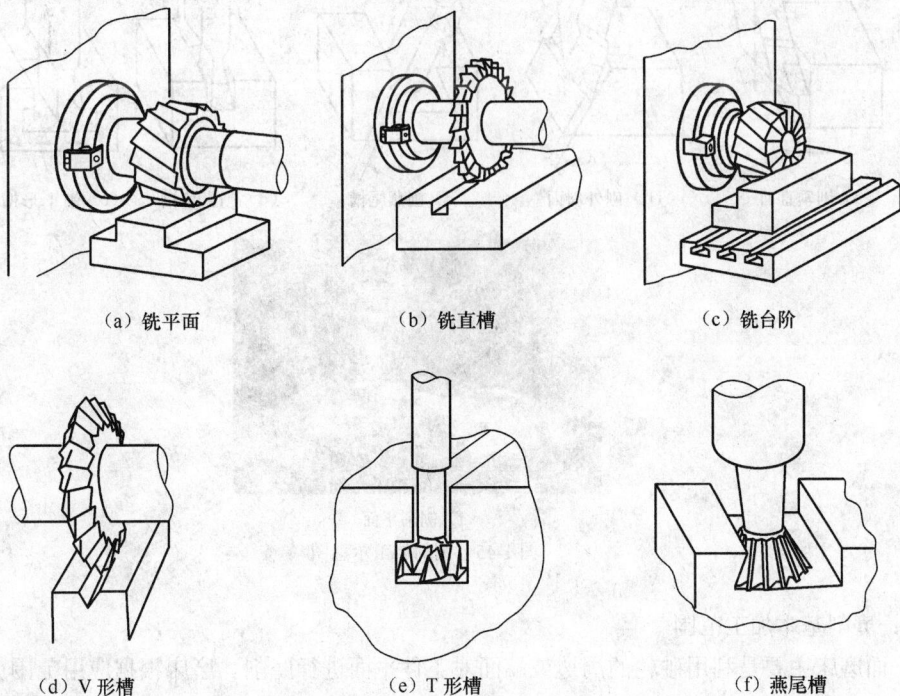

（a）铣平面　　　　　　　（b）铣直槽　　　　　　　（c）铣台阶

（d）V 形槽　　　　　　　（e）T 形槽　　　　　　　（f）燕尾槽

图 1-44　铣削加工示意图

（g）铣凹圆弧　　　　　　　（h）铣凸圆弧　　　　　　　（i）铣键槽

（j）铣削斜齿轮

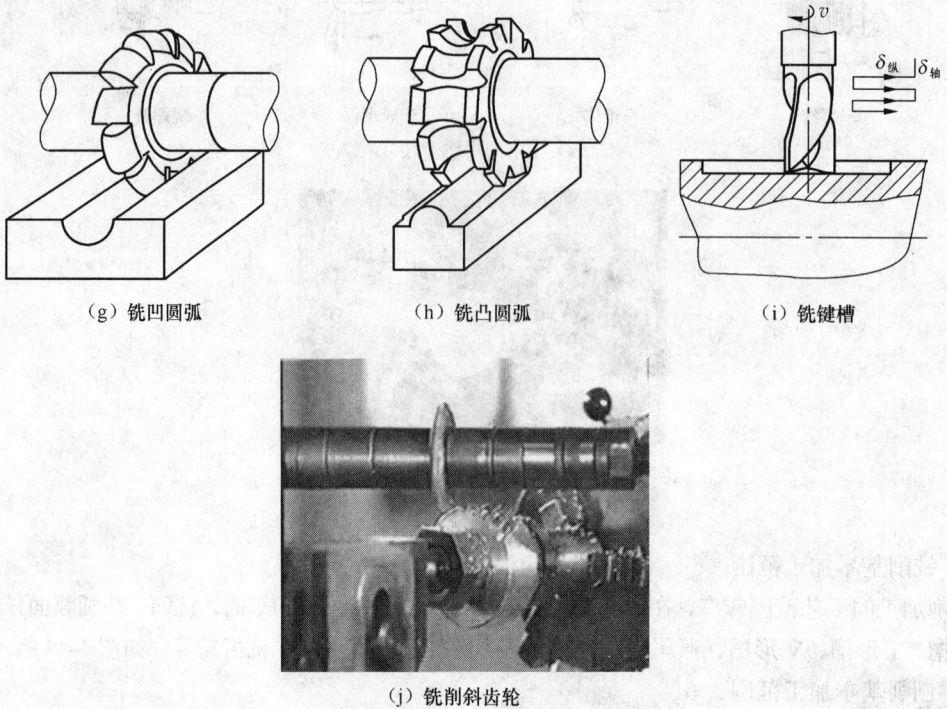

图 1-44　铣削加工示意图（续）

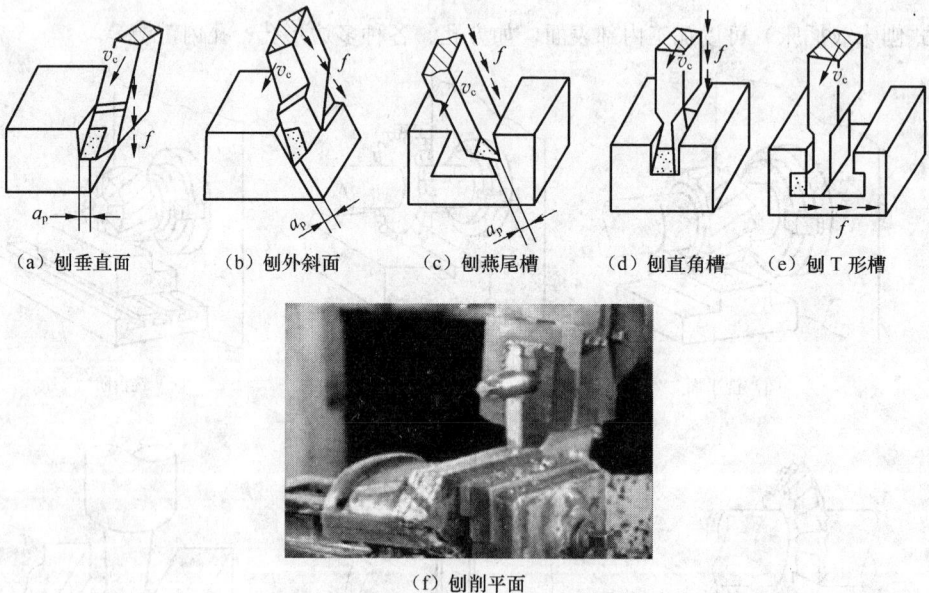

（a）刨垂直面　　　（b）刨外斜面　　　（c）刨燕尾槽　　　（d）刨直角槽　　　（e）刨 T 形槽

（f）刨削平面

图 1-45　刨削加工示意图

4．磨削基本加工范围

平面磨床主要是利用砂轮的周边或端面对工件平面进行磨削。磨床根据应用范围分为外圆磨床、内圆磨床、平面磨床。

普通外圆磨床上可磨削工件的外圆柱面和外圆锥面；万能外圆磨床还可磨削内圆柱面、内圆锥面及端面。内圆磨床主要用于磨削圆柱孔、圆锥孔及端面。图 1-46 所示为磨削加工示意图。

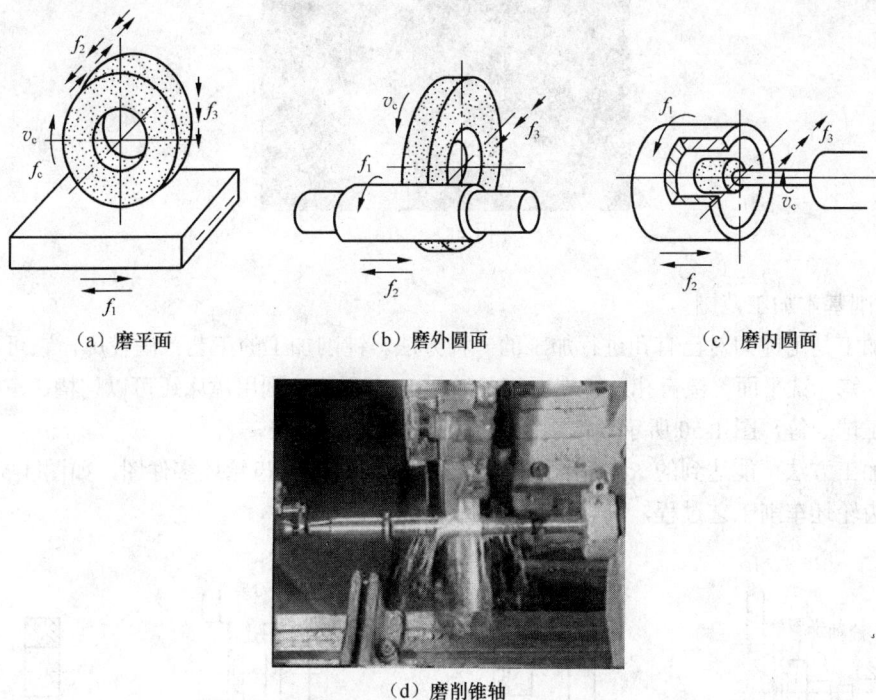

（a）磨平面　　　　　　（b）磨外圆面　　　　　　（c）磨内圆面

（d）磨削锥轴

图 1-46　磨削加工示意图

5. 钻削基本加工范围

钻削加工的工艺范围较广，在钻床上采用不同的刀具，可以完成钻中心孔、钻孔、扩孔、铰孔、攻螺纹、锪孔和锪平面等，如图 1-47 所示，图 1-48 所示为钻削孔。

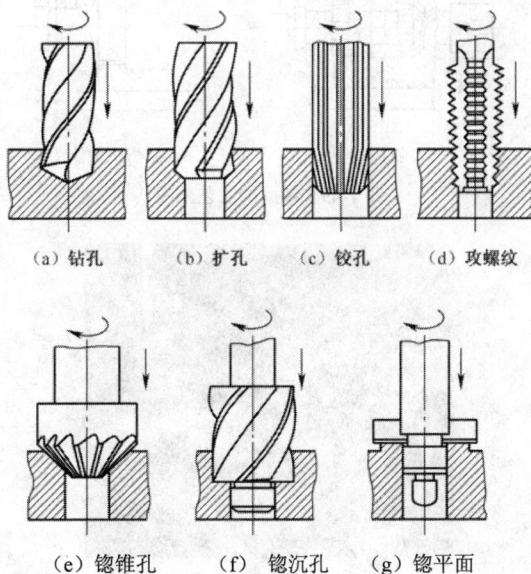

（a）钻孔　　　（b）扩孔　　　（c）铰孔　　　（d）攻螺纹

（e）锪锥孔　　　（f）锪沉孔　　　（g）锪平面

图 1-47　钻削加工范围

图 1-48　钻孔

6. 镗削基本加工范围

镗削加工是用镗刀对已有孔进行加工的一种方法。镗削加工的工艺范围较广，它可以镗削单孔或孔系，锪、铣平面、镗盲孔及镗端面等，如图 1-49 所示。利用镗床还可以切槽、车螺纹、镗锥孔和加工球面等，图 1-50 所示为镗削发动机汽缸体。

不同加工方法可能达到的 Ra 值不同，见表 1-3。通过加工齿轮坯零件图，如图 1-51 所示，简单了解齿轮坯车削工艺过程，见表 1-4。

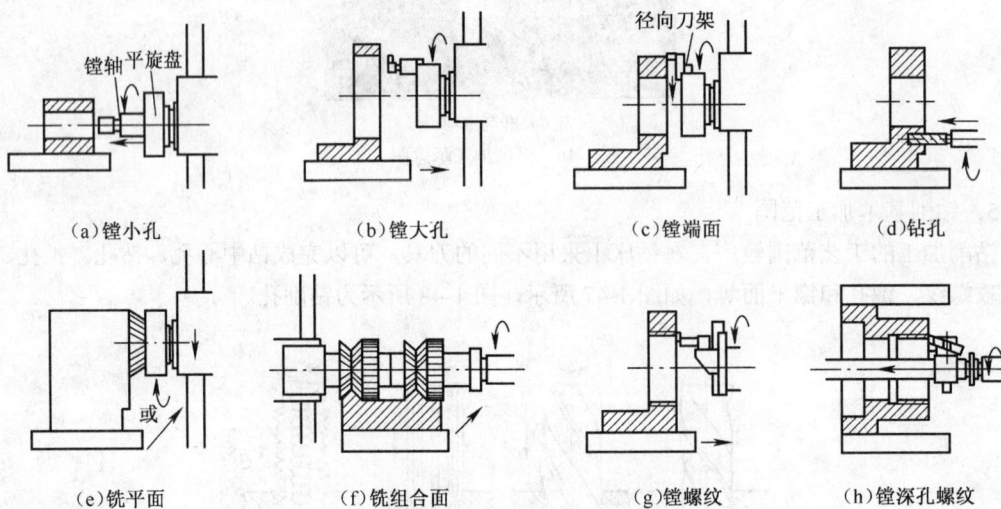

(a)镗小孔　　(b)镗大孔　　(c)镗端面　　(d)钻孔

(e)铣平面　　(f)铣组合面　　(g)镗螺纹　　(h)镗深孔螺纹

图 1-49　镗削的工艺范围

图 1-50　镗削发动机汽缸体

表 1-3　　　　　　　　　　　　不同加工方法可能达到的 Ra 的值

加工方法	Ra 的数值（第一系列）/μm													
	0.012	0.025	0.05	0.10	0.20	0.40	0.80	1.60	3.2	6.3	12.5	25	50	100
砂模铸造														
金属型铸造														
压力铸造														
热轧														
冷轧														
刨削														
钻孔														
镗孔														
铰孔														
滚铣														
端铣														
车外圆														
车端圆														
磨外圆														
磨平面														
研磨														
抛光														

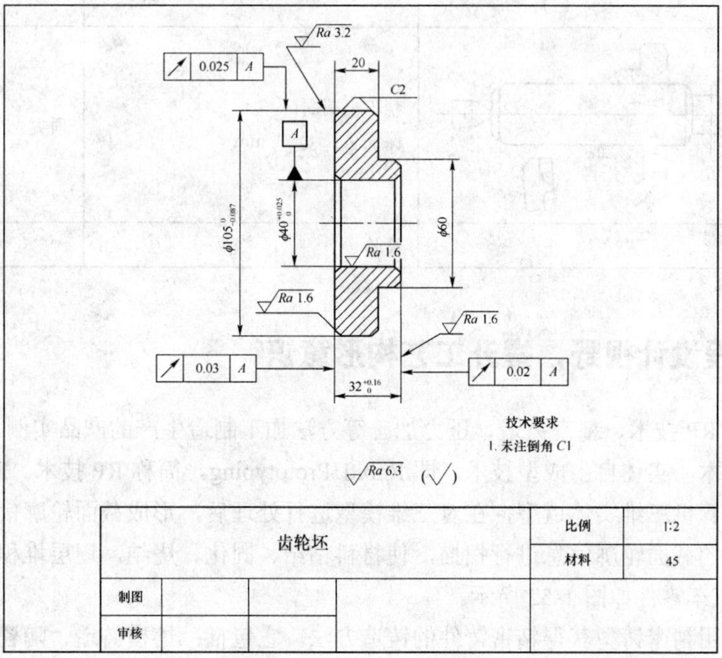

图 1-51　齿轮坯零件图

表 1-4   齿轮坯车削工艺过程

加工顺序	加工简图	加工内容	安装方法	备注
1		下料 $\phi110mm \times 36mm$		
2		卡 $\phi110mm$ 外圆，长 20mm；车端面见平；车外圆 $\phi63mm \times 10mm$	三爪卡盘	
3		卡 $\phi63mm$ 外圆； 粗车端面见平，外圆至 $\phi107mm$； 钻孔 $\phi36mm$； 粗精镗孔 $\phi40^{+0.25}_{0}$ mm 至尺寸； 精车端面、保证总长 33mm； 精车外圆 $\phi105^{0}_{-0.087}$ mm 至尺寸； 倒内角 $1 \times 45°$；外角 $2 \times 45°$	三爪卡盘	
4		卡 $\phi105mm$ 外圆、垫铁皮、找正； 精车台肩面，保证长度 20mm； 车小端面、总长 $32.3^{+0.2}_{0}$ mm； 精车外圆 $\phi60mm$ 至尺寸； 倒小内、外角 $1 \times 45°$；大外角 $2 \times 45°$	三爪卡盘	
5		精车小端面； 保证总长 $32^{+0.16}_{0}$ mm	顶尖	有条件可平磨小端面
6		检验		

三、拓宽工程设计视野，提升工艺构形意识

下面是通过 RP 技术、精密铸造、压力加工等方法加工制造生产的产品实例。

快速成型技术 实体自由成型技术，即 Rapid Prototyping，简称 RP 技术。RP 快速成型的工艺方法是基于计算机三维实体造型，在对三维模型进行处理后，形成截面轮廓信息，随后将各种材料按三维模型的截面轮廓信息进行扫描，使材料粘结、固化、烧结，逐层堆积成为实体原型。RP 技术制造的汽车零件如图 1-52 所示。

精密铸造 用精密铸型获得精密铸件的铸造方法。它包括：熔模铸造、陶瓷型铸造、金属型铸造、压力铸造、消失模铸造等。其中较为常用的是熔模铸造。

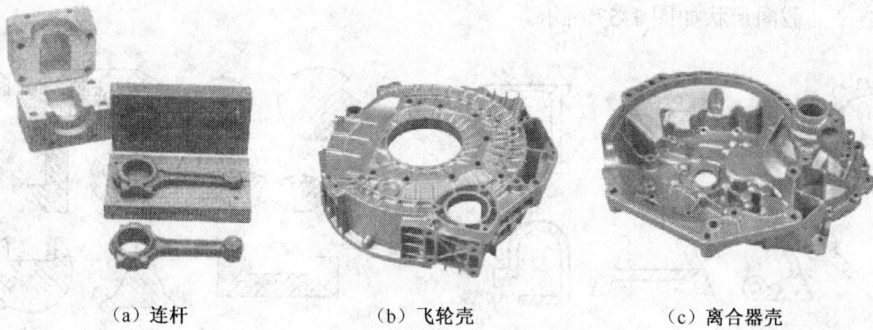

（a）连杆　　　　　　　（b）飞轮壳　　　　　　（c）离合器壳

图 1-52　RP 技术制造的汽车零件

熔模铸造　在易熔模样的表面包覆多层耐火材料，然后将模样熔去制成无分型面的型壳，经焙烧、浇注而获得铸件的方法。熔模技术的发展使熔模铸造不仅能生产小型铸件，而且能生产较大的铸件，最大的熔模铸件的轮廓尺寸接近 2m，最小壁厚不到 0.5mm。同时熔模铸件也更趋精密，可实现少切削或无切削加工，尺寸精度 IT11～IT14，表面粗糙精度 Ra（1.6～12.5）μm。通过熔模技术实现的精密铸造—单晶涡轮叶片如图 1-53 所示。

图 1-53　精密铸造——单晶涡轮叶片

压力加工　金属在外力作用下产生塑性变形，获得一定尺寸、形状和机械性能的原材料、毛坯或零件的生产方法。常用的锻压工艺方法分为自由锻、模锻、挤压、拉拔、轧制、板料冲压等。

自由锻　加热好的坯料，在锻造设备上，受冲击力或静压力作用下，产生塑性变形，获得所需锻件的一种加工方法。

模锻　加热好的坯料，放入模膛，在外力作用下坯料变形获得锻件的一种加工方法。模锻件如图 1-54、图 1-55 所示。

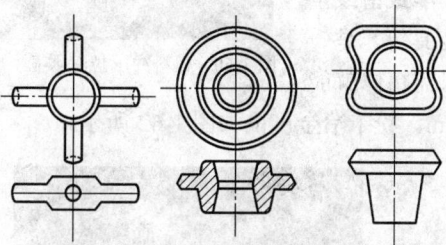

图 1-54　长轴类锤上模锻锻件

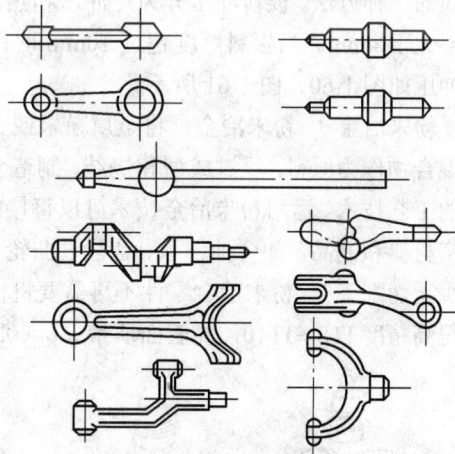

图 1-55　短轴类锤上模锻锻件

挤压　使金属坯料在外力作用下，通过模具上的孔型，发生塑性变形而获得具有一定形状和尺寸的零件的加工方法。挤压零件尺寸精度可达 IT6～IT7，表面粗糙度 Ra（0.2～0.4）μm。挤压产品截面形状如图 1-56 所示。

拉拔　坯料在牵引力作用下通过拉拔模模孔而被拉出，使之产生塑性变形而获得制品的加工过程。拉拔产品截面形状如图 1-57 所示。

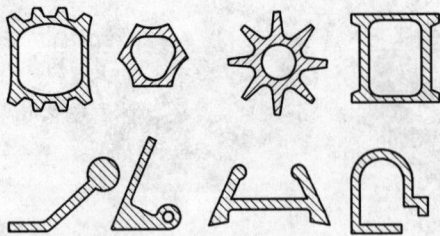

图 1-56　挤压产品截面形状图

图 1-57　拉拔产品截面形状图

轧制　金属坯料通过两个回转轧辊的孔隙中受压变形，以获得各种产品的加工方法。轧制产品截面形状如图 1-58 所示，在摩擦压力机上轧制的锻件如图 1-59 所示。

图 1-58　轧制产品截面形状图

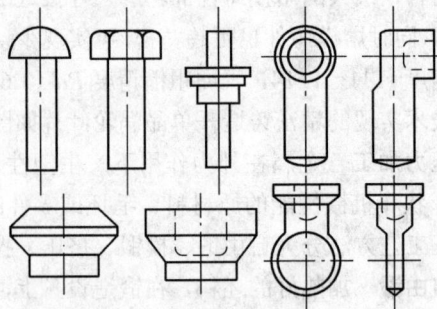

图 1-59　摩擦压力机锻件

板料冲压　利用冲床上的冲模使板料产生变形或分离，从而获得具有一定形状尺寸的零件或毛坯的一种方法。板料冲压分为冷冲压和热冲压。冷冲板料通常厚度不大于 4mm。当板料厚度超过 10mm 时，则需采用热冲压。板料冲压如图 1-60、图 1-61 所示。

粉末冶金　粉末冶金是将金属粉末或金属粉末与非金属粉末的混合物作为原料，经过成型和烧结，制造金属材料或各种类型制品的工艺技术。运用粉末冶金技术可以直接制成多孔、半致密或全致密材料和制品，如含油轴承、齿轮、凸轮、导杆、刀具等，是一种少无切削工艺。粉末冶金零件不再需要机械加工或只需精修就能获得高精度 IT8～IT10，高表面质量 Ra（0.4～1.6）μm。粉末冶金产品如图 1-62 所示。

图 1-60　板料冲压拉深水壶半成品

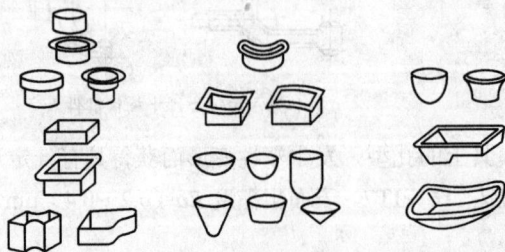

图 1-61　板料冲压拉深件

图 1-62　粉末冶金产品

思考题

1. 结合拆装实践，观察轴上大、小齿轮结构。
2. 结合生产实践，了解齿轮的加工制造有哪些方法？
3. 2008 年奥运场馆前文化艺术作品见封前彩页，它们是通过什么工艺制造的？

第8节 拓展构形设计意识

构形为设计服务，构形的基础为了解产品的功用和工艺，在掌握零件功用和工艺的基础上，对零件进行合理的结构设计分析，是学习的捷径。

培养目标

本节培养学生功用意识、构形设计意识和创新意识。

1. 衬套结构设计

衬套：起衬垫作用的环套。衬套结构形状大小由其使用的场所不同而不同，见图 1-63 所示。衬套可以根据需求自行设计。

（a）各种衬套　　　　　　　　（b）衬套和轴瓦　　　　　　（c）衬套的应用

图 1-63　衬套及其应用

衬套主要用于印刷机械、医疗机械、食品机械、包装机械、起重机械、矿山机械、健身器材、石油机械、塑料机械、化工机械、冶金机械、车辆机械、纺织机械、橡胶机械等需要传动而无法加油或较难形成油膜的机械部位。

衬套材料有石墨、MC 尼龙、铜基合金，铝基合金、灰铸铁，球墨铸铁，锡基合金、铜铅-钢双金属、聚四氟乙烯等等。图 1-64 所示为某一衬套结构示意图。

注：为了便于了解国家粗糙度新旧国标标注方法，以及查阅和阅读不同书籍的相关资料，图 1-64 采用旧国标绘制。

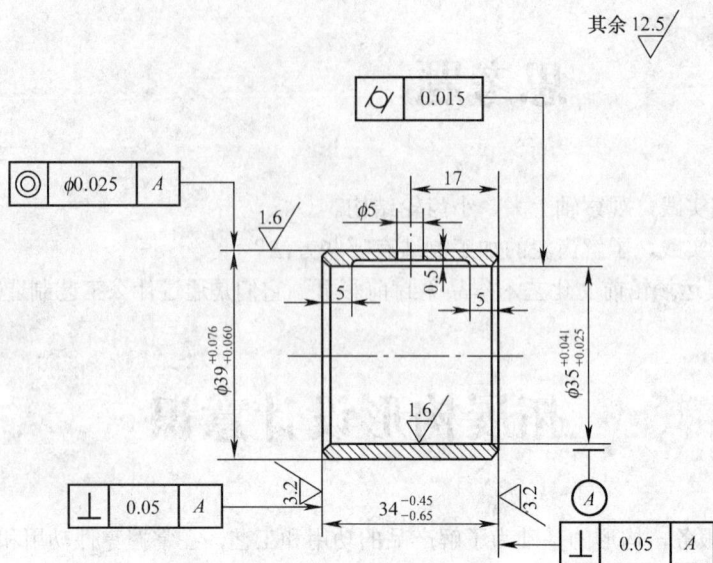

图 1-64　衬套结构示意图

2．工程零件

如图 1-65 所示，这些产品是工程中使用的零件，通过不同的工艺制造而成，主要以圆柱体、球体、锥体等相贯而成，结构形状简单。

产品设计原则：在满足功能要求的前提下，尽可能结构简单，各形体间相互协调、造型美观，工艺简单，成本低廉。

（a）铸件成品

（b）塑胶管件——瓶形三通　　　　　　　　　（c）塑胶管件——伸缩节

图 1-65　生产中的零件产品

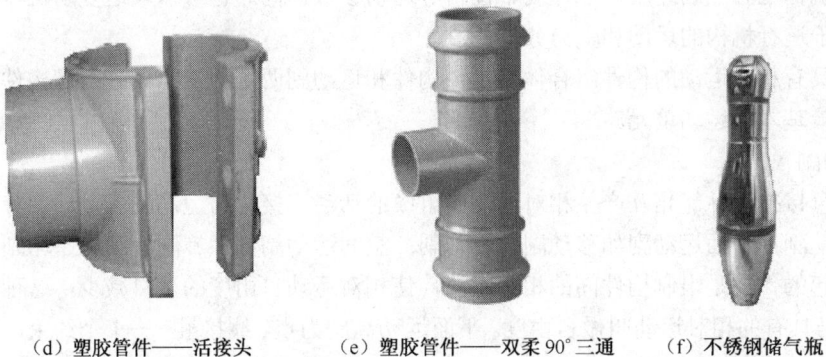

（d）塑胶管件——活接头　　　（e）塑胶管件——双柔 90°三通　　　（f）不锈钢储气瓶

图 1-65　生产中的零件产品（续）

思考题

1．结合拆装实践，查询有关资料，了解发动机中衬套功用，并画出衬套的结构示意图。
2．用视图表达图 1-65 中的产品的结构。
3．对彩页中的烟斗工艺品进行构形分析。

第9节　实践中获取机构知识

培养目标

本节通过对机器的机构分析，掌握机器的功能和机构，培养对中等复杂机器的机构认识意识。

一、机构

机械（Machinery）是机器（Machine）和机构（Mechanism）的总称，机器是由单一机构、多个同一机构或多种机构所组成。各种机械中经常使用的机构称为常用机构，如平面连杆机构、凸轮机构、齿轮机构和棘轮机构等。

1．机构

机构是由两个或两个以上构件通过活动联接形成的构件系统。图 1-66 所示为齿轮机构。

设计机构时，需要绘制机构运动简图，即利用简单的线条和符号代替构件和运动副，按一定的比例表示各运动副之间相对位置的简单图形，此简单图形称为机构运动简图。利用机构运动简图，可

图 1-66　齿轮机构

方便地求出机构上各点的速度、加速度、位移等运动参数，同时也可以表达复杂机器的组成和传动原理，便于进行机构的运动和受力分析。

机构是具有相对运动的构件组合体，是由构件和运动副两个要素组成。所谓构件是指机器中组成机构的最基本的运动单元。

2．运动副

两构件直接接触并能相互产生相对运动而组成的活动连接称为运动副。运动副分为平面运动副和空间运动副；平面运动副如移动副、转动副；空间运动副如螺旋副、圆锥齿轮副。两构件间的运动副所起的作用是限制构件间的相对运动，使相对运动自由度的数目减少，这种限制作用称为约束，而仍具有的相对运动叫做自由度。平面运动高副为点、线接触——1 个约束，2 个自由度，如图 1-67 所示。平面运动低副为面接触——2 个约束，1 个自由度，如图 1-68 所示。转动副即两个构件间只能作相对旋转运动的运动副。移动副即两个构件间只能作相对移动运动的运动副。构件间仅能作相对螺旋运动（既转动又沿转动轴轴线移动）的运动副称为螺旋副。表 1-5 所示常用机构构件、运动副代表符号。

由若干个构件通过运动副连接组成相对可运动的构件系统称为运动链。如果运动链中的各构件构成首末封闭的系统则称为闭式链，如图 1-69（a）所示，否则称为开式链，如图 1-69（b）所示。在一般机构中，大多采用闭式链，而机器人机构中大多采用开式链。

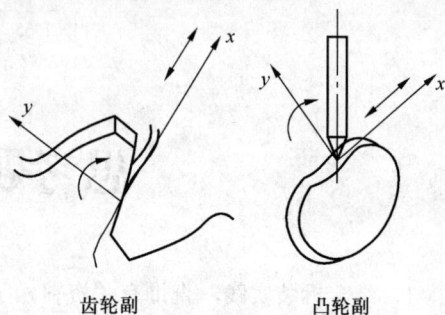

齿轮副   凸轮副

图 1-67   平面运动高副

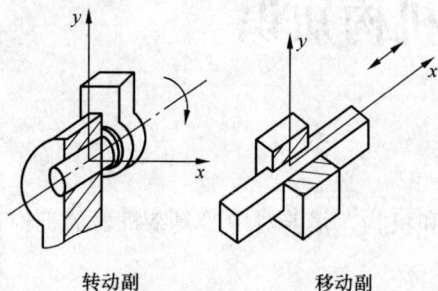

转动副   移动副

图 1-68   平面运动低副

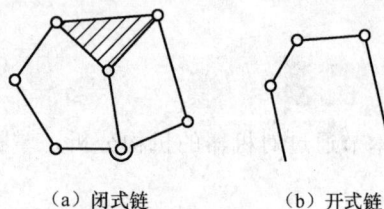

（a）闭式链   （b）开式链

图 1-69   运动链

表 1-5   常用机构构件、运动副代表符号

	两运动构件形成的运动副	两构件之一为机架时所形成的运动副
转动副		
移动副		

续表

构件	两运动构件形成的运动副		两构件之一为机架时所形成的运动副
	二副元素构件	三副元素构件	多副元素构件
构件			
凸轮及其他机构	凸轮机构	棘轮机构	带传动
齿轮机构	外齿轮	内齿轮	圆锥齿轮　蜗杆蜗轮

　　按组成的各构件间相对运动的不同，机构可分为平面机构（如平面连杆机构、圆柱齿轮机构等）和空间机构（如空间连杆机构、蜗轮蜗杆机构等）；按运动副类别可分为低副机构（如连杆机构等）和高副机构（如凸轮机构等）；按结构特征可分为连杆机构、齿轮机构、摩擦机构、棘轮机构等；按所转换的运动或力的特征可分为匀速和非匀速转动机构、直线运动机构、换向机构、间歇运动机构等；按功用可分为安全保险机构、联锁机构、擒纵机构等。

二、牛头刨床机构

　　牛头刨床是一部典型的机器，由若干能够完成确定运动的机构组成，如图 1-70 所示。在牛头刨床中，连杆机构（摆动导杆机构）用来改变运动形式并实现切削运动，棘轮机构以及丝杠传动用来控制、调节并实现工作台的横向进给运动，用另一丝杠传动来实现工作台的垂直进给运动。

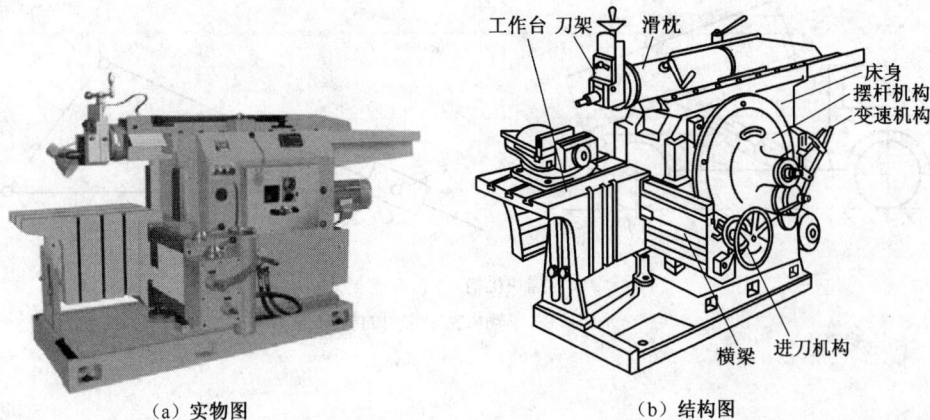

(a) 实物图　　　　　　　　　　(b) 结构图

图 1-70　牛头刨床

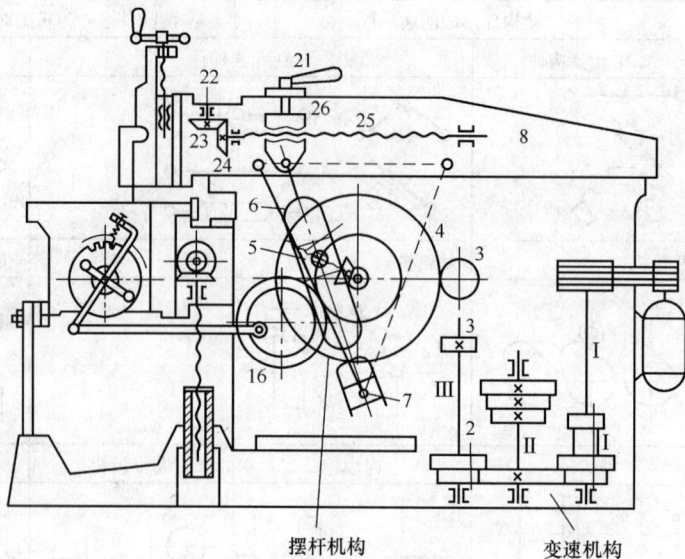

（c）牛头刨床运动图

图 1-70　牛头刨床（续）

三、车辆中常用机构

　　机构中用以支持运动构件的构件称为机架，机架常用作研究运动的参考坐标系。在工作的机构中，驱动机构的外力所作用的具有独立运动的构件称为原动件（又称主动件、起始构件 、输入构件等）。应用于不同机器中的同一机构，其原动件可能不同。如往复式空气压缩机中的曲轴活塞机构的原动件为曲轴，而在内燃机中其原动件却为活塞。在机构中，除机架和主动件之外的被迫作强制运动的构件称为从动件。描述或确定机构的运动所必需的独立参变量（坐标数）称为机构自由度。为使机构的构件间获得确定的相对运动，必须使机构的原动件数等于机构自由度数。下面是车辆中常用的机构，如图 1-71 所示。

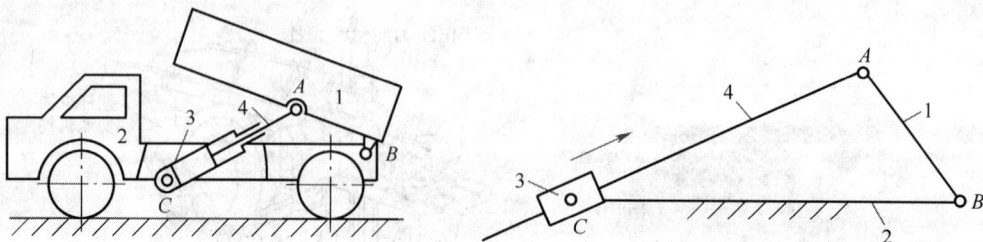

（a）摇块机构

图 1-71　车辆机械中常用的机构

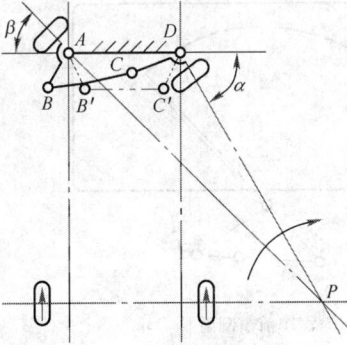

（b）汽车转向机构　　　　　　　　　　　　　（c）曲柄连杆机构

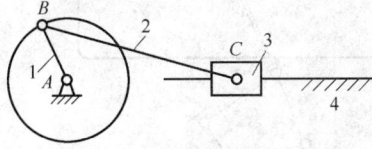

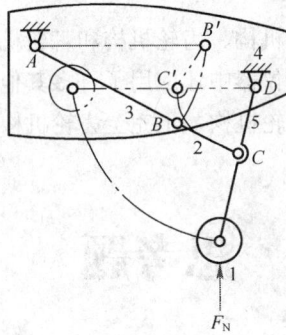

（d）双摇杆机构应用实例

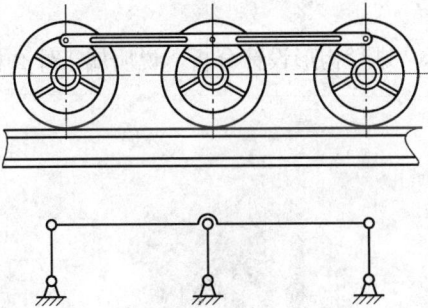

（e）机车车轮的联动机构　　　　　　　　　（f）汽车车门开启与关闭装置

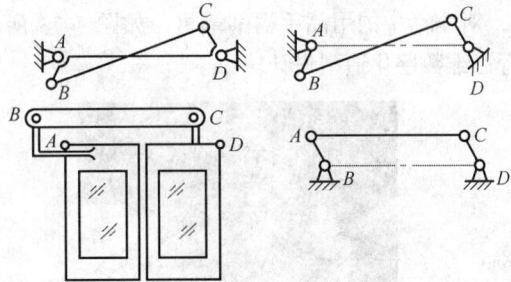

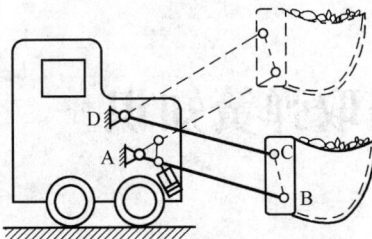

（g）双曲柄机构

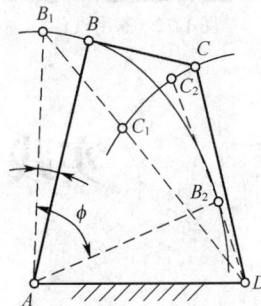

图 1-71　车辆机械中常用的机构（续）

汽车前窗刮雨器　　　　　　　　　　汽车前窗刮雨器

（h）曲柄摇杆机构

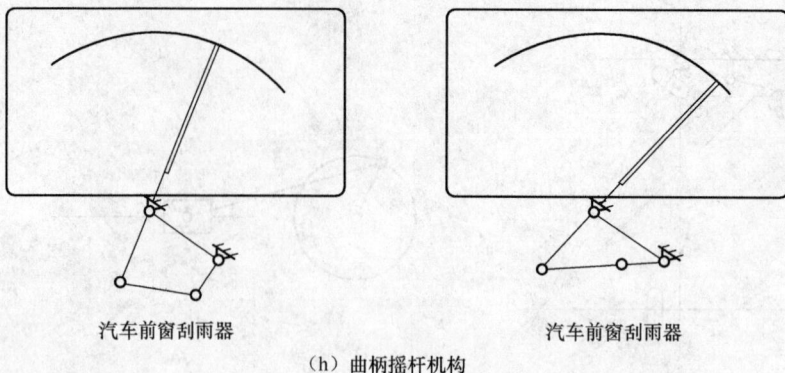

图 1-71　车辆机械中常用的机构（续）

平面连杆机构、凸轮机构、齿轮机构和棘轮机构是组成机器常用的几种主要机构，除这些主要机构外，在各种机器和仪器中还应用了许多其他形式和用途的机构，它们的种类很多，一般统称为其他常用机构，如槽轮机构、不完全齿轮机构、组合机构等，这里不再累赘。

思考题

1. 结合拆装实践，找出机器中常用的机构。

2. 理论联系实际，从图 1-72 所示的家用设备中，你观察到什么零件，什么机构，该机构实现什么功能？

3. 对生活中的用品手摇削笔机，如图 1-73 所示，进行构形设计分析，说明属于什么机构，并进行三维数字化造型设计。

图 1-72　家用设备

图 1-73　家庭用品

第10节　实践中获取弹簧知识

培养目标

本节培养观察意识，国标、行标意识，质量检验工程意识，绘图表达意识，制造工艺意识，从车辆工程中获取弹簧知识，获得综合工程实践意识和能力。

图 1-74 和图 1-75 是我们日常生活中常见的车辆设备，它们使用的是两种不同的弹簧。你见过吗？下面让我们获取一些有关弹簧方面的知识。

一、弹簧的种类

弹簧的种类很多。通常按其形状特征不同，弹簧可分为螺旋弹簧（有圆柱形和圆锥形）、碟形弹簧、环形弹簧、板弹簧、盘簧 5 种；按照弹簧所承受的载荷性质，弹簧主要分为拉伸弹簧、压缩弹簧、扭转弹簧、弯曲弹簧 4 种。弹簧按旋向又可分为左旋弹簧和右旋弹簧。图 1-76～图 1-86 所示是工程中常用的各种弹簧。

片弹簧 　片弹簧为单片弹簧钢，多用于机械设备和仪器仪表中作为压紧工作部件。

板弹簧 　板弹簧由不少于 1 片的弹簧钢叠加组合而成。板弹簧主要用来承受弯矩，有较好的减振能力，所以多用于各种车辆的减振弹簧。板弹簧按外形可分为：椭圆形板弹簧、半椭圆形板弹簧、四分之一椭圆形板弹簧、片弹簧。椭圆形板弹簧、半椭圆形板弹簧及四分之一椭圆形板弹簧均为组合型式的板弹簧，依靠板与板之间的摩擦力而具有较高的缓冲和减振性能，广泛应用于汽车、拖拉机和铁道车辆的悬架系统。

环形弹簧 　环形弹簧刚性很大，能承受很大的冲击载荷，并具有良好的吸振能力，常用作重型机车、锻压设备和飞机起落装置中的缓冲零件。

碟形弹簧 　碟形弹簧刚性很大，能承受很大的冲击载荷，并有良好的吸振能力，用作各种缓冲、预紧装置。

盘簧 　属于扭转弹簧，储存能量较大，多用于压紧机构及仪表、钟表的动力装置。

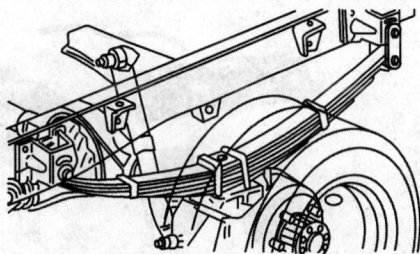

图 1-74 　板弹簧应用

图 1-75 　减振弹簧应用

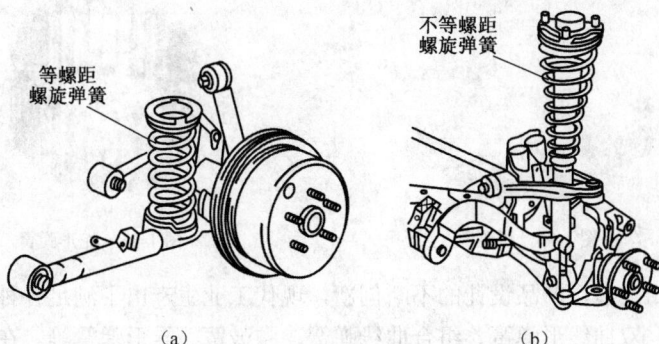

等螺距螺旋弹簧

不等螺距螺旋弹簧

（a） 　　　　　　　　　（b）

图 1-76 　螺旋压缩弹簧应用

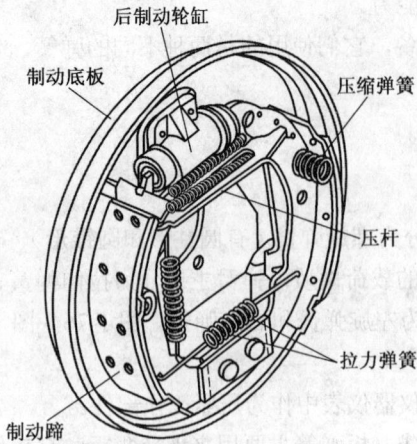

图 1-77 圆柱螺旋拉伸弹簧及应用

后制动轮缸

制动底板

压缩弹簧

压杆

拉力弹簧

制动蹄

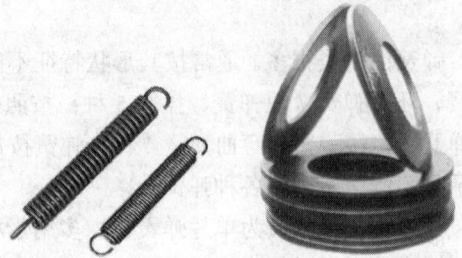

图 1-78 碟形弹簧

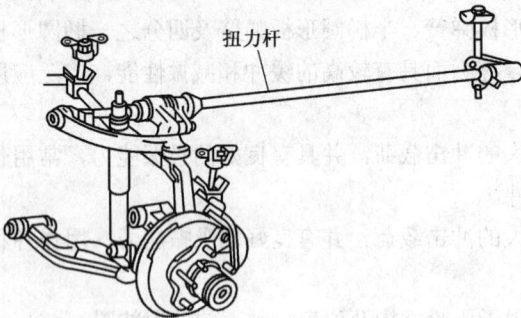

扭力杆

图 1-79 扭杆弹簧应用

图 1-80 扭转弹簧

图 1-81 端部磨平压簧

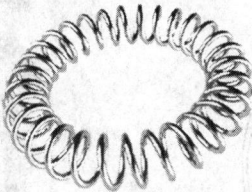

图 1-82 环行弹簧

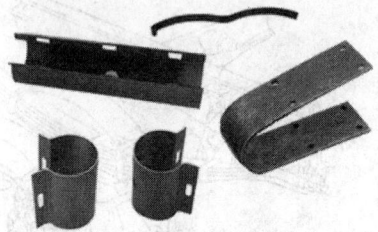

图 1-83 异形片弹簧

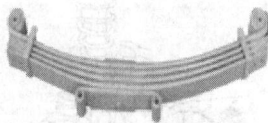

图 1-84 板弹簧

图 1-85 蛇形弹簧

　　随着工业的不断发展，产品设计的不断创新，现代工业生产出了满足各种功用的外形独特的弹簧，有蛇形弹簧、双曲线形弹簧、组合曲线弹簧、腰鼓簧、异形弹簧等。在一般机械中，最常用的弹簧是用圆截面金属丝绕制而成的圆柱螺旋压缩弹簧和圆柱螺旋拉伸弹簧。

二、弹簧的功用

弹簧是一种利用弹性性能工作的机械零件。其工作特点是：在外力作用下产生弹性变形，将外力所做的功转变为本身的弹性变形能；卸除外力后，则释放弹性变形能而做功，变形消失，恢复原状。

弹簧的主要功用如下。

（1）控制运动。例如，凸轮机构、离合器（见图 1-86）及阀门中的控制弹簧。

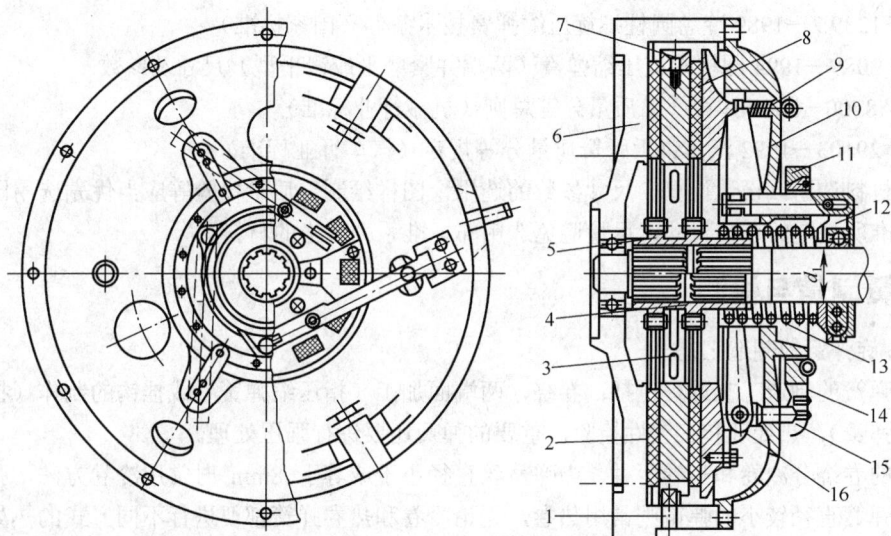

图 1-86　中央圆柱螺旋弹簧离合器

1—传动销；2—中间主动盘；3—扭转减振器弹簧；4、5—从动盘；6—飞轮；7—分离杠杆；8—压盘；9—分离弹簧；
10—离合器盖；11—调整环；12—分离套筒；13—压紧弹簧；14—平衡盘；15—支撑销；16—压紧杠杆

（2）缓冲、吸振。例如，车辆减振弹簧和各种缓冲器中的弹簧。

（3）储存能量。例如，钟表弹簧。

（4）测量。如测力器、弹簧秤（见图 1-87）中的弹簧。

弹簧的载荷与变形之比称为弹簧刚度，刚度越大，则弹簧越硬。

三、弹簧材料

为了确保弹簧能够可靠地工作，其材料除应满足具有较高的强度极限和屈服极限外，还必须具有较高的弹性极限、疲劳极限、冲击韧度、塑性和良好的热处理工艺性能。

图 1-87　弹簧秤

弹簧材料常用的有 65Mn、55Si2Mn、60Si2MnA、50CrVA、55CrMnA、1Cr18Ni9、0Cr18Ni10、0Cr17Ni8Al、60CrMnA 等。

选择弹簧材料时，应充分考虑下列因素：

弹簧工作条件（包括载荷的大小及性质、工作延续时间、冲击速度、周围介质的特性、温度高低及变化、寿命长短等）、功用、工艺性能，材料来源，重要性和经济性等因素。参考有关手册即可选择适当的材料。

选择许用应力是计算弹簧尺寸很重要的环节，但是影响弹簧许用应力的因素很多，选择时，除了要考虑弹簧的工作条件，重要性以及材料的品种外，还应考虑到材料的质量，热处理方法，载荷性质以及弹簧尺寸等。

四、弹簧标准

我国的弹簧标准化已经形成了较为完善的标准体系，已有弹簧国家标准 22 项、行业标准 30 项。1999 年批准成立了全国弹簧标准化技术委员会（SAC/TC235）。

以下是几个典型的弹簧标准。

GB/T 1239.2—1989 冷卷圆柱螺旋压缩弹簧技术条件（国家标准）

GB/T 2089—1994 圆柱螺旋压缩弹簧（两端并紧磨平或锻平型）尺寸及参数

JB/T 58700—2000 弹簧产品质量分等总则（机械行业标准）

QC/T 29103—1992 汽车钢板弹簧质量分等规定（汽车行业标准）

弹簧材料选用，设计计算，尺寸参数的选用，图样绘制，质量检验等应当优先选用国家标准和部颁标准所规定的系列尺寸，尽量避免选用非标准系列规格的材料。

五、弹簧制造与检测

1. 螺旋弹簧的制造工艺

螺旋弹簧的制造工艺过程包括：卷绕，两端面加工（指压缩弹簧）或挂钩的制作（指拉伸弹簧和扭转弹簧），热处理和工艺性检验，重要的弹簧还要进行强压处理。

弹簧的卷绕分冷卷和热卷两种。当弹簧丝直径小于或等于 8mm 时常用冷卷方法，弹簧丝直径较大而弹簧直径较小的弹簧则常用热卷，无论冷卷和热卷弹簧都要进行不同方式的热处理。弹簧在卷绕和热处理后要进行表面检验及工艺性试验来鉴定弹簧的质量。弹簧制成后可进行特殊处理（如强压处理或喷丸处理）以提高弹簧的承载能力和疲劳寿命。

圆柱螺旋压缩弹簧冷卷代号为 Y，圆柱螺旋压缩弹簧热卷代号为 RY。

根据需要弹簧端部可制成不同型式，其端部结构型式有：YI 型（两端圈并紧并磨平）；YⅡ 型（两端圈并紧不磨）；YⅢ 型（两端圈不并紧）；RYI 型（同 YI 型）；RYⅡ 型（两端圈制扁并紧磨平或不磨）。

2. 常用制造弹簧设备

制造弹簧设备常用的有：自动卷簧机、数控电脑卷簧机、磨簧机等。

卷簧机（见图 1-88）采用曲柄连杆离合器送料系统，适应卷制高精度的圆截面弹簧，适用卷制各种高精度的弹簧，主要用于生产汽车、摩托车气门弹簧（见图 1-89），摩托车离合器弹簧（见图 1-90），油泵调压弹簧等。

图 1-88 卷簧机

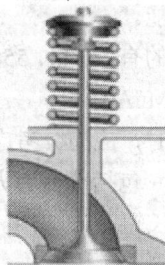

图 1-89 气门弹簧

3．弹簧检测设备

弹簧出厂前要进行表面检验及工艺性试验来鉴定弹簧的质量。弹簧的质量鉴定应按照国家标准和部颁标准。

测试机是测试拉伸弹簧、压缩弹簧变形量和负荷的专用仪器，用于弹簧在一定工作长度下的工作负荷的测试。

常用的检测设备有：弹簧拉压测试机、弹簧扭力测试机、弹簧疲劳试验机等。

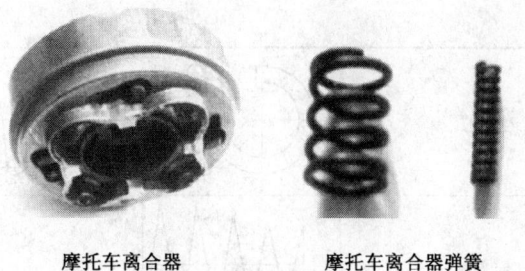

摩托车离合器　　　　摩托车离合器弹簧

图 1-90　摩托车离合器及其弹簧

六、弹簧的标准画法

国家标准 GB 4459.4—2003 规定了圆柱螺旋弹簧的简化画法。

弹簧可以采用视图、剖视图和示意图进行表达，见表 1-6、表 1-7 和表 1-8。

表 1–6　　　　　　　　　　　　　螺旋压缩弹簧的画法

名称	视　图	剖视图	示意图
圆柱螺旋压缩弹簧			
截锥螺旋压缩弹簧			

表 1–7　　　　　　　　　　　　圆柱螺旋拉伸弹簧的画法

视图	

续表

剖视图	
示意图	

表 1-8	圆柱螺旋扭转弹簧的画法
视图	
剖视图	
示意图	

在装配图中，被弹簧挡住的结构一般不画出，可见部分应从弹簧的外轮廓线或中心线画起。例如，在湿式多片换挡离合器的装配图中，圆柱螺旋压缩弹簧的画法如图 1-91 所示。

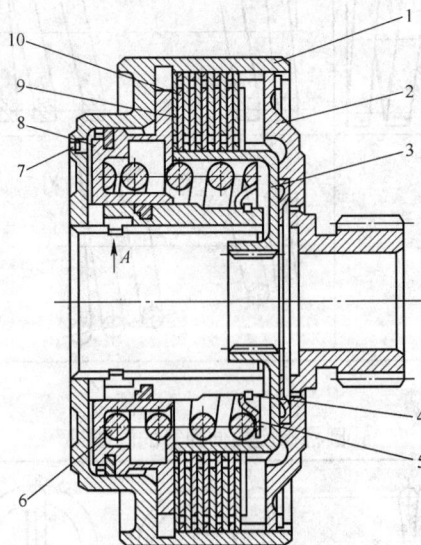

图 1-91　装配图中的圆柱螺旋压缩弹簧画法

1—离合器鼓；2—与行星轮机构相连接的凸缘盘；3—花键毂；4—卡环；5—弹簧支承盘；
6—弹簧；7—安全阀；8—环形活塞；9—从动片；10—主动片；A—进油孔

型材尺寸较小（直径或厚度在图形上等于或小于 2mm）的螺旋弹簧允许用示意图表示，如图 1-92 所示。当弹簧被剖切时，也可用涂黑表示，如图 1-93 所示。

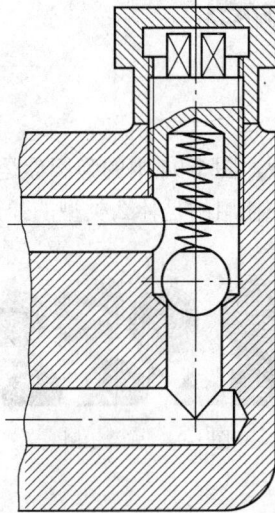

图 1-92　装配图中的圆柱螺旋弹簧示意画法

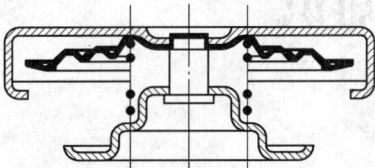

（a）散热器盖

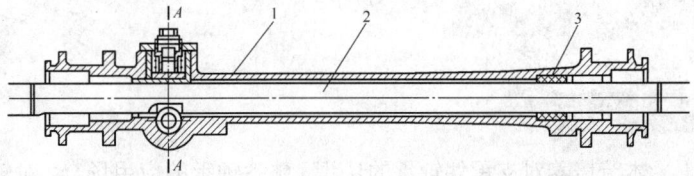

A—A 放大图

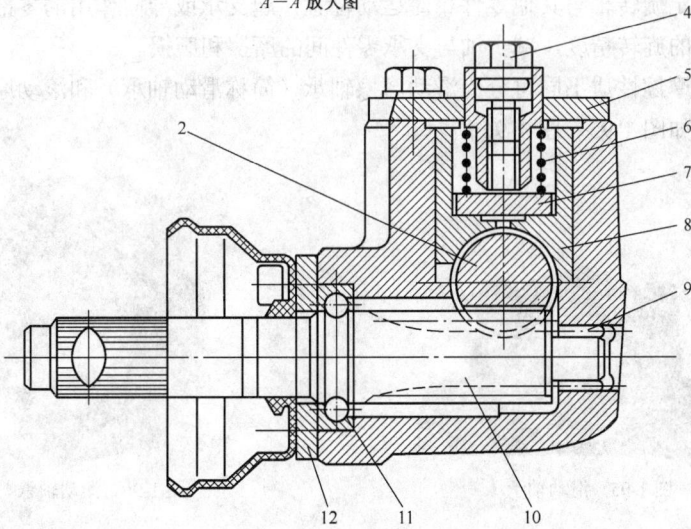

（b）捷达轿车齿轮齿条式转向器

图 1-93　装配图中型材尺寸较小的弹簧画法

1—壳体　2—转向齿条　3—支承套　4—调整螺钉　5—侧盖　6—弹簧　7—垫片；
8—压块　9—滚针轴承　10—转向齿轮　11—球轴承　12—压盖

思考题

1. 了解弹簧相关的国家标准。
2. 指出你生活中见到的弹簧类型，图1-94中的弹簧你是否见过，属于什么类型的弹簧？
3. 结合拆装实践，提出发动机中使用的是什么类型的弹簧？

图1-94　弹簧示例

第11节　实践中获取轴承知识

培养目标

本节培养对支承件轴承的认识，熟悉轴承的应用场合，对轴瓦和轴承衬的材料有初步的认识。

轴承是用于确定旋转轴与其他零件相对运动位置，起支承或导向作用的零部件。轴承的功用是支承轴并保持轴的旋转精度，减少轴与支承零件间的摩擦和磨损。

按轴承工作的摩擦性质不同可分为滑动摩擦轴承（简称滑动轴承）和滚动摩擦轴承（简称滚动轴承）两大类。如图1-95、图1-96所示。

图1-95　滑动轴承

图1-96　滚动轴承

一、滑动轴承

1. 滑动轴承

在滑动摩擦状态下工作的轴承。滑动轴承工作平稳、可靠、噪音较滚动轴承低。在液体润滑条件下，滑动表面被润滑油分开而不发生直接接触，还可以大大减小摩擦损失和表面磨损，油膜具有一定的吸振能力。滑动轴承起动摩擦阻力较大。轴被轴承支承的部分称为轴颈，与轴颈相配的零件称为轴瓦。为了改善轴瓦表面的摩擦性质而在其内表面上浇铸的减摩材料层称为轴承衬。轴瓦和轴承衬的材料统称为滑动轴承材料。滑动轴承应用场合一般在低速重载工况条件下，或者是维护保养及加注润滑油困难的运转部位。

2．滑动轴承分类

滑动轴承分类如下：

（1）按能承受载荷的方向可分为向心（径向）滑动轴承和推力（轴向）滑动轴承两类。

（2）按润滑剂种类可分为油润滑轴承、脂润滑轴承、水润滑轴承、固体润滑轴承、气体润滑轴承、磁流体轴承和电磁轴承 7 类。

（3）按润滑膜厚度可分为薄膜润滑轴承和厚膜润滑轴承两类。

（4）按轴瓦材料可分为青铜轴承、铸铁轴承、塑料轴承、宝石轴承、粉末冶金轴承、自润滑轴承和含油轴承等。

油润滑轴承是用润滑油作为润滑剂的滑动轴承。

脂润滑轴承是用润滑脂作为润滑剂的滑动轴承。

水润滑滑动轴承是用其自身所输送的液体（包括海水、淡水、锅炉给水、冷凝水以及不含固体颗粒的油污水等）作为润滑冷却介质的水润滑滑动轴承。

气体润滑轴承是用气体作为润滑剂的滑动轴承。它利用气体的传输性（扩散性、粘性和热传导性）、吸附性和可压缩性，使之在摩擦副之间，在流体动压效应、静压效应和挤压效应的作用下，形成一层完整气膜，具有支承载荷、减少摩擦的功能。

气体润滑轴承一般分为气体动压轴承、气体静压轴承和气体挤压轴承 3 种类型。实际轴承的润滑状态常常以动、静压，动、挤压，静、挤压及动、静、挤压混合润滑状态形式存在。

固体润滑轴承是在轴承基体的金属摩擦面上开出大小适当、排列有序的孔穴，然后在孔穴中嵌入具有独特自润滑性能的成型固体润滑剂（固体润滑剂面积一般为摩擦面积的 25%～35%）而制成的自润滑轴承。该轴承综合了金属基体和特殊配方润滑材料的各自优点，突破了一般轴承依靠油膜润滑的局限性。固体润滑轴承特别适用于无油、高温、高负载、低速度、防污、防蚀、防辐射、以及在水中或真空溶液浸润而根本无法加润滑油膜的特殊工况条件下使用。

磁流体轴承是磁流体存在于轴承内套与转动轴之间的间隙中，藉助环形永磁体的磁场作用，形成由磁流体组成的环形"O"形圈。磁流体润滑滑动轴承具有改善润滑、无泄漏润滑油、无污染环境、承载能力大、寿命长、有一定的密封作用等优点，并且成本低、易于加工制造、使用方便。

电磁轴承是利用电场力、磁场力使轴悬浮的滑动轴承。利用电场力使轴悬浮的滑动轴承称为静电轴承，利用磁场力使轴悬浮的滑动轴承称为磁力轴承，利用电场力和磁场力共同悬浮的滑动轴承称为组合式轴承。电磁轴承因轴与轴承无直接接触，不需润滑，能在真空中和很宽的温度范围内工作，摩擦阻力小，不受速度限制（有的转速高达 2300 万转/分，线速度高达 3 倍音速），使用寿命长，结构可多样化。静电轴承需要很大的电场强度，应用受到限制，只能在少数仪表中使用。磁力轴承具有较大的承载能力和刚度，已用于超高速列车等。

自润滑轴承分为复合材料自润滑轴承，固体镶嵌自润滑轴承，双金属材料自润滑轴承，特殊材料自润滑轴承，一般应用在低速重载工况条件下，或者是维护保养及加注润滑油困难的运转部位。图 1-97 所示为一种自润滑轴承。

固体镶嵌自润滑轴承（简称 JDB）是一种兼有金属轴承特点和无油润滑轴承特点的新颖润滑轴承，由金属基体承受载荷，特殊配方的固体润滑材料起润滑作用。

含油轴承即多孔质轴承（Porous Bearing），以金属粉末为主要原料，用粉末冶金法制作的烧结体，在制造过程中可调节孔隙的数量、大小、形状及分布等。

曲轴轴承是发动机上的关键部件，它直接影响发动机的质量和寿命。发动机中连杆大头轴瓦的应用如图 1-98 所示。

图 1-97　自润滑轴承

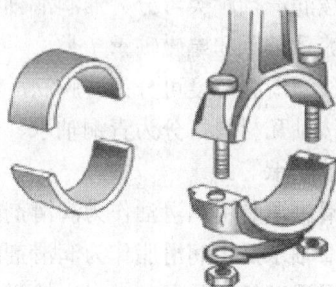

图 1-98　轴瓦的应用

3．向心滑动轴承结构演变

滑动轴承结构形式从制造、成本、维修、润滑等方面角度出发，结构形式发生了很大变化，从图 1-99a、b、c 所示简单结构形式发展到图 1-99d 所示复杂结构形式。

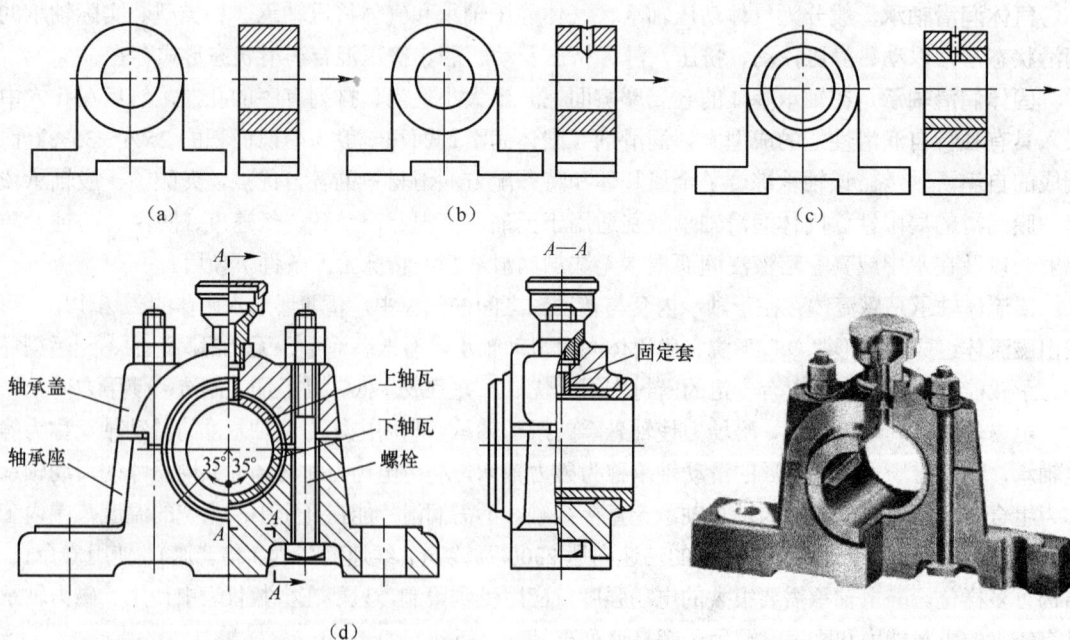

（a）　　　　　　　　　　（b）　　　　　　　　　　（c）

（d）

图 1-99　滑动轴承结构形式演变

向心滑动轴承的结构分为、整体式滑动轴承、剖分式滑动轴承和自动调位轴承。图 1-100 所示为斜剖分滑动轴承。

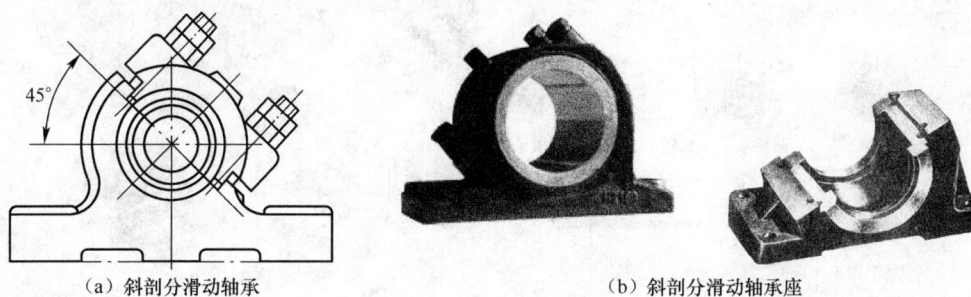

(a) 斜剖分滑动轴承　　　　　　　　　　　　　(b) 斜剖分滑动轴承座

图 1-100　斜剖分滑动轴承

4.轴承材料分类

轴承材料分为三大类:

(1) 金属材料,如轴承合金、青铜、铝基合金、锌基合金、减摩铸铁等;

(2) 多孔质金属材料 (粉末冶金材料);

(3) 非金属材料。其中:

轴承合金:轴承合金又称白合金、巴氏合金。主要是锡、铅、锑或其它金属的合金。由于其耐磨性好、塑性高、跑合性能好、导热性好和抗胶合性好及与油的吸附性好,故适用于重载、高速的场合。轴承合金的强度较小,价格较贵,使用时必须浇铸在青铜、钢带或铸铁的轴瓦上,形成较薄的涂层。

多孔质金属材料:多孔质金属是一种粉末材料,它具有多孔组织,若将其浸在润滑油中,使微孔中充满润滑油,变成了含油轴承,具有自润滑性能。多孔质金属材料的韧性小,只适应于平稳的无冲击载荷及中、小速度场合。

轴承塑料:常用的轴承塑料有酚醛塑料、尼龙、聚四氟乙烯等,塑料轴承,具有较大的抗压强度和耐磨性,可用油和水润滑,具有自润滑性能,但导热性差。

二、滚动轴承

中国是世界上最早发明滚动轴承的国家之一,在中国古籍中,关于车轴轴承的构造早有记载。从考古文物与资料看,中国最古老的具有现代滚动轴承结构雏形的轴承,出现于公元前 221～207 年 (秦朝) 的今山西省永济县薛家崖村。

1.滚动轴承

在承受载荷和彼此相对运动的零件间有滚动体作滚动运动的轴承。滚动轴承是将运转的轴与轴座之间的滑动摩擦变为滚动摩擦,从而减少摩擦损失的一种精密的机械元件。

滚动轴承的结构由内圈、外圈、滚动体和保持架等四种零件组成,如图 1-101 所示。其中

(1) 外圈——装在轴承座孔内。

(2) 内圈——装在轴颈上。

(3) 滚动体——滚动轴承的核心元件。

(4) 保持架——将滚动体均匀隔开,避免相互之间发生摩擦。

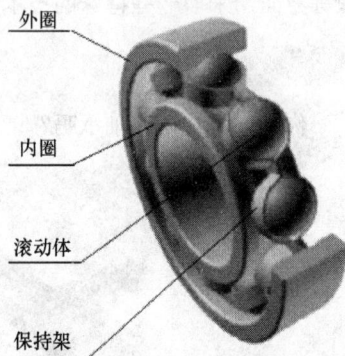

外圈
内圈
滚动体
保持架

图 1-101　滚动轴承的组成

多数情况下,外圈不动,内圈随轴回转,少数情况有外圈回转,内圈不动,也有内外圈按照不同转速回转。滚动体的形状类型如图 1-102 所示。

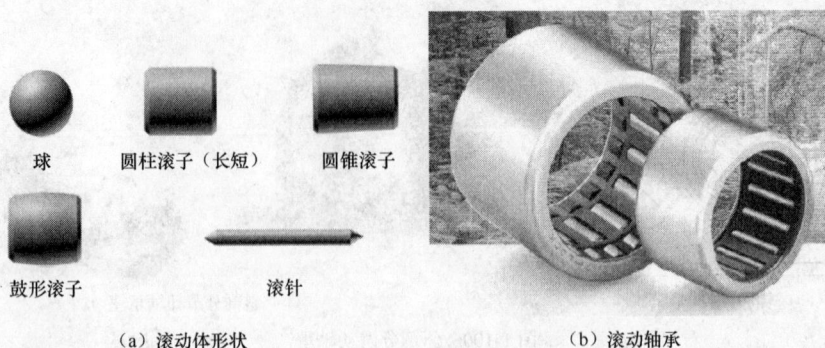

| 球 | 圆柱滚子（长短） | 圆锥滚子 |
| 鼓形滚子 | | 滚针 |

（a）滚动体形状　　　　　　　　　　　　　　（b）滚动轴承

图 1-102　滚动体的形状类型

2．滚动轴承分类

（1）按滚动轴承尺寸大小分为：

① 微型轴承——公称外径尺寸范围为 26mm 以下的轴承；

② 小型轴承——公称外径尺寸范围为 28～55mm 的轴承；

③ 中小型轴承——公称外径尺寸范围为 60～115mm 的轴承；

④ 中大型轴承——公称外径尺寸范围为 120～190mm 的轴承；

⑤ 大型轴承——公称外径尺寸范围为 200～430mm 的轴承；

⑥ 特大型轴承——公称外径尺寸范围为 440～2000mm 的轴承；

⑦ 重大型轴承——公称外径尺寸范围为 2000mm 以上的轴承。

（2）按滚动轴承所能承受的载荷方向可分为：

① 向心轴承，主要或只能承受径向载荷，如深沟球轴承、圆柱滚子轴承；

② 推力轴承，只能承受轴向载荷，如推力球轴承；

③ 向心推力轴承，同时承受径向载荷和轴向载荷，如角接触球轴承，圆锥滚子轴承。

滚动轴承有专门的工厂大量生产，在使用、安装、更换等方面很方便，故在中速、中载和一般工作条件下运转的机器中使用非常普遍。在特殊工作条件下如高速、重载、精密、高底温、防磁、防腐、微型、特大型等场合，也可以采用滚动轴承，但需要在结构、材料、加工工艺、热处理等方面，采取一些特殊的技术措施。选用轴承时查阅相关资料。

拓展思维

你见过直线运动轴承吗？请看图 1-103 所示是直线运动轴承。

直线运动轴承　　　　　　NSK 直线运动轴承

图 1-103　直线运动轴承

思考题

结合拆装实践，仔细观察发动机中使用的轴承类型。

第12节　实践中获取机器零部件工程知识

培养目标

本节培养综合设计分析能力，培养从实践中获取知识的能力，培养综合表达能力。

机器由许多部件和零件组成，部件是按工艺要求划分的独立的装配单元，每个部件包含若干个零件和部件或若干个零件，各零件之间有确定的相对位置。如图 1-104 所示发动机，它是摩托车的一个部件，从图片外形看，它是由三大部件组成，分别是汽缸盖，汽缸体，曲轴箱。

如果将发动机拆开，我们发现发动机又由许多部件和零件组成。

零件是机器中单独加工的单元体，它是组成机器最基本的单元体，它具有确定的形状。

习惯上，按零件形状特征将零件分为四大类：箱体类零件、叉架类零件，盘套类零件、轴类零件等；按功能分又将零件分为三类：连接件、支撑件、传动件。结合拆装实践，了解零部件的功能（详见第 5 章），熟悉部件中零件之间的装配关系和连接方式，如图 1-105 所示。了解零件的功能和设计结构特点，如图 1-106～图 1-109 所示。

1. 部件

图 1-104　发动机部件

（a）

（b）

图 1-105　部件

（c）

（d）

（e）

（f）

（g）

（h）

（i）

（j）

（k）

（l）

（m）

（n）

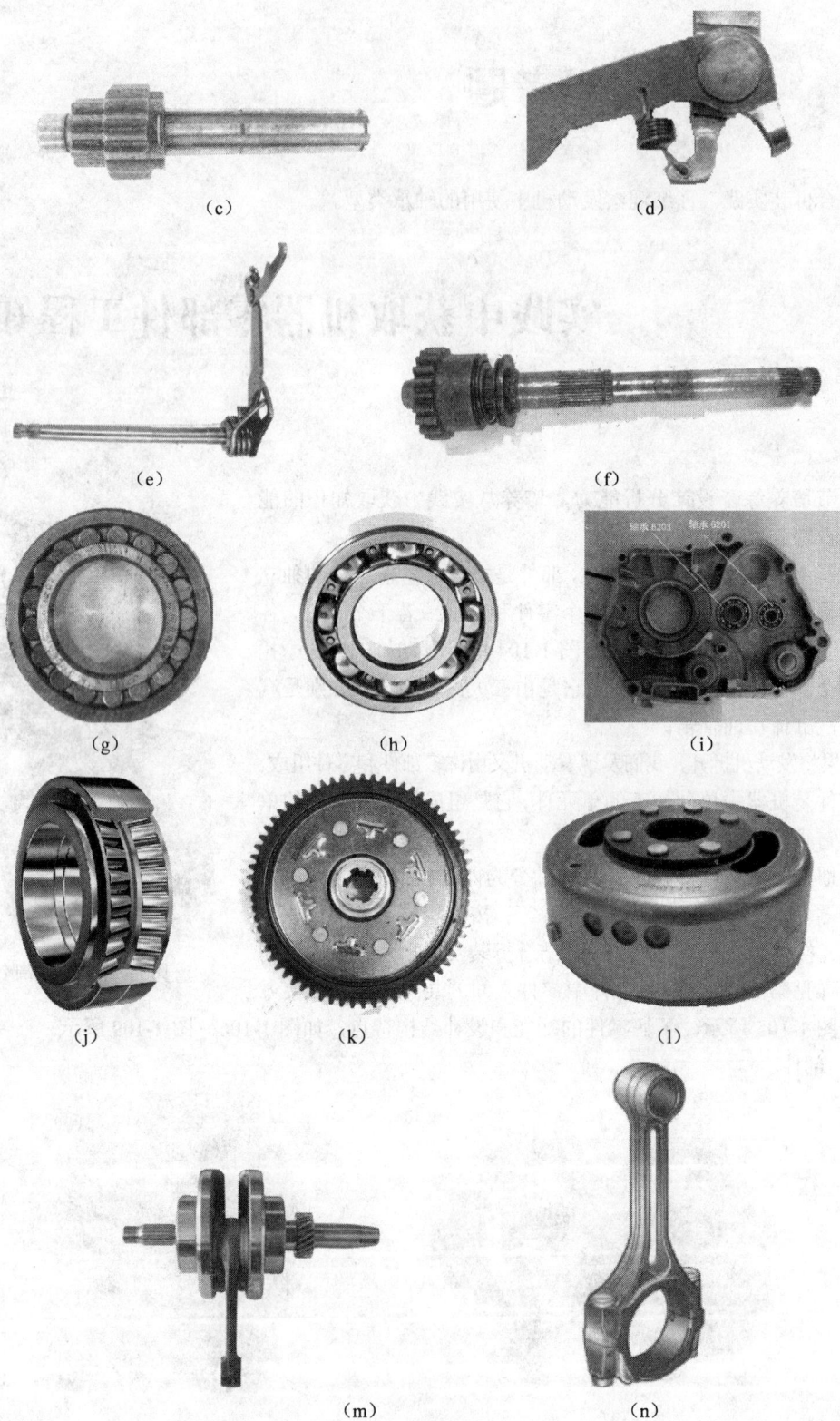

图 1-105　部件（续）

（o）　　　　　　　　　　　　　　（p）

图 1-105　部件（续）

2．箱体类零件

（a）左曲轴箱　　　　　　　　　　（b）曲轴箱盖 I

（c）右曲轴箱　　　　　　　　　　（d）曲轴箱 II

（e）曲轴箱边盖 I　　　　　　　　（f）曲轴箱边盖 II

（g）缸盖　　　　　　（h）缸 I　　　　　　（i）缸 II

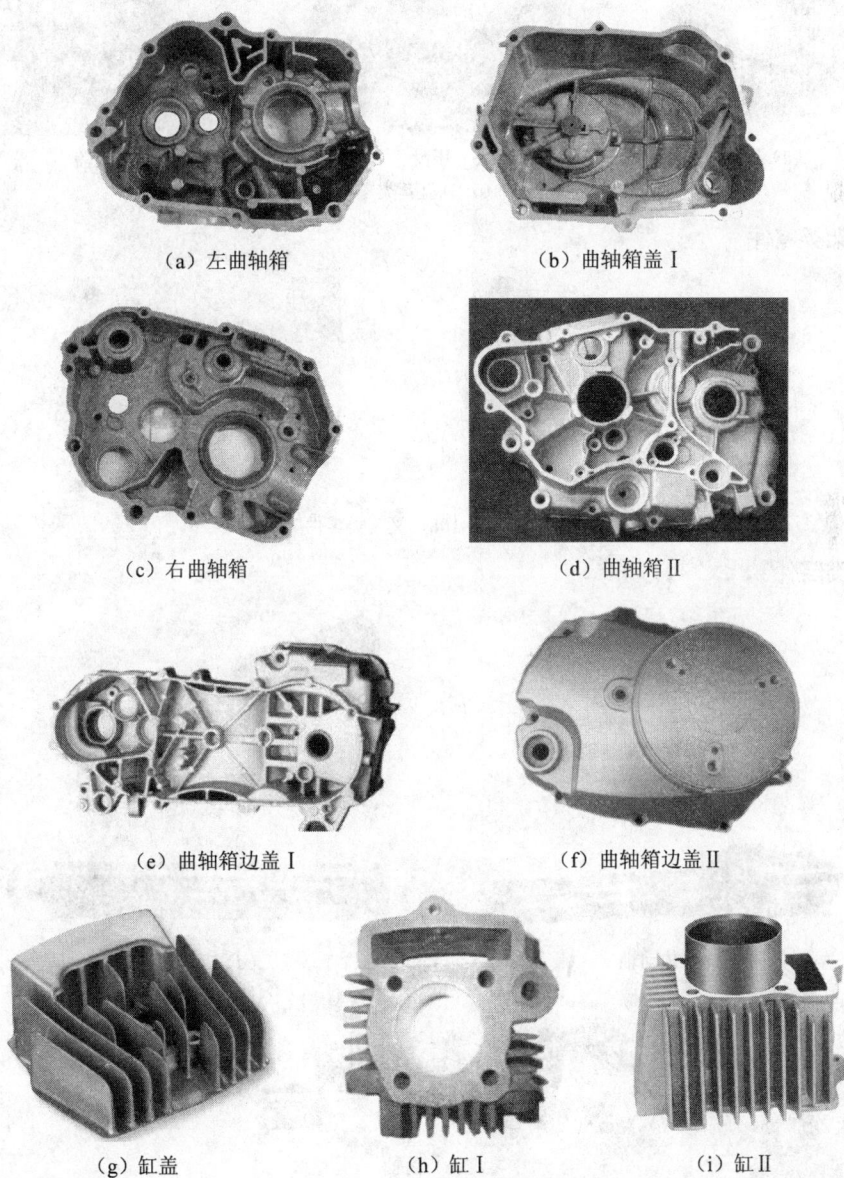

图 1-106　箱体类零件

3．盘套类零件

（a）齿轮

（b）汽缸头右盖 I

（c）汽缸头右盖 II

（d）链轮

（e）压盘

（f）顶盖

图 1-107　盘套类零件

4．叉架类零件

（a）排器管 I

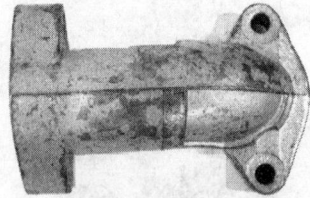
（b）排器管 II

图 1-108　叉架类零件

5．轴类零件

（a）销轴

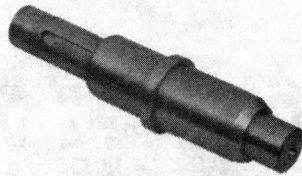
（b）轴

（c）传动轴

（d）花键轴

（e）曲轴

图 1-109　轴类零件

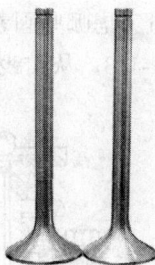

（f）导管　　　　　　　（g）气门

图 1-109　轴类零件（续）

作业

1. 指出图 1-110 中所示的零件分别是什么标准件？

2. 指出图 1-111 中螺纹紧固件连接画法的区别，它们属于哪些类型的螺纹紧固件连接？

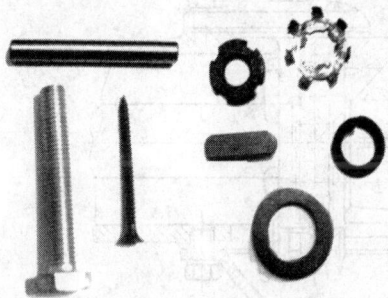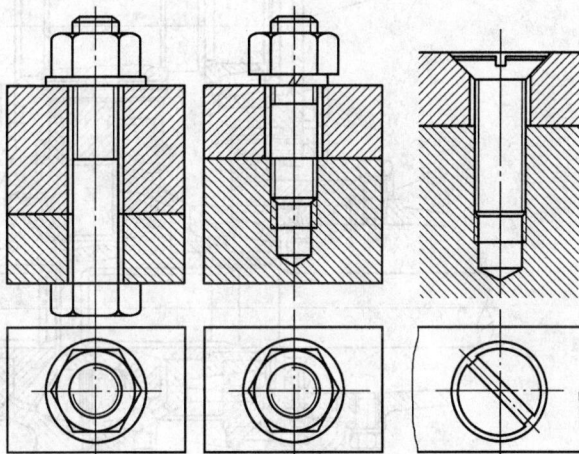

图 1-110　标准件　　　　　　　　　　图 1-111　螺纹紧固件连接画法

3. 将图 1-112 所示的被连接件 1、2，用螺栓 5、螺母 3、垫圈 4 连接，试画出装配结构示意图。

被连接件 1　　　被连接件 2

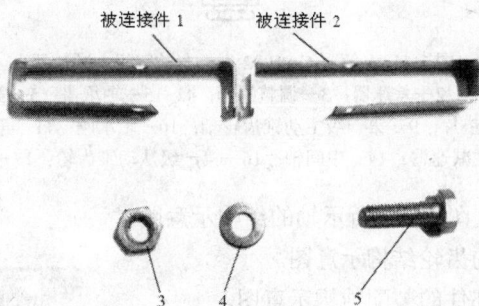

3　　　4　　　　5

图 1-112　连接零件

4. 设计直径ϕ8m，板厚 48mm 的石油球罐，并用视图表达。

5. 选择弹簧材料时，应充分考虑哪些因素？

6. 结合拆装实践，观察图 1-113，从实践中获取工程知识，从图片中获取制图有关知识。

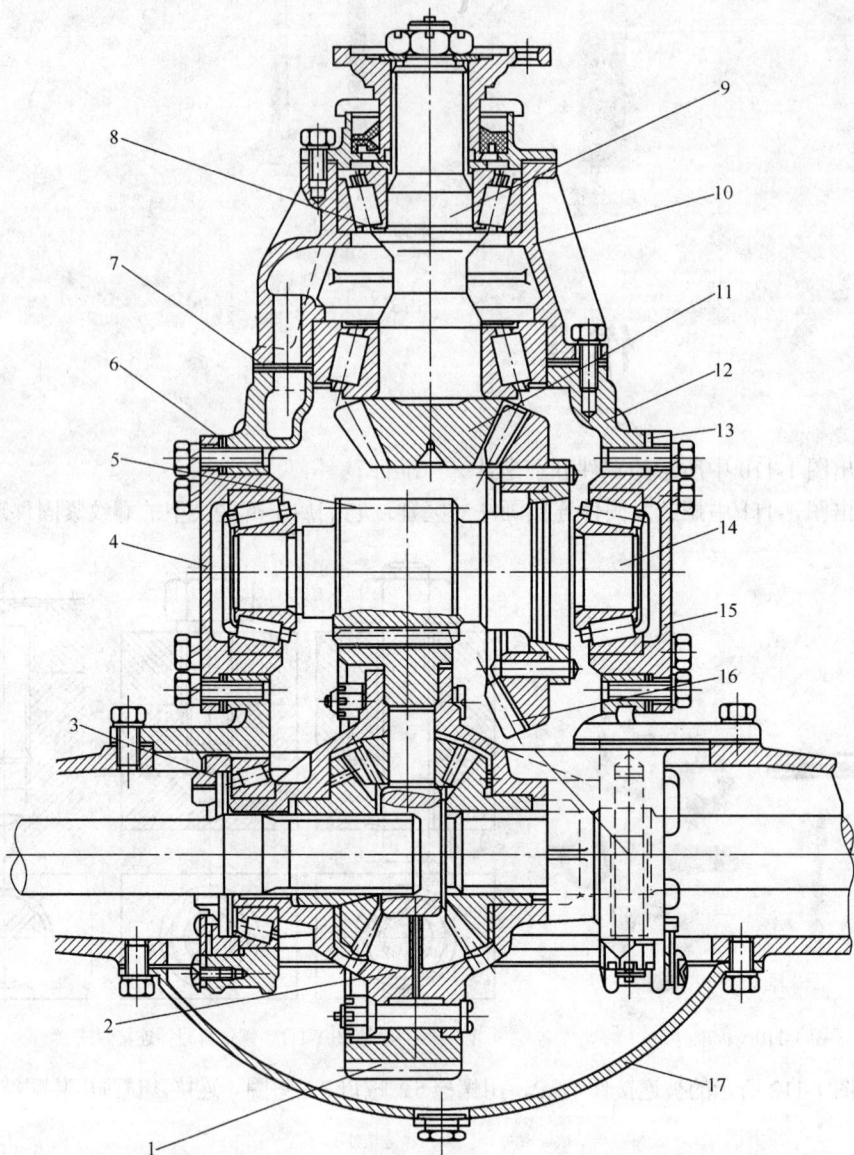

图 1-113　解放 CA1092 型汽车的双级主减速器

1—第二级从动齿轮；2—差速器；3—调整螺母；4、15—轴承盖；5—第二级主动齿轮；
6、7、8、13—调整垫片；9—第一级主动锥齿轮轴；10—轴承座；11—第一级主动锥齿轮；
12—主减速器；14—中间轴；16—第一级从动锥齿轮；17—后盖

7. 结合拆装实践，绘制图 1-114 所示轴的结构示意图。

8. 绘制图 1-114 所示的齿轮结构示意图。

9. 绘制图 1-114 所示部件的装配结构示意图。

10. 试对图 1-115 所示的各种轴承座进行构形分析，并用二维视图表达。

图 1-114　齿轮装配结构

（a）斜滑动轴承座　　　　　（b）剖分式滑动轴承座　　　　（c）剖分式滚动轴承座

图 1-115　轴承座

11. 结合拆装实践，试问发动机中使用轴承的滚动体是球还是圆柱滚子？

12. 试绘制图 1-108 所示叉架零件的结构示意图。

13. 结合拆装实践，写出你从实际生活和生产中学到哪些知识，提高了哪些方面的能力？

14. 试讨论鸟巢的焊接应力在建筑过程中如何消除？

第 2 章

现代车辆工程发展实践导论

科技的发展和进步，靠人类历史长河中无数位默默无闻努力钻研的辛勤劳作者，我们后人应该牢记并感恩每一位无私奉献他们技术、才华和时间的前辈劳作者。

培养目标

1. 了解车辆的艰难发展史。
2. 熟悉现代车辆的发展方向。
3. 思考科技的发展与人类文明的关系。

实践与学习目标

1. 了解车轮结构在生活实践中演变的历史。
2. 了解华夏始祖黄帝造车，齿轮传动系统设计的智慧。
3. 熟悉蒸汽机、内燃机实践中的发明和发展史，建立感恩每一位技术进步的改革者。
4. 了解自行车的发展史，无链条时代和链条时代。
5. 熟悉自行车的组成和工作原理。
6. 掌握中国摩托车工业的艰难发展史，了解测绘技术是中国车辆工程发展的基础。
7. 了解三角活塞旋转式、燃气涡轮和斯特灵发动机工作原理。
8. 了解车用动力发展趋势。
9. 关注能源短缺、环境污染、生态失衡等问题，了解绿色技术的内涵。
10. 了解绿色汽车再制造的理念。
11. 了解和谐转动的世界的理念。

第1节　两轮车的创新发展

一、行驶几千年的车

纵观人类几千年的历史，不管是战车、马车，还是较普通的手推车、农用车，其技术都是由简单结构到复杂结构，由简陋到舒适，由稀有到普及，在一定程度上代表当时社会的生产力水平。

1. 原始社会人类的运输工具

原始社会人类的运输工具是在生活实践中逐渐成熟发展的，如图 2-1 所示。

2. 轮子的诞生

轮子在实践中诞生了，如图 2-2 所示。

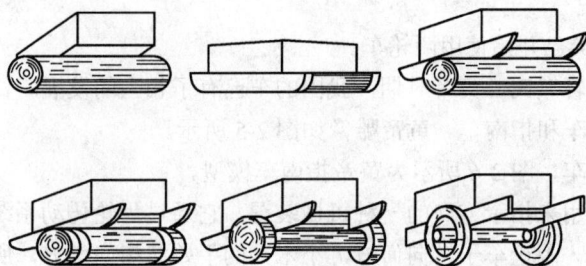

图 2-1　原始社会人类运输工具的发展

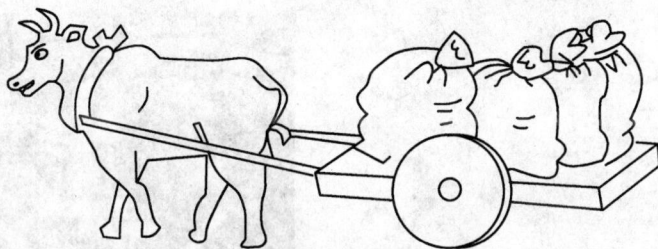

图 2-2　木制轮子—最原始的车轮

车轮有辐条后，车更加轻巧了，如图 2-3 所示。

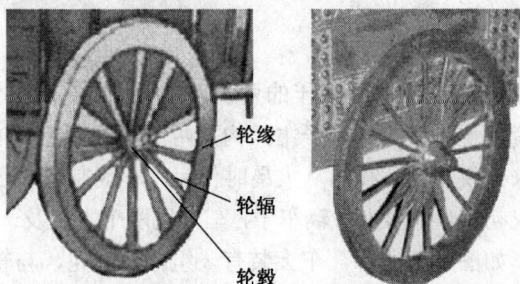

（a）木制轮子　　　　　（b）铸造轮子

图 2-3　有辐条的车轮

3．甲骨文"车"

在甲骨文中"车"是象形文字，由轮、辕、轭等形状的图形组成的象形文字"车"，如图 2-4 所示。

图 2-4　甲骨文"车"

4．两轮车的发明史

据今 6 000 年，人类已开始使用两轮车。

黄帝造车　黄帝号轩辕氏，黄帝时期，我国的车已有了相当的发展。传说黄帝在与蚩尤进行的战争中，就动用了战车和指南车。黄帝雕像如图 2-5 所示。

指南车　又称司南车，图 2-6 所示为黄帝指南车模型。

指南车是中国古代用来指示方向的一种机械装置，它通过齿轮传动系统，实现车轮的转动，由车上小木人指示方向。不论车子转向何方，小木人的手始终指向南方，所谓"车虽回运而手常指南"。

图 2-5　华夏始祖黄帝雕像

图 2-6　黄帝指南车模型

奚仲　一位管车的大夫，公元前 2000 多年的夏初大禹时代，奚仲发明制造了中国车子，也是世界上第一辆车子的发明者。他所研制的车子主结构是两个车轮架起车轴，车轴固定在带辕车架上，车架上带有车厢，用来盛载货物。我国从大禹时代起，车辆制造业已相当发达。

记里鼓车　发明于西汉初年，外形为一辆车子，车上设两个木人及一鼓一钟，木人一个击鼓，一个敲钟。复原的记里鼓车如图 2-7 所示，车上装有一组减速齿轮，与轮轴相连。车行一里时，控制击鼓木人的中平轮恰好转动一周，木人便击鼓一次；车行十里时，控制敲钟木人的上平轮正好转动一周，木人便敲钟一次。坐在车上的人只要聆听这钟鼓声，就可知道车已行了多少路程。这种机械装置的科学原理与现代汽车上的里程表基本相同。

马钧　马钧，字德衡，我国古代科技史上最负盛名的机械发明家之一。据记载，三国时期的马钧（235 年）曾制造出一辆先进的指南车，图 2-8 所示为三国指南车模型。马钧所造的指南车不仅使用了齿轮传动系统，而且使用了自动离合装置（见图 2-9），即利用齿轮传动系统和离合装置来指示方向。在特定条件下，车上的一个小木人，不论车子如何前进、后退、转弯，小木人的手臂一直指向南方。

图 2-7　复原的记里鼓车

图 2-8　三国指南车模型

祖冲之　祖冲之在前人张衡制造指南车的基础上进行了改造，使之更精确。

祖凤葛与祝永洪夫妻　在祖冲之故乡—涞水下车亭村，祖冲之的后代祖凤葛与祝永洪夫妻利用七年时间苦心钻研早已失传的制作工艺，凭借十多年的车床经验和木工技巧，经过无数次的失败，终于成功再造指南车，如图 2-10 所示。

图 2-9　中国古代自动装置

图 2-10　祖冲之后代祖凤葛再造指南车

祖凤葛夫妻制作的指南车的原理和结构与指南针不同，并非利用磁场达到定向功用，而是在指南车内部使用机械的传动方式将左右两车轮的旋转传递至输出杆件（木人）。因此，无论指南车直线前进还是转弯，内部传动机构都能够自动判定车身的旋转方向与角度，而将输出杆反方向回馈相同角度，以达到定向的目的。

二、指南车的齿轮设计

宋、金两朝的燕肃与吴德仁等科学家都研制出指南车。

燕肃设计制造的指南车是一辆双轮独辕车，车上立一木人，伸臂指南。车中，除两个沿地面滚动的足轮（即车轮）外，尚有大小不同的 7 个齿轮。《宋史·舆服志》分别记载了这些齿轮的直径、齿距、齿数，通过齿轮保证木人指南的目的，可见古人掌握了关于齿轮啮合的力学知识和控制齿轮啮合的方法。

车轮转动，带动附于其上的垂直齿轮（称"附轮"），该附轮又使与其啮合的小平轮转动，小平轮带动大平轮旋转。指南木人的垂直轴穿过大平轮中心。当车转弯时，车辕会自动控制车上的离合装置，即竹绳、滑轮（分别居于车左和车右的小轮）和铁坠子，就可以控制大平轮的转动，从而使木人指向不变。

例如，当车向右转弯，则其前辕（车把的前端，人手拖车的地方）向右，后辕（车把的尾端，和前辕之间用钉子钉住，好像跷跷板一样）必向左。后辕连接两根竹绳，这两根竹绳分别绕过两个处与同一水平面上的滑轮（滑轮在左、右小平轮之上），绑定在左、右小平轮的轴上，此时后辕向左移动，通过竹绳和滑轮，把右小平轮拉起，从而与大平轮啮合，大平轮就随右小平轮而逆转；同时拉左小平轮的竹绳松弛，以致左小平轮受重力影响而下落，从而与大平轮脱离开。这样一来，车往右转，左小平轮不工作，右小平轮使大平轮向左转。通过选择合适的齿数、传动比、各齿轮间正确的啮合，达到车轮转向的弧度与大平轮逆转弧度相同的目的，故木人指向不变。

吴德仁鉴于燕肃所制的指南车不能转大弯，否则指向就失灵这一大缺点，重新设计制作指南车。吴德仁指南车基本原理与燕肃一致，只是在附设装置方面较为复杂。他的车分上下两层，上层除木人指南外，绕木人还有二只龟、四只鹤和四个童子。上层有 13 个相互啮合的齿轮。下层的齿轮装置与上层的结构基本相同。吴德仁发明了绳轮离合装置，以保证车转大弯也不影响木人指向。

指南车是利用齿轮传动原理制造而成的，这种齿轮传动类似现代的差动齿轮（见图 2-11），相当于汽车中差动齿轮的原理。指南车是世界上最早的自动化设备，它的创造标志着中国古代在齿轮传动和离合器（现代离合变速装置见图 2-12）的应用上已取得很大成就。指南车的发明与制造体现了中华民族的伟大智慧。

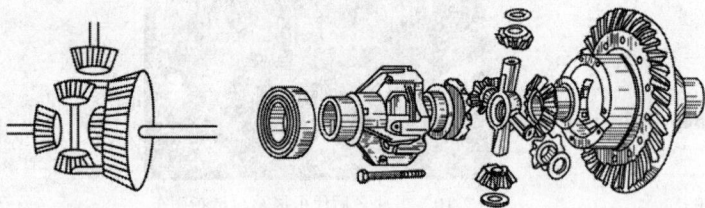

图 2-11　现代差动齿轮和行星齿轮差速器

图 2-12　现代离合变速装置

第 2 节　蒸汽车发明的艰辛

由于没有一个能源源不断提供动力的"心脏"，只能依靠畜力或人力，始终没有办法让人们实现"驭风而行"的梦想。这个梦想一直等到瓦特发明了蒸汽机，人类开始迈入工业社会才成为可能。

我国西汉时期，车轮与车轴之间已出现了铁制的轴承和"铁钏"（轴承圈）。轴承的发明，进一步减轻了车轮的阻力。现代轴瓦和轴承衬，如图 1-63 和图 2-13 所示。

　　斯蒂芬　1600 年，英国人斯蒂芬根据风帆原理造出了双轨风帆车，如图 2-14 所示。风吹，车跑；风停，车停。在理想的风力条件下，车速可达 32km/h。

　　南怀仁传教士　1676 年，比利时人南怀仁在中国发明了最早的蒸汽车模型，这是一台构造比较完整的蒸汽涡轮车，如图 2-15 所示。

　　纽科门　1712 年，英国发明家纽科门研制出世界第一台蒸汽驱动三轮车。纽科门的蒸汽机依靠蒸汽推动活塞产生动力，起初用于煤矿行业。

图 2-13　轴承衬

图 2-14　双轨风帆车

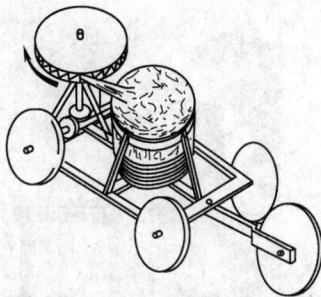

图 2-15　南怀仁在中国制成的蒸汽车

　　居尼纽　法国人，青年时期在德国陆军担任技师。居尼纽希望将蒸汽动力转变为拉大炮的车辆牵引力，他花了 6 年的时间，在 1769 年制成了世界第一辆具有实用价值的蒸汽汽车，如图 2-16 所示。从此以后，法国被公认为蒸汽汽车的诞生地。

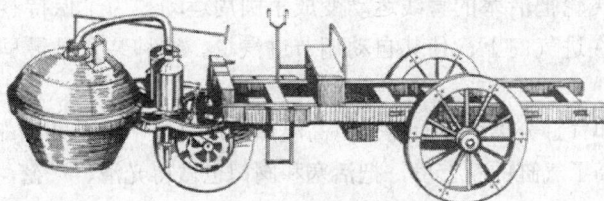

图 2-16　居尼纽制成的蒸汽汽车

　　詹姆斯·瓦特　瓦特（1736—1819）是英国著名的发明家、工程师（见图 2-17），是工业革命时期的重要人物。

　　瓦特是世界上第一台单动式蒸汽机和联动式蒸汽机的发明者，他的创造精神、超人的才能和不懈的钻研为后人留下了宝贵的精神和物质财富。

　　在瓦特的讣告中，对他发明的蒸汽机有这样的赞颂："它武装了人类，使虚弱无力的双手变得力大无穷，健全了人类的大脑以处理一切难题。它为机械动力在未来创造奇迹打下了坚实的基础。"

　　1764 年，学校请瓦特修理一台纽科门式蒸汽机，在修理的过程中，瓦特熟悉了蒸汽机的构造和原理，并且发现了这种蒸汽机的两大缺点：活塞动作不连续而且慢；蒸汽利用率低，浪费原料。瓦特开始对纽科门式蒸汽机思考改进（见图 2-18）。

图 2-17　詹姆斯·瓦特

　　从 1766 年开始，在三年多的时间里，瓦特终于发明了与气缸分离的冷凝器，解决了制造精密汽缸、活塞的工艺问题，同时采用油润滑活塞、气缸外附加绝热层等措施，终于在 1769 年制出了第一台单动式蒸汽样机。同年，瓦特因发明冷凝器而获得他在革新纽科门蒸汽机的过程中的第一项专利。第一台带有冷凝器的蒸汽机虽然试制成功了，但它同纽科门蒸汽机相比，除了热效率有显著提高外，作为动力机带动其他工作机的性能方面仍未取得实质性进展。就是说，瓦特的这种蒸汽机还是无法作为真正的动力机。

1781 年底，瓦特研制出了一套被称为"太阳和行星"的齿轮联动装置，终于把活塞的往返的直线运动转变为齿轮的旋转运动。现代"太阳和行星轮系"结构如图 2-19 所示。

图 2-18　瓦特正在改良蒸汽机

图 2-19　现代太阳和行星轮系

1782 年，瓦特发明了具有连杆、飞轮和离心调速器的双动作蒸汽机，制成了新的可实用的蒸汽机。这种双动作式蒸汽机，通过阀门的安装可利用蒸汽的压力来推动活塞，既可向前又可向后，并借助连杆和飞轮把活塞的直线运动变成了圆周运动。为了保持蒸汽机的匀速运转，把一个离心调速器连接在进气门上，使其自动调节进汽量。这种装置是最早在技术上使用的自动控制器。

瓦特设计了一个和气缸分离的冷凝器，将高温蒸汽从气缸中导出并冷却，使得主要气缸能保持一定温度，同时提高了气缸的精密度，把活塞和阀门也做得光滑、严密，不久以后就被广泛应用于采煤业以及其他工业，如图 2-20 所示。

从最初接触蒸汽技术到瓦特蒸汽机研制成功，瓦特走过了二十多年的艰难历程。瓦特虽然多次受挫、屡遭失败，但他仍然坚持不懈、百折不回，终于完成了对纽科门蒸汽机的三次革新。至此瓦特完成了蒸汽机发明的全过程，使蒸汽机得到了更广泛的应用，成为改造世界的动力。

史蒂芬逊　英国人，利用瓦特发明的蒸汽机设计出了"火箭号"机车，如图 2-21 所示。

图 2-20　19 世纪早期英国煤矿使用蒸汽机的情景

图 2-21　史蒂芬逊设计的"火箭号"机车

第3节 内燃机时代

汽车已经成为了现代都市人不可或缺的生活品，但汽车的发明，柴油发动机、汽油发动机进入实用时代，却经过了几代人的潜心钻研甚至付出生命的代价。

勒努瓦 1860年，法国技师勒努瓦制造了第一台煤气二冲程内燃机，该发动机与蒸汽机的做功方式相类似，在活塞运动第一行程中，将煤气和空气的混合气吸入汽缸，用电火花点燃，混合气点燃膨胀，推动活塞对外做功，在活塞返回行程中，排出废气。由于没有压缩混合气，该发动机的热功率很低。1862年，这台发动机成功地装置在马车底盘上，迈出了内燃机走向实用的第一步。

罗夏 1860年，四冲程理论的发明者。法国铁道技师罗夏发表了四冲程理论，提出由吸气、压缩、燃烧做功、排气四个行程循环工作的发动机。在理论上，四行程发动机的效率可以提高很多，压缩得越厉害，功率也就提高得越快。没有罗夏的四冲程理论，也就没有现代四冲程原理的发动机。

奥托 发动机的奠基人。1876年，德国人奥托根据罗夏四冲程理论制造了第一台四冲程发动机，1877年取得专利权。可燃气仍然是煤气和空气的混合气，压缩比为2.5，热效率提高12%，运动平稳。奥托内燃机的出现，使人类进入一个新的内燃机时代。

鲁道夫·狄塞尔 柴油机之父，（见图2-22），德国发动机工程师。

1879年，年仅21岁的狄塞尔大学毕业，成为一名冷藏专业工程师。在工作中狄塞尔深感当时的蒸汽机效率极低，萌发了设计新型发动机的念头。在积蓄了一些资金后，狄塞尔辞去了制冷工程师的职务，自己开办了一家发动机实验室。他经过多年潜心钻研，研制发明了压缩燃烧式发动机并取得专利。他先让气缸内吸入纯空气，再用活塞强力压缩，使空气的体积缩小到1/15左右，缸内温度500℃～700℃，此时用压缩空气把柴油变成雾状喷入气缸，与缸里的高温高压空气混合，气缸内温度较高，柴油喷入随即自行着火燃烧，即产生高压，推动活塞做功。

柴油发动机经过40年的改进，发展成为节油、热效率高、压缩比大、功率大的发动机，被大众广为接受。1936年，首先在奔驰260D小车上使用。目前在汽车、船舶乃至整个工业领域得到越来越广泛的应用。现代柴油发动机如图2-23所示。

图2-22 鲁道夫·狄塞尔 图2-23 现代发动机

优秀的工程师，他在经济上渐渐陷入困境，1913年夏天，狄塞尔在乘坐英吉利海峡的渡轮时，被浪卷走。正所谓"祸兮福所倚，福兮祸所伏。"

卡尔·苯茨（Kart Benz）　汽车之父，德国工程师。1879 年，卡尔·苯茨首次试验成功一台二冲程发动机。1886 年，制成了世界上第一辆"无马之车"。该车在一辆四轮"美国马车"上装上卡尔·苯茨制造的功率为 800W，转速为 650r/min 的发动机后，可以以 18km/h 的速度行使，世界上第一辆汽油发动机（即第一台汽油三轮单缸四行程发动机）驱动的三轮汽车，如图 2-24 所示，就此诞生了。1888 年，卡尔·苯茨领取了第一个汽车驾驶证。

戴姆勒（Daimler）　德国人，被称为汽车之父。戴姆勒 1882 年开始研制汽油发动机，1886 年制成第一辆四轮汽车，如图 2-25 所示，该车采用单缸四行程水冷汽油发动机，速度可达 15km/h。内燃机汽车的问世标志着汽车真正诞生。

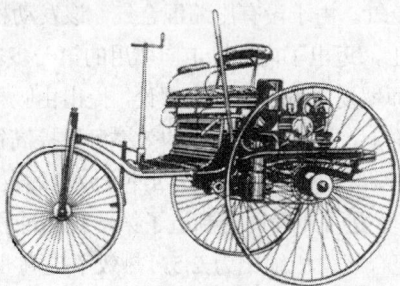

图 2-24　第一辆汽油发动机三轮汽车　　　　　图 2-25　第一辆四轮汽车

第4节　自行车微履艰难

一、无链条时代

西夫拉克　1791 年，法国人西夫拉克设计制造了第一架代步的"木马轮"车。这辆小车为木质前后轮，无传动链条，靠骑车人双脚用力蹬地，小车才能慢慢地前进，无转向装置，只能直行，不会拐弯，出门骑一会儿就累得满身大汗。

德莱斯　1818 年，德国人德莱斯制作出木轮车，起名"可爱的小马崽"。其形状与西夫拉克制造的"木马轮"很相似，但前轮上设计了改变前进方向的装置。骑车依然要用两只脚蹬踩地面，才能推动车子向前滚动。

麦克米伦　1840 年，英格兰的铁匠麦克米伦弄到了一辆破旧的"可爱的小马崽"。他在后轮的车轴上装上曲柄，再用连杆把曲柄和前面的脚蹬连接起来，前后轮都是铁制的，且前轮大，后轮小（见图 2-26）。以双脚的交替踩动变为轮子的滚动，大大地提高了行车速度。

图 2-27 所示为 21 世纪无链条自行车。图 2-28 所示为 21 世纪无链条概念自行车。

图 2-26　前轮大后轮小的自行车示意图

米肖父子　马车修理匠，法国人。1861 年，他们在前轮上安装了能转动的脚蹬板，车子的鞍座架在前轮上面，这样除非骑车的技术特别高超，否则就抓不稳车把，会从车子上掉下来。他们把这辆两轮车冠以"自行车"的雅名，1867 年在巴黎博览会上展出，让观众大开眼界。1869 年，米肖将一台小蒸汽机安装在自行车上，以蒸汽机的动力驱动自行车行使，这就是最早的机动两轮车。米肖成为摩托车的第一个创意实践者。

图 2-27　21 世纪无链条自行车

图 2-28　21 世纪无链条概念自行车

雷诺　英国人，1869 年，他采用钢丝辐条来拉紧车圈作为车轮；用棒材制成车架，前轮较大，后轮较小，以减轻自行车车重。

从西夫拉克开始，一直到雷诺，他们制作的 5 种型式的自行车都与现代自行车的差别较大。

现代形式的自行车诞生于 1874 年。

二、链条时代

罗松　英国人，在自行车上装上了链条（见图 2-29）和链轮，用后轮的转动来推动车子前进。前轮较大，后轮较小。图 2-30 所示为现代自行车后轴链。

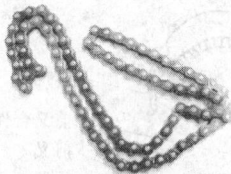

图 2-29　链条

图 2-30　现代自行车后轴链

斯塔利　英国人，自行车之父，机械工程师。1886 年，从机械学、运动学的角度设计出了新的自行车样式，为自行车装上了前叉和车闸，前后轮的大小相同以保持平衡，并用钢管制成了菱形车架，首次使用橡胶的车轮。斯塔利改进了自行车的结构，并改制了生产自行车部件的机床，为自行车的大量生产及应用开辟了广阔的前景。斯塔利所设计的自行车车型与今天自行车的样子基本一致。

邓洛普　爱尔兰兽医，1888 年制作了自行车充气轮胎，是自行车发展史上一个划时代的创举，使自行车减少了颠簸，提高了车速，减小了车轮与路面的摩擦力。从根本上改变了自行车的骑行性能，完善了自行车的使用功能。

从 18 世纪末叶起，一直到 20 世纪初期，自行车的发明和改进，经历了大约 200 年的时光，有许多人为之奋斗不息，才演变成现在这种骑行自如的样式，如图 2-31 所示。

图 2-31　现代各种自行车

三、自行车的组成和结构

1．自行车组成

自行车由车架、轮胎、脚踏、刹车、链条等 25 个部件组成。其中，车架是自行车的骨架，它所承受的人和货物的重量最大。按照各部件的工作特点，大致可将其分为导向系统、驱动系统、制动系统。

（1）导向系统。由车把、前叉、前轴、前轮等部件组成。乘骑者可以通过操纵车把来改变行驶方向并保持车身平衡。

（2）驱动（传动或行走）系统。由传动部分和工作部分组成。

传动部分由脚蹬、中轴、牙盘、曲柄、链条、飞轮、后轴、后轮等部件组成。

工作部分由前后车轮等部件组成，其中包括前后轴部件、辐条、轮辋（车圈）、轮胎等零部件。

（3）制动系统。它由制动器（车闸）、车灯、车铃、反射装置等部件组成，乘骑者可以随时操纵车闸，使行驶的自行车减速、停驶、确保行车安全。

另外，装有变速机构的运动车、竞赛车、山地车等还装有变速控制器和前后拨链器等。为了安全和美观，以及从实用出发，还可增加一些附件，如车灯、支架、衣架、保险叉、挡泥板、气筒、支架等部件。

2．自行车结构

自行车结构如图 2-32 所示。

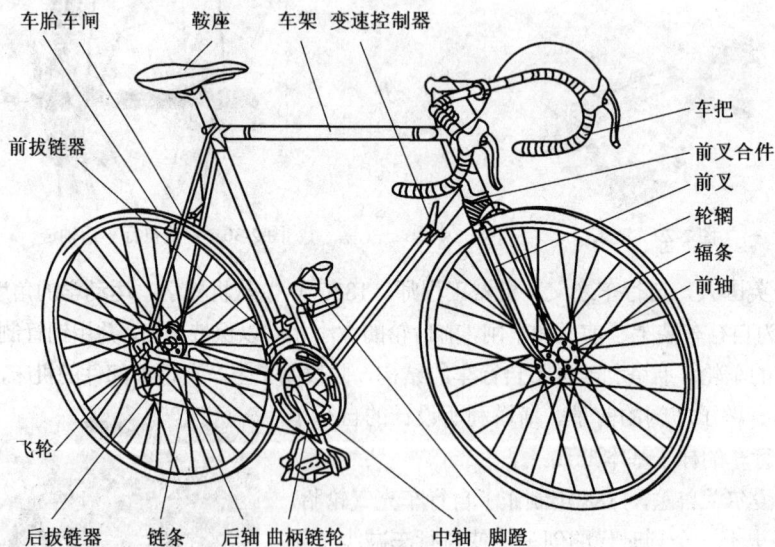

图 2-32　自行车结构示意图

四、自行车工作原理

自行车原理示意图如图 2-33、图 2-34 所示。

相当于活塞

相当于连杆

曲轴

踏板

控制系统
车把、刹车

动力部分
脚踏板

传动部分
齿轮、链条

工作部分
车轮

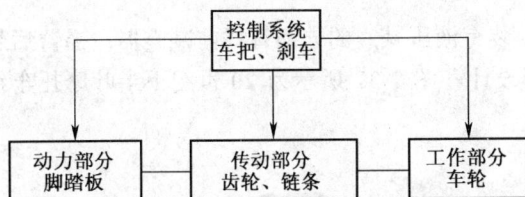

图 2-33 自行车原理示意图

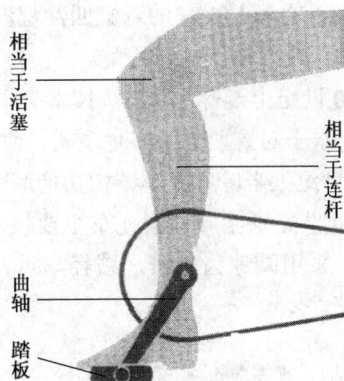

图 2-34 骑自行车中的活塞连杆工作原理示意图

人的脚蹬力是靠脚蹬通过曲柄、链轮、链条、飞轮、后轴等部件传动的，从而使自行车不断前进。

五、自行车分类

（1）根据用途可分为：载重车、普通车、轻便车、运动车、竞赛车、公路车、山地车、特种车（如健身车、杂技车）等。

（2）根据使用对象可以分为男车、女车、童车等。

（3）根据车轮直径大小可以分为 559mm（22 英寸）、610mm（24 英寸）、660mm（26 英寸）、711mm（28 英寸）等。

（4）根据车架等主体部件的使用材质不同，可以分为碳钢车、合金钢车、铝合金车、碳纤维车、钛合金车等。

（5）根据车架的结构可以分为折叠车、可拆卸车、整体车等。

第5节 摩托车的发展

在自行车的基础上安装了发动机，发展到今天的摩托车，经过了无数人的努力。

一、国外摩托车发展概况

米肖 法国人，1869 年，摩托车第一个创意实践者，见本章第 4 节。

戴姆勒 1885 年，德国人戴姆勒在对奥托 1876 年发明的内燃机进行改进的基础上，制成了单缸、风冷、排量为 264ml、转速为 700r/min、功率为 0.37kW 的汽油机，成功地装在两轮车上，时速达 12km/h，并命名为"戴姆勒单轨号"，如图 2-35 所示。它是现代摩托车的雏型，奠定了摩托车的发展基础。

赫德卜拉德和乌苗 两人在 1894 年制成了排量

图 2-35 戴姆勒 1885 年研制的摩托车

1488ml、功率 1.8kW 的双缸四冲程汽油机的两轮摩托车，该车无变速机构、无惯性轮，它是世界上第一种投入生产的摩托车。

20 世纪上半叶，摩托车技术有了较大发展，发动机的结构由单缸竖置发展到 V 型双缸、直立四缸、水平对置两缸等多种型式，前后轮装有缓冲装置—前后减震器、橡胶轮胎等。图 2-36 所示为 20 世纪上半叶摩托车结构功能演变。

20 世纪下半叶，摩托车主要技术发展是：装有液压减震的伸缩管式前减震器；摇臂后悬挂系统；采用减速齿轮箱，减轻车重，注意外形设计。图 2-37 所示为 20 世纪下半叶摩托车结构的演变。

（a）Werner 1901 装有自行车踏板

（b）Harley－Davidson 1907 应用皮带传动

（c）The Flying MerkrlmModel V1911 应用齿形带双缸

（d）Indian V－twin 1914 应用减振弹簧家庭便利

（e）Windhoff750/4 1927 排气系统的改进轮胎的改善

（f）结构尺寸增大前减振系统雏形

（g）Henderson KJ 1929 动力增大享受生活

（h）BMWR51 1938 改善前减振系统

图 2-36　摩托车结构演变（20 世纪上半叶）

（a）Velocette LE Mark 3 1960

（b）BMW R60/5 1972

（c）Honda CR250R 1981 仿古形摩托车

（d）Suzuki DR650 1911

（e）Aprilia RSV Mille 1999

图 2-37　摩托车结构演变（20 世纪下半叶）

摩托车生产国家主要有：日本、中国、美国、意大利、法国、德国、西班牙、印度、捷克、奥地利等。

二、中国摩托车发展概括

我国摩托车工业是新中国成立后发展起来的。

"井岗山"牌摩托　1951 年试制成第一批"井岗山"牌摩托车，生产 5 辆，以德国迅达普 K500 摩托车为样车仿制。近 3 个月的时间，完成样车测绘工作。精密加工件，靠手工和算盘一点点反复计算出具体数据。

"长江 750"型摩托车　1957 年赣江机器厂和洪都机械厂共同制成"长江 750"型摩托车，如图 2-38 所示。

"长江 750"共 2 600 多个零件，有 4 个前进挡和一个倒挡。它能以 16km/h 的速度倒车。现在是世界摩托族的珍贵收藏品。

"幸福 250"　1958 年北京摩托厂又研制成了 250ml 二冲程摩托车，此车后来移交上海摩托车厂生产，命名为"幸福 250"，图 2-39 所示为 1986 年生产的"幸福 250"，它与国外摩托车外形设计相差甚远。

图 2-38　"长江 750" 型摩托车

图 2-39　1986 年制造的"幸福 250"

"轻骑 15"型摩托车　　1964 年，济南轻骑摩托车总厂开始生产"轻骑 15"型摩托车，如图 2-40 所示。目前，我国生产的各种排量摩托车和产量已居世界第一！

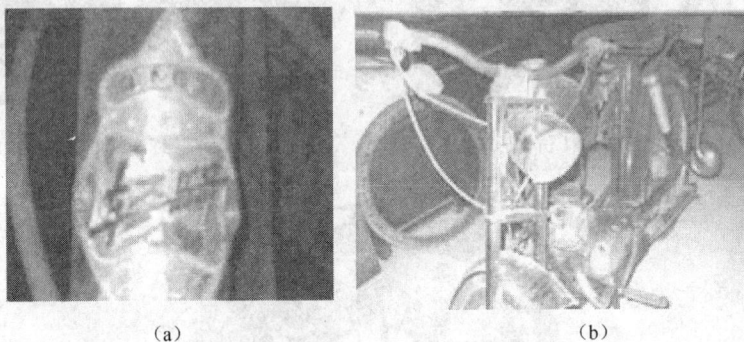

（a）

（b）

图 2-40　1964 年的"轻骑 15"型摩托车

第6节　新型车用发动机

内燃机按照活塞的运动方式分为活塞式和燃气涡轮式两种，活塞式又可分为往复活塞式和旋转活塞式。目前，汽车发动机多采用往复活塞式发动机。

为解决能源短缺、环境污染、生态失衡等人类最为关注的三大社会问题，而创制了新型动力装置。

新型车用发动机，是指当前在车用动力中占统治地位的，燃用传统燃料汽油或柴油的往复活塞式内燃机以外的动力机械。

一、三角活塞旋转式发动机

三角活塞旋转式发动机简称转子发动机，是由德国工程师 F.汪克尔发明的，所以又称为汪克尔发动机。其结构原理如图 2-41 所示。

1954 年，汪克尔在总结前人取得的成果基础上，经过长期研究，解决了旋转式发动机气体密封的重大技术难题，并于 1958 年成功地制成了第一台转子发动机，1986 年，在国外生产了 150 万辆。

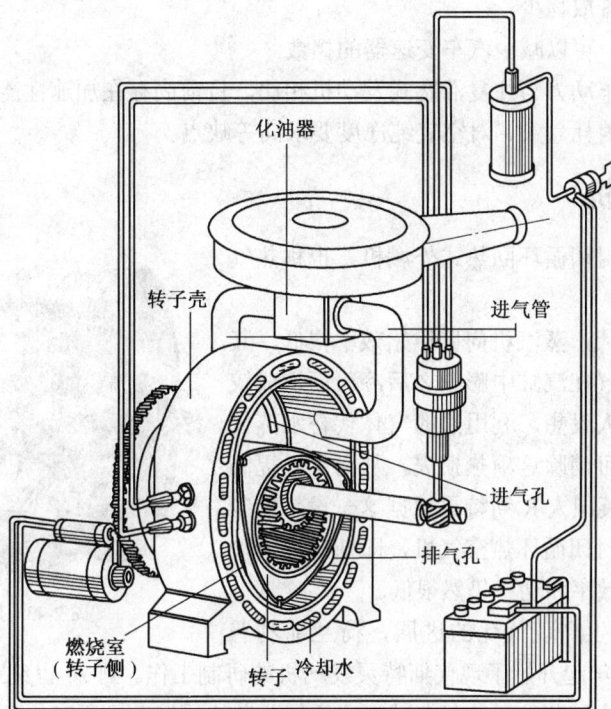

图 2-41　转子发动机结构原理图

转子发动机与往复活塞式发动机相比其优点是：升功率大，比质量小，振动轻微，结构简单，零件数量少，拆装方便，维修简易，制造也不困难。

20 世纪 80 年代后，由于采用了新的技术，其中包括采用涡轮增压、电控燃油喷射、排气净化、分层燃烧和微机控制系统等技术，使转子发动机的经济性、动力性、排放性等技术指标均达到较高的水平。

二、燃气涡轮发动机

燃气涡轮发动机简称燃气轮机，是另一种旋转式内燃机。目前，国外在重型货车和长途客车已经较多地使用了燃气轮机。图 2-42 为燃气涡轮发动机结构示意图。

1939 年第一台电站燃气轮机在瑞士新堡正式运行。

燃气轮机作为汽车动力与往复活塞式发动机相比具有以下优点。

（1）燃气轮机没有往复运动件，因而平衡性好，振动轻微。

（2）转速高，当功率相同时，在外形尺寸及质量方面都优于往复活塞式发动机。

（3）摩擦副少，机械效率高，润滑油消耗率低。

（4）燃料适应性好，可以燃用气体燃料和各种液体燃料。

（5）启动性好。

图 2-42　燃气涡轮发动机结构示意图

（6）排气中有害排放物少。

（7）转矩特性好，可以减少汽车变速器的挡数。

燃气轮机作为汽车动力与往复活塞式发动机相比，目前尚存在加速性能差、突然减小负荷时有超速危险以及空气消耗量大、对空气纯净度要求高等缺点。

三、斯特灵发动机

斯特灵发动机是封闭循环回热式外燃机，也称热气机，如图 2-43 所示。

在 18 世纪 70 年代，蒸汽机问世伊始效率很低，其原因之一是由于水蒸气在汽缸中膨胀之后冷凝而造成较大的热损失，于是有人设想，利用热的气体代替水蒸气作为热机的工质，便可消除这项热损失，从而可以提高热机效率。1816 年，英国人 R.斯特灵根据这一设想创制了以热空气为工质的封闭循环热空气机，即斯特灵发动机。不过当时该机的效率和功率仍然很低。

随着科学技术及生产现代化的进展，荷兰菲利普

图 2-43　斯特灵发动机

（Philip）公司从 1938 年起开始了现代斯特灵发动机的研制工作。到 20 世纪 80 年代，斯特灵发动机安装在长途客车、轿车及重型货车上试用，开创了斯特灵发动机研究的新阶段。

斯特灵发动机的主要优点如下。

（1）可燃用多种燃料。因为斯特灵发动机的燃料燃烧过程是在汽缸外部接近大气压力下连续进行的，所以对燃料品质的要求不高。如煤油、重柴油、煤炭、煤气、薪柴、酒精、植物油等都可燃用。

（2）热效率高。斯特灵发动机是一种高效率能量转换装置，其热效率和有效热效率与柴油机相当。

（3）排气污染小。斯特灵发动机的燃烧过程可在较多的过量空气下进行，因此排气中 CO、HC、NO_x 及炭烟的含量都比往复活塞式发动机低得多。

（4）噪声水平低。

（5）运转特性好，转矩均匀，运转平稳，超负荷能力大，斯特灵发动机很适合用作汽车动力。

（6）工作可靠，使用寿命长，燃油消耗率低。

虽然斯特灵发动机有许多优点，但是直到目前为止尚未达到商品生产的水平，其主要原因是制造成本约比同功率的往复活塞式内燃机高出一倍。

第7节　车用动力发展

一、动力发展趋势

由于汽油能源的匮乏，车用动力发展趋于以下两个方向。

（1）非石油燃料——代用燃料，分为气态、固态、液态三种，如图 2-44 所示。

```
                                      氢气 H₂
                                      沼气
                          气态 ──→   液化石油气 LPG
                                      液化天然气 LNG
                                      发生炉煤气

                          固态 ──→   煤粉

  代用燃料 ──→                        醇类 ──→  甲醇
                                              乙醇

                                              桉树油
                                     植物      蓖麻油
                                     油类 ──→ 菜油
                                              花生油
                          液态 ──→
                                     动物油 ──→ 鱼油
                                              蛹油

                          合成燃料及化工副产品：二甲基醚
```

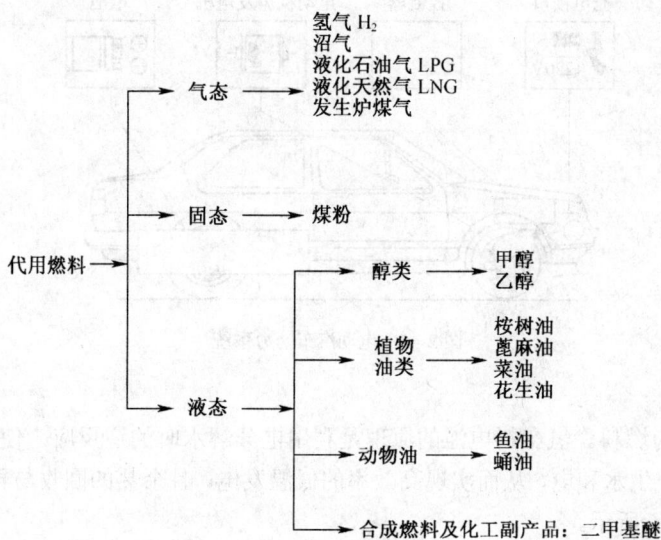

图 2-44　代用燃料

（2）摒弃传统发动机—新动力装置汽车。

二、新动力汽车类型

1．电动车

电动车是指以车载电源为动力，用电机驱动车轮行驶，符合道路交通、安全法规各项要求的车辆，它包括电动汽车、电动摩托车和电动自行车等。低耗、低污染、高效率的优势使其在人类面前展现了良好的发展前景。

电动车的特点如下：

（1）电动车用电池做动力，本身不排放污染大气的有害气体，实现了"零排放"，被称为真正的绿色环保汽车。

（2）按所耗电量换算为发电厂的排放，除硫和微粒外，其他污染物也显著减少，而且由于电厂大多建于远离人口密集的城市，所以对人类伤害较少，加上电厂固定不动，集中排放、清除烟囱内的硫和微粒等有害物质相对较容易。

（3）电动车由于取消了内燃机，开车时听不到震耳欲聋的发动机轰鸣声，噪声骤降至 30dB 以下，因此人们不用担心车辆的噪声污染。

（4）一次充电所能行使的里程短。装载与汽油重量相同的铅-酸蓄电池的电动汽车，其续驶里程仅为汽油机汽车的 1/70。

（5）成本高。

（6）充电时间长。

电动车必须解决几项主要关键技术：如电池、电机及其控制器、电动汽车本身、社会的基础设施（充电站）等。电动汽车动力系统如图 2-45 所示。

2．天然气汽车

排污大大低于以汽油为燃料的汽车，成本也比较低，作为产天然气大国的中国来说，这是一种理想的清洁能源汽车。

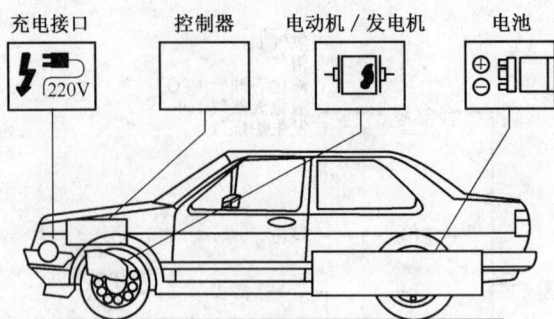

充电接口　　　控制器　　　电动机 / 发电机　　　电池

图 2-45　电动汽车动力系统

3. 氢能源汽车

采用氢能源作为燃料。氢燃料电池的原理是利用电分解水时的逆反应，使氢气与空气中的氧气产生化学反应，产生水和电，从而实现高效率的低温发电，且余热的回收与再利用也简单易行。给汽车加氢如图 2-46 所示。

4. 甲醇汽车

目前正进行关键技术的研究，在保证其可靠性的前提下，在煤少、油少的地区值得推广。

5. 太阳能汽车

普通电动汽车的储能装置蓄电池，是通过电网充电的方式获得能源，而太阳能汽车的蓄电池，它是通过光电转换器件将太阳能变为电能对电池实行浮充。目前我国太阳能汽车的储备电能、电压等数据和设计水平，已接近或超过了发达国家水平，是一种有望普及推广的新型交通工具。

6. 新动力装置概念汽车

未来期望则是动力的彻底环保。100 年之后，在冰上行使汽车，动力则为风力，即风力驱动概念汽车！如图 2-47 所示。

图 2-46　给汽车加氢

图 2-47　新动力装置概念汽车

第8节　汽车绿色设计

绿色汽车不仅仅是从能源角度使用了电力或代用燃料的汽车，更应从技术理论体系来开发和研究绿色汽车，将污染和浪费在制造的源头加以限制。

一、绿色技术的内涵

所谓的绿色技术，它包括以下 3 方面的含义。

（1）绿色技术是一种现代技术体系。

（2）绿色技术是一种无公害或少公害的技术，即无害于人类赖以生存的自然环境的技术，它主要体现在技术功能与环境功能的一致性上；因此，防止与治理环境污染，有利于自然资源生态平衡的技术均是绿色技术，这是判定绿色技术的生态标准或环境标准。

（3）用绿色技术生产出的产品应该有利于人类的建设和福利，有利于人类文明进步，这是判定绿色技术的社会标准。

所以，绿色技术创新体系中的最高级别是绿色产品，也就是说，绿色产品是绿色技术创新结果的最终载体，而绿色产品的获得必须以绿色设计和绿色制造为基础，这也是绿色技术的核心内容。所以，严格来说，应用绿色技术开发出来的汽车才算是名副其实的绿色汽车。

二、汽车产品的绿色材料

由于资源缺乏，在选材时应遵循绿色材料选材原则。

（1）少用、不用短缺或稀有的原材料。

（2）尽量寻找短缺或稀有原材料的代用材料。

（3）多用废料、余料或回收材料作为原材料。

（4）减少所用材料种类。

（5）尽可能采用兼容性好的材料，以利于废弃后产品的分类回收。

（6）尽量少用或不用有毒有害的原材料，优先采用可再利用或再循环的材料。

（7）在汽车零部件设计时，采用模块化设计，减少零部件数目，增加汽车的可拆卸性与回收性。

三、汽车绿色设计

汽车绿色设计除考虑传统设计所满足的产品技术功能目标和经济目标之外，还需要处理好以下几个方面的问题。

（1）汽车产品的原理设计与结构设计，要便于退役零部件的重用或补修，材料要综合利用，报废零件要便于材料分类处理。

（2）不可再生废物的利用。环保脚步走得最快的是德国，德国已经规定，汽车厂商必须建立废旧汽车回收中心。

（3）合理使用原料，其中包括动力源的改进。

（4）考虑汽车产品使用过程中对环境的影响，其标志是对环境污染小。

壳牌石油公司开发出一种新型汽油，其中有一种含氧的化学物质，使汽油能够充分燃烧，大大减少了有害气体的排放。

（5）合理利用能源。美国把开发电动汽车作为振兴美国汽车工业的着力点。

（6）汽车产品制造工艺的合理性。

（7）设计合理的产品包装材料。

（8）绿色汽车整体设计时，应考虑到汽车在运行及停放时占用空间的问题，尽量缩小体积。

2009 年 6 月 10 日，山东烟台中策橡胶有限公司吊起一个直径 1.78m、重达 2t 的特大辐板式实心花纹轮胎，如图 2-48 所示。这个实心轮胎由该公司自主研发生产，其特点是橡胶原料的消耗比传统实心轮胎减少 40%～50%，同时轮胎寿命大大延长。该型号轮胎产品已被美国重型工程和起重设备制造商卡特皮勒公司独家买断。

图 2-48　2t 特大实心轮胎

四、绿色汽车应用展望

目前，德国奔驰汽车公司，在汽车的整个生命周期（包括设计、制造、使用、维护和报废）中都体现出回收利用的概念。

从汽车设计开始，就注重汽车的可回收性；在生产、使用过程中产生的废弃物、废能、废气、废液等做到全部回收；到报废时，汽车本身还可以再拆解回收、利用。

第 9 节　汽车绿色制造

一、汽车绿色制造

汽车的绿色制造主要是强调采用能减轻对环境产生有害影响的制造过程，包括减少有害废弃物和排放物，降低能源消耗，提高材料利用率，增加操作安全性等。

汽车的绿色制造要求保证汽车质量、可靠性、功能或能量利用率的前提下，努力降低成本、减少汽车制造过程对生态环境造成的影响。

要实现汽车绿色制造目标，首先采用绿色能源，采用绿色制造过程，最终生产出期望值的绿色汽车，同时，在绿色制造的过程中，也必须考虑能源利用率、绿色材料、绿色制造工艺、绿色制造设备与工艺装备、生产成本、环境影响因素等。

对于汽车绿色设计和绿色制造的研究，主要包括以下几方面的工作。

（1）绿色汽车的描述与建模。

（2）确定绿色汽车的评价指标体系与评价方法。

（3）绿色汽车设计方法学的基础研究。

（4）绿色汽车设计的材料选择系统研究及绿色汽车的结构设计。

（5）绿色汽车制造系统模型及绿色制造工艺技术研究。

二、绿色汽车再制造

随着汽车使用量的增加，报废汽车的数目也与日俱增，废旧汽车的再利用是值得探讨的一个长远课题。

绿色汽车再制造指的是对废旧汽车产品回收，进行重新加工，使之具有和先前一样的技术性能和产品质量。换言之，就是对废旧产品进行高技术的修复、改造。

再造零部件不得用于新车生产，其保修标准也须达到与原产品同样的要求。目前，我国开展再制造的汽车零部件产品仅包括发动机、变速箱、转向器、发电机和启动机 5 类。汽车零部件再制造产品标志如图 2-49 所示。

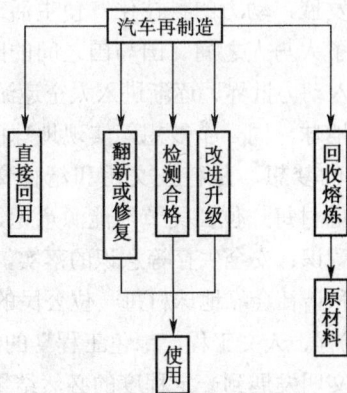

与新制造相比，再制造具有多方优势：从成本方面讲，再制造产品的成本仅仅是原型产品的一半；同时，再制造产品可节省材料 70%，并实现节能 60%。

汽车绿色再制造工程不仅可以尽可能地回收废旧汽车中可利用的零部件和材料，而且还可以最大限度地利用在汽车全生命周期中各阶段的能量和材料。

汽车维修阶段换下的零部件，可以采用绿色再制造技术进行修复、再生后使用，零件材料也可进行材料回收、重熔，使之作为原材料使用，还可稍加改变作为材料参与其他产品的生命周期循环。图 2-50 所示为汽车绿色再制造技术过程框图。

德国汽车公司把汽车可回收性作为主要的目标列入开发计划，提出下一个目标是开发一切都能回收的汽车。

图 2-49 汽车零部件再制造产品标志　　　图 2-50 汽车绿色再制造技术过程 汽车再制造

第10节　和谐转动的世界

一、工程中转动的和谐

美国物理学家布赖恩·斯温说："我们的星球面临着诸多的麻烦：技术发明的后果是产生了 5 万枚核弹头；工业化经济导致了各大洲的生态灭绝；财富和服务的社会分配产生了 1 亿贫困而饥馑的众生。一个无可争辩的事实是：人类作为一个物种和一个星球，正处于一个可怕的境地。"

恩格斯、恩格斯指出："我们不要过分陶醉于我们对自然界的胜利。对于每一次这样的胜利，自然界都报复了我们。每

一次胜利，在第一步都确实取得了我们预期的结果，但是在第二步和第三步却有了完全不同的、出乎意料的影响，常常把第一个结果又取消了"。《马克思恩格斯选集》第四卷　人民出版社 1995 年第四版第 383～384 页。

人类把自然看成是"死东西"，也只是从牛顿、迪卡尔时代开始后的几百年，到 20 世界末，很多科学家又不得不承认自然是活的，所以我们人类并不是自然的主宰，而是自然的一个部分。教育专家黄钢汉先生说：人类从自然中异化出来，在漫漫地脱离自然，背离自然；而可持续性发展观是长久之道，人们现在学习它，还算是亡羊补牢，否则人类很快会毁在自己的手里。可持续发展的核心是发展，但要求在严格控制人口、提高人口素质和保护环境、资源持续利用的前提下进行经济和社会的发展。

万事万物理同形不同，一味追求眼前的利益，就会失去更大的用，失去与自然的和谐。

二、地球的可持续发展

发动机的实用化，装配生产线的推出，汽车遍及天下，动力的进一步发展，动力的科技化，使生活节奏、工作效率大大提高，缩短了人与人之间、国与国之间的距离，人类进入了汽车世界、进入动力世界、逐渐进入太空遨游时代。

同一个地球，同一个梦想，实现地球的可持续性发展，实现世界大同的梦想，是科技文明和精神文明的高度和谐的落实…，靠地球村每一位公民节约能源意识、环境保护意识、保护生态平衡意识、安全生存等意识的落实，正如蔡嗣经教授指出的：崇尚实践，培养创新意识，构建创新性和谐社会靠地球村每一位公民的安全环保意识。

"科技工程、人文工程、绿色工程"的综合工程理念是 21 世纪人类生存和发展的必然趋势，是人类物质文明发展到一定程度的必然结果。创新与和谐的有机结合是我们科技工作者应该重视的整体生态和谐工程创新设计实战意识理念。

物有本末，事有始终。任何一项工程，一个项目，一项科技发明，它们的设计者、发明者、应用者、操作者、都是人类自身，技术的进步给人类带来物质的享受和生活的便利，但是也不泛给人类自身的生存带来威胁和担忧，因此，我们人类应该警觉自身的发展取向！

思考题

1. 简述汽车发动机的发展趋势。
2. 新能源动力从哪几方面实现？
3. 汽车设计与制造中如何体现节能低耗？

4．滑动轴承有哪些结构形式?

5．按常规分析，请检查图 2-51 中缺少什么主要零部件。

6．分析图 2-52，判断车架结构设计是否合理，为什么?

7．如图 2-53 所示，一名男子在自行车上如何掌握平衡？重心在何处？进行力学分析?

8．观察图 2-54 所示飞机发动机，写出你通过观察能够学到哪些方面的知识?

9．如图 2-55 所示，分析此车的动力源是什么？安装在何处?

图 2-51　链轮

图 2-52　车架

图 2-53　自行车上的平衡

图 2-54

图 2-55

发动机拆装工具与实践

教学课前准备

工具既可以用来建设也可以用来破坏，工具在你的手里，你准备用来做什么？

安全

培养目标

1. 培养认识工具和掌握工具的正确使用是提高综合工程实践能力的必然过程。
2. 培养认识测量工具和掌握测量工具的正确使用是仿制技术的一种手段。
3. 培养拆装过程人身安全责任意识。
4. 培养拆装过程中，工具的正确使用对维护设备的责任意识。

实践与学习目标

1. 认识通用工具。
2. 认识专用工具。
3. 正确使用拆装发动机的通用工具。
4. 正确使用拆装发动机的专用工具。
5. 认识常用测量工具。
6. 正确使用常用测量工具。
7. 掌握拆装安全事项。
8. 掌握拆装前注意观察事项。
9. 掌握发动机拆装实践教学完毕整理工作。
10. 掌握拓宽专业素养学习内容。

第1节　发动机拆装课前准备工作

一、实践教学基地的准备工作

1．购买发动机、工作原理展板、发动机模型、通用工具、专用工具、棉纱、工具箱、柜子、发动机拆装工作台、橡胶铺垫、打扫卫生用具。

2．将发动机内的机油放掉，以免机油流在桌面、地面，出现人滑倒意外人身事故和火灾事故。

3．如果购买旧发动机，每台旧发动机在学生拆装前用汽油清洗 3 次。

4．一个学期课程结束时，每台发动机要用汽油清洗后进行组装，组装前加润滑油，以防锈死。

5．教师对课程进行备课。

6．其他工作。

二、实践教学拆装课程流程—教师和学生必读

1．预习发动机拆装实践教学内容（第 1 章和本章第 2 节）。

2．拆装前仔细阅读拆装注意事项（本章）、思考题和拆装作业。

3．由具备《车辆工程》专业基础知识的教师讲解发动机工作原理等基础知识要点。

根据要求学时确定授课内容：

（1）发动机原理。

（2）发动机结构。

（3）工具的正确使用方法。

（4）拆发动机的顺序。

（5）装发动机的顺序。

（6）熟悉各种标准件。

（7）发动机零部件的功用。

（8）从实践中观察零部件，在理解零部件功用的基础上，对零部件进行构形设计分析，获取综合知识。

（9）从实践中观察机构，获取机构有关知识。

（10）根据发动机零件结构和材料，讲解发动机零件的成型制造方法。

（11）发动机零件的材料选择。

（12）进行创新构形训练、创意设计训练等，根据时间进行内容的调整。

4．学生分组、每组 4 人，每组由组长负责。

5．按规定方法和顺序拆发动机。

6．按规定方法和顺序进行装配。

7．发动机拆装完毕后整理工作（详见本章第 3 节）。

8．完成作业。

第2节 发动机拆装实践教学内容

分析控制系统和执行机构与原动机和传动系统的联系方式,使学生树立整机设计的基本概念。从功用、工艺入手构形零件,旨在培养学生的创新意识、创新的思维方法以及开阔的思路。应用功能分析的方法认识(解读)技术系统,使学生了解消化吸收先进技术的基本方法。通过拆装机器,用"分步拆装法"训练学生的动手能力、独立分析解决问题的能力,培养团队合作能力。

一、发动机拆装实践教学内容

(1)熟悉拆装常用和专用工具名称及使用方法。

(2)掌握正确的拆卸和装配方法。

(3)对机器的基本结构和装配过程有初步认识。

(4)了解发动机基本结构和工作原理。

(5)熟悉机器、部件、零件的功用、基本概念以及区别。

(6)熟悉机器、部件、零件之间的装配关系和相互之间的运动配合关系。

(7)根据零部件功用对机器、部件、零件进行构形设计分析。

(8)了解正确的拆装方法对保证零部件的精确度和密封性的重要性。

(9)根据零件不同的结构特点,选用合适的视图表达方案,进行视图表达。

(10)仔细观察零件之间的连接方式,熟悉主要零件的连接方式。

(11)分析讨论部件之间的连接方式,熟悉主要部件的连接方式。

(12)观察零件的轴向固定。

(13)观察零件的周向固定。

(14)观察分析发动机的运动机构和实现运动的方式。

(15)观察各种标准件。

(16)分析零件的材质。

(17)根据零件的结构形状讨论毛坯成型制造工艺。

(18)根据零件的结构形状讨论零件机械加工工艺。

(19)对零部件进行三维数字化创新设计。

以上内容可以根据学时数(2~36学时),根据各专业学生的学科特点,对教学内容进行调整和有所侧重。

二、拓宽专业素养

1. 仔细观察拆开部分的内部结构,了解活塞、连杆、曲轴的结构组成、连接及运动情况,了解凸轮及气门挺杆的结构和运动,掌握曲柄滑块机构(由活塞、连杆和曲轴组成)和凸轮机构各自的运动特点以及两者之间的运动匹配情况。

2. 认知曲轴、轴承、飞轮、离合器(齿式、摩擦片式和超越离合器三种形式),初步建立平衡的概念,并对公差配合有一定的理解。

3．掌握单缸内燃机中齿轮机构的功能及其与活塞运动之间的关系。

4．了解变速箱的变速原理。

5．用草图表示出曲柄滑块机构和凸轮机构的基本结构，标出各构件和零件的名称。

第3节　发动机拆装注意事项

一、拆装过程注意观察事项

1．拆的过程注意观察零件之间的连接方式和连接顺序。

2．零件如何轴向固定？

3．零件如何周向固定？

4．观察零件结构特点，结合课堂知识对零件进行结构分析。

5．观察部件存在什么运动机构？如何实现运动的？

6．注意拆螺栓的顺序。

7．注意拧螺栓的顺序。

8．注意螺栓的位置关系。

9．观察标准件应用场合。

10．局部细小结构拆完后，要求马上装上。

11．注意零部件的拆装顺序和放置顺序。

二、拆装过程注意安全事项

1．注意发动机放置平稳，防止砸伤手。

2．防止同学间相互配合不当，发动机掉地，砸伤脚面。

3．戴手套，以防发动机刮伤手、扎上铁刺。

4．熟悉灭火器的使用方法。

5．注意火灾，熟悉安全逃离通道。一旦出现火灾，教师及时疏通学生逃离现场。

拆装发动机实践教学作业安全事项如图 3-1 所示。

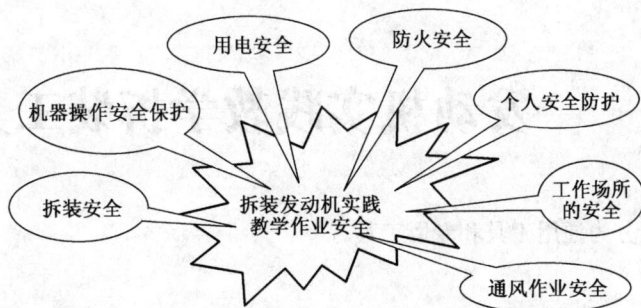

图 3-1　安全事项

三、工具注意事项

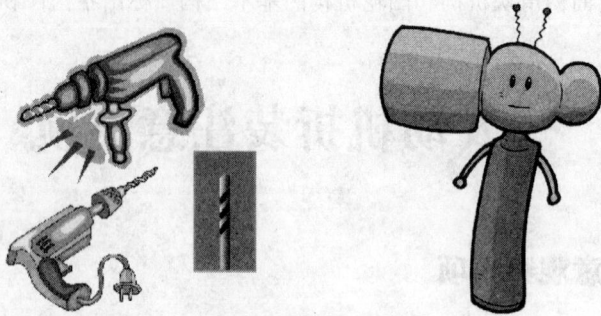

1. 拆装前掌握工具的正确使用方法和注意事项。
2. 注意工具不要乱拿，乱放。
3. 防止工具脱落砸伤手脚等身体部位。

四、发动机拆装实践教学完毕整理工作

1. 清点工具数量。
2. 拆装实践教学完毕，将工具全部放回工具箱，并排放整齐工具箱。
3. 工具损坏要及时报告教师。
4. 清理桌面，摆正桌椅。
5. 打扫房间。
6. 完成作业。
7. 答辩（根据学时进行安排）。

第4节　发动机实践教学拆装工具

发动机拆装工具分为通用工具和专用工具。

一、通用工具

通用工具是指机械加工、装配、修理作业中通常使用的工具。常用的工具有：起子、扳手（开

口扳手、梅花扳手、活动扳手、套筒扳手、内六角扳手等）、钳子、锤子等。

1．螺丝刀（见图 3-2）

图 3-2　起子

俗称改锥或螺丝起子。正确使用螺丝刀应注意以下事项：

（1）使用前将螺丝刀柄上和端口上的油污擦净，以免工作时滑脱。

（2）螺丝刀口要和螺钉槽口相适应，且大小合适。

（3）使用时手持螺丝刀，手心抵住柄端，使螺丝刀口与螺钉槽口垂直吻合，并先用力压紧螺丝刀，然后扭动。当使用较长的螺丝刀时，可用一只手压紧和扭动手柄，另一只手握螺丝刀中部，使它不致滑脱，以保证操作安全。

（4）禁子将工件拿在手中或用身体抵住工件拆装螺钉，以免螺丝刀滑出螺钉槽口伤人。

（5）禁止用螺丝刀当橇棒或凿子使用，也不准用钳子夹住螺丝刀钢杆来增加扭矩，以免扭弯或扭曲螺丝刀。

2．开口扳手（见图 3-3）

扳手分类很多，常用的有：开口扳手、梅花扳手、套筒扳手　内六角扳手等。

开口扳手按其开口度大小分有 8—10mm　12—14mm　17—19mm 等规格。

两用扳手：一端与单头呆扳手相同，另一端与梅花扳手相同，两端拧转相同规格的螺栓或螺母。

开口扳手：俗称呆扳手，一端或两端制有固定尺寸的开口，用以拧转一定尺寸的螺母或螺栓。

开口扳手不能用于扭紧力矩较大的螺栓或螺母。使用时，应根据螺栓、螺母的尺寸，选用合适规格的开口扳手。将扳手的开口垂直或水平插入螺栓头部，将扳手较厚一边置于受力大的一侧，扳动扳手。

使用开口扳手时应注意以下几点：

（1）使用时应将扳手手柄往身边拉，切不可内外推，以免将手碰伤。

（2）扳转时不准往开口扳手上任意加套管、锤击，以免损坏扳手或损伤螺栓螺母的棱角。

（3）禁子使用开口处磨损过甚的开口扳手，以免损坏螺栓的棱角。

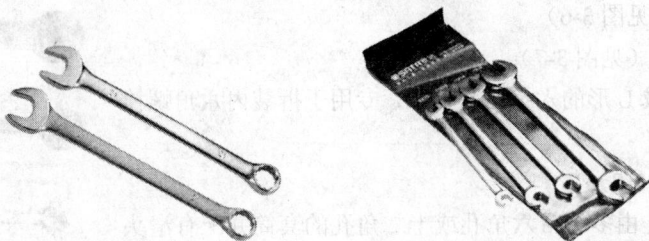

双头扳手　　　　　开口扳手（呆扳手）

图 3-3　开口扳手及开口扳手的使用方法

(a) 不正确　　　　　(b) 正确　　　　　(c) 不正确

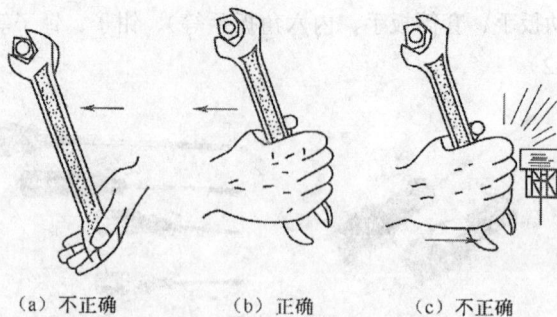

图 3-3　开口扳手及开口扳手的使用方法（续）

3．梅花扳手（见图 3-4）

梅花扳手：两端具有带六角孔或十二角孔的工作端，适用于工作空间狭小，不能使用普通扳手的场合。

梅花扳手按其闭口尺寸大小分有 8～10mm、12～14mm、17～19mm 等。梅花扳手通常为成套装备，有 8 件一套、10 件一套等。

使用时根据螺栓或螺母的尺寸，选择相应闭口尺寸的梅花扳手。与呆扳手相比，由于梅花扳手扳 30°后可换位再套，适用于狭窄场合下操作，而且强度高，使用时不易滑脱，应优先选用。

4．活动扳手（见图 3-5）

活动扳手：开口宽度可在一定尺寸范围内进行调节，能拧转不同规格的螺栓或螺母。

使用活动扳手时应注意以下事项：

（1）开口大小要调整适当，使其与螺母或螺栓头部配合合适，防止扳手滑出损坏螺母或螺栓头部的棱角。

（2）工作时，应让扳手的可动部分承受"推力"，固定部分承受"拉力"（图 3-5），且用力必须均匀。

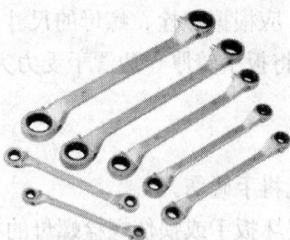

图 3-4　梅花扳手

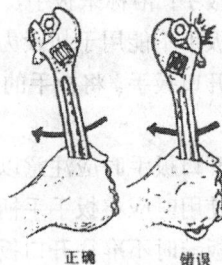

正确　　　错误

图 3-5　活动扳手及使用方法

5．棘轮手柄（见图 3-6）

6．内六角扳手（见图 3-7）

内六角扳手：成 L 形的六角棒状扳手，专用于拆装内六角螺栓（螺塞）。

7．套筒（见图 3-8）

套筒扳手：它是由多个带六角孔或十二角孔的套筒并配有滑头手柄、棘轮手柄、快速摇柄、万向接头、旋具接头和各种接杆等多种附件组成，特别适用于拆装位置十分狭窄、凹陷很深处的螺栓、

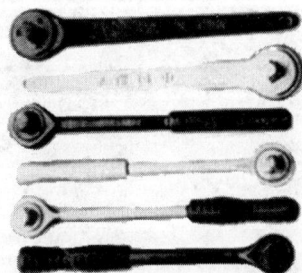

图 3-6　棘轮手柄

螺母或需要一定转矩的螺栓、螺母，比梅花扳手更方便快捷，应优先考虑使用。

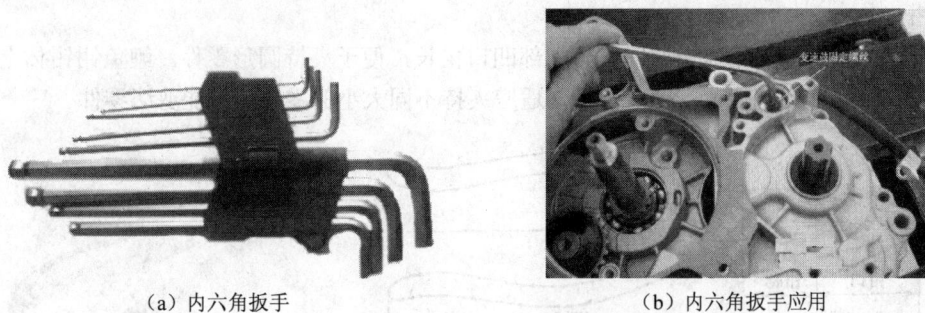

（a）内六角扳手　　　　　　　　　　　　　（b）内六角扳手应用

图 3-7　内六角扳手及其应用

套筒扳手按其闭口尺寸大小分有 8mm、10mm、12mm、14mm、17mm、19mm 等规格。

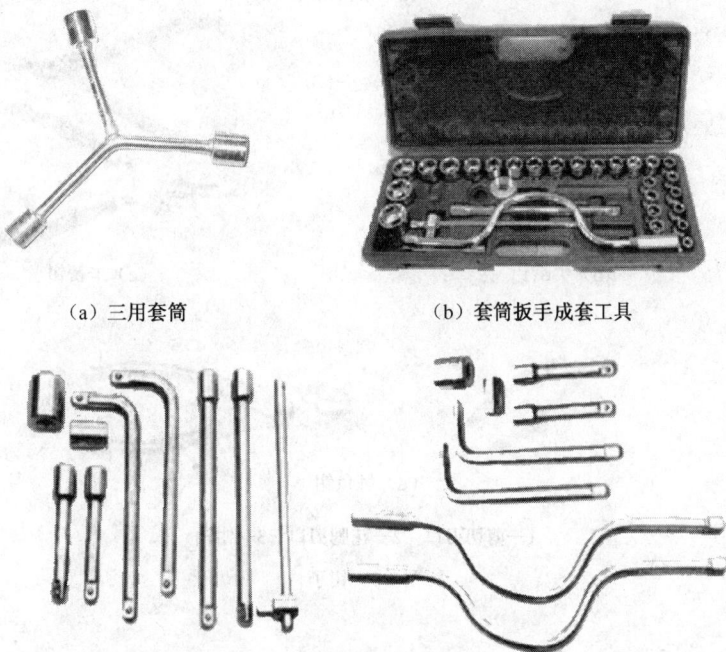

（a）三用套筒　　　　　　　　　　　　（b）套筒扳手成套工具

（c）各式套筒

图 3-8　套筒

8. 钳子

钳子种类很多，如图 3-9 所示是钢丝钳、尖嘴钳、卡簧钳、鲤鱼钳。

使用钳子时应注意以下事项：

（1）使用前应擦净钳子上的油污，以免操作时滑脱。

（2）使用时必须将工件夹牢，然后再用力切割或扭弯。

（3）不可用钳子代替扳手，也不可用钳柄当撬棒撬动工件，以免弯、折断或损坏。

钢丝钳　主要用来夹持圆柱形零件，也可以用来代替扳手旋转小螺栓，小螺母，钳口后部的刃口可剪断金属丝。

尖嘴钳　因其头部细长而得名，它能在较小的空间使用，其刃部能剪切细小的金属丝。

　　卡簧钳　有多种结构形式，用于拆装各种卡簧，使用时，应根据卡簧的结构形式，选择相应的卡簧钳。

　　鲤鱼钳　鲤鱼钳与钢丝钳相同，其中部凹口粗长，便于夹持圆形零件。鲤鱼钳钳体上有两个相贯通的孔，可以方便地改变钳长大小，适应夹持不同大小的零件，不能剪切零件。

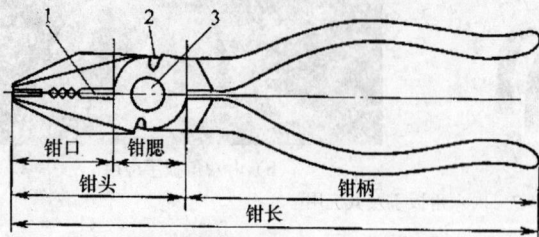
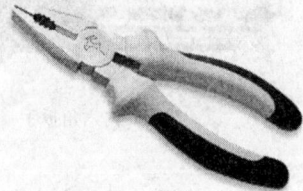

（a）钢丝钳

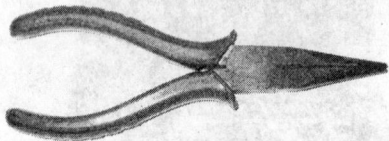
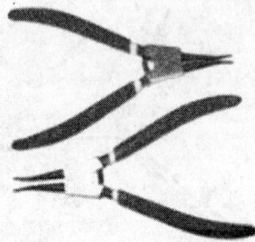

（b）尖嘴钳　　　　　　　　　　　　　　（c）卡簧钳

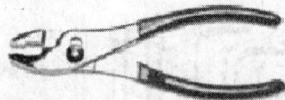

（d）鲤鱼钳

1—剪切刃口　2—花腮刃口　3—钳轴

图 3-9　钳子

9. 橡胶锤

锤子分为橡胶锤和铁锤。

锤子（图 3-10）的使用方法及注意事项如下。

（1）使用前应检查手柄是否松动，以免锤头脱出而造成事故。

（2）清除锤面和手柄上的油污，以防锤击时从工作面上滑下或从手中滑脱。

（3）使用时，手要握在锤柄后端且松紧适度。

（4）由于锤子的冲击力较强，所以在锤击工件尤其是悬空垫实的工件时，不能用力太猛。

（a）橡胶锤　　　　　　（b）铁锤

图 3-10　锤子及使用方法

不正确　　　　正确

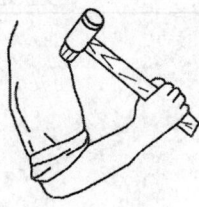

手挥（手腕挥）　　肘挥（手臂挥）　　臂挥（大臂挥）

（c）使用方法

图 3-10　锤子及使用方法（续）

二、专用工具

发动机拆装专用工具是为装配或拆卸汽车和摩托车上的某些零部件，在特定部位上使用而专门设计的工具，使用它可以安全、可靠、快速地拆装零部件，提高了工作效率，省工省力。汽车发动机拆装修理专用工具名称与用途见表 3-1。摩托车专用工具的使用部位、操作要点见表 3-2。

表 3-1　　　　　　　　　　　发动机拆装专用工具名称与用途

工 具 名 称	用 途
汽缸压力表接头	测量汽缸压缩压力
喷油器套拆卸器	拆卸喷油器套
气门导管拆卸器	拆卸气阀导管
摇臂衬套拆装工具	更换摇臂衬套
活塞环钳子	拆装活塞环
缸套提取器	拆装缸套
锥体拨轮器	卸曲轴的锥形套
拔轮器	拆各种齿轮
堵塞	拆凸轮轴齿轮
惰轮齿轮衬套拆装工具	更换惰轮齿轮衬套
万用接杆	卸喷油器
曲轴扳手	拆装发动机曲轴
喷油器套法兰 喷油器套冲头	装喷油器套
活塞导向器	安装活塞
气门导管安装器	安装气门导管

续表

工 具 名 称	用 途
冲压工具 冲压环	装气门座
扳手	喷油泵供油正时调整
气门杆密封件安装器	安装气门杆油封用
连杆衬套拆装工具	更换连杆衬套

1．缸套提取器（见图 3-11）

2．拔轮器（见图 3-12）

3．堵塞（见图 3-13）

4．法兰式喷油器套（见图 3-14）

图 3-11　缸套提取器

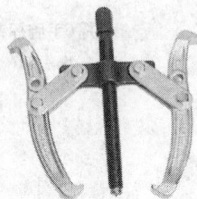

图 3-12　拔轮器

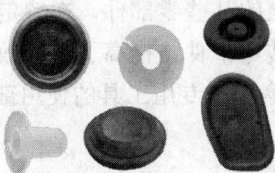

图 3-13　堵塞

图 3-14　法兰式喷油器套

5．活塞环钳子（见图 3-15）

 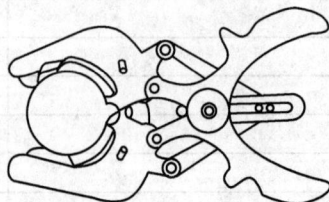

图 3-15　活塞环钳子

6．汽缸压力表及接头（见图 3-16）

7．气门导管拆卸器（见图 3-17）

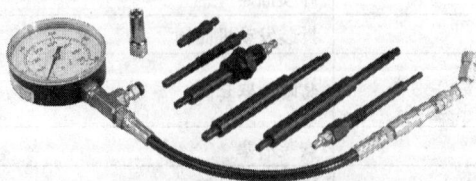

图 3-16　汽缸压力表及接头　　　　图 3-17　气门导管拆卸器

8. 曲轴扳手（见图 3-18）

9. 液压分离式滑环防滑拔轮器（见图 3-19）

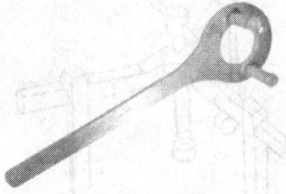

图 3-18 曲轴支挡扳手

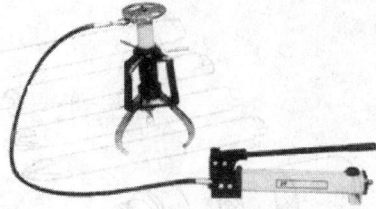

图 3-19 液压分离式滑环防滑拔轮器

10. 挡圈钳（见图 3-20）

11. 火花塞扳手（见图 3-21）

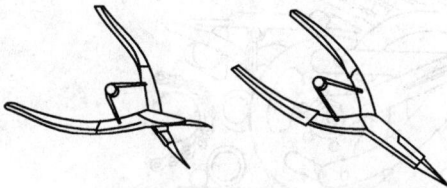

（a）孔用挡圈钳　（b）轴用挡圈钳

图 3-20 挡圈钳

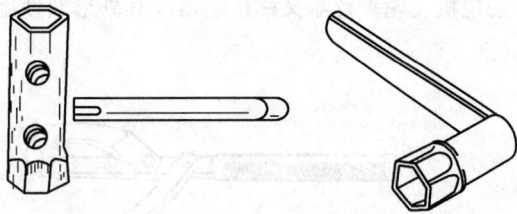

（a）分离式火花塞扳手　（b）整体式火花塞扳手

图 3-21 火花塞扳手

12. 锁紧扳手（见图 3-22）

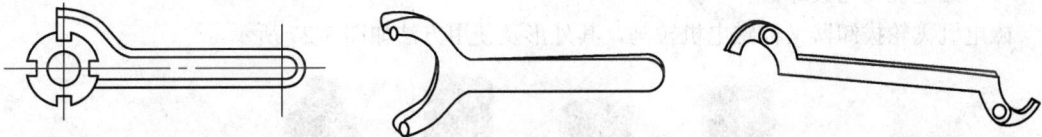

（a）钩形锁紧扳手　　　（b）U 形锁紧扳手　　　（b）叠式锁紧扳手

图 3-22 锁紧扳手

13. 扭矩扳手（见图 3-23）

扭矩扳手：扭力扳手与套筒扳手中的套筒配合使用，在拧转螺栓或螺母时，能显示出所施加的扭矩；或者当施加的扭矩到达规定值后，会发出光或声响信号。扭力扳手适用於对扭矩大小有明确规定的装配工作，如发动机上一些重要螺栓、螺母（连杆螺母、汽缸盖螺栓、飞轮螺栓等）的紧固。

图 3-23 扭矩扳手

14．震动起子（见图 3-24）

15．拔卸器（见图 3-25）

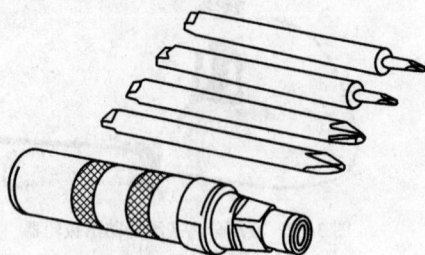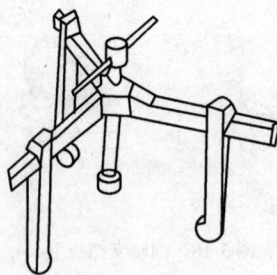

图 3-24　震动起子　　　　　　　　图 3-25　拔卸器

16．磁电机飞轮夹持器

磁电机飞轮夹持器又称止动器，其外形及使用方法如图 3-26 所示。

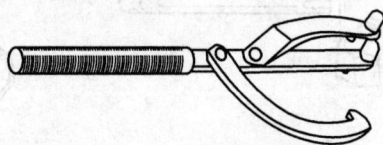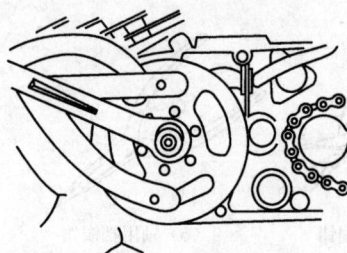

（a）外形图　　　　　　　　　　（b）使用方法

图 3-26　磁电机飞轮夹持器

17．磁电机飞轮拔卸器

磁电机飞轮拔卸器又称磁电机拉马，其外形及使用方法如图 3-27 所示。

（a）外形图

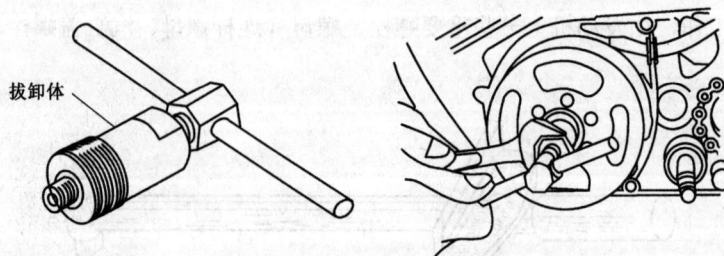

拔卸体

（b）使用方法

图 3-27　磁电机飞轮拔卸器

18. 左、右曲轴箱分离工具（见图 3-28）

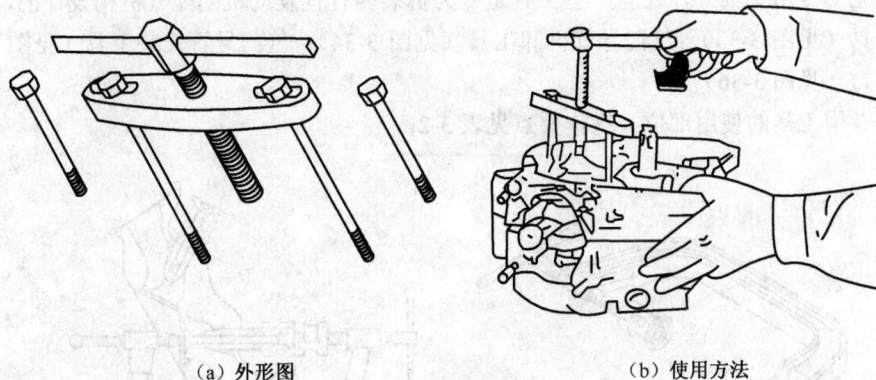

（a）外形图　　　　　　　（b）使用方法

图 3-28　左、右曲轴箱分离工具

19. 前减震器拆装夹具（见图 3-29）

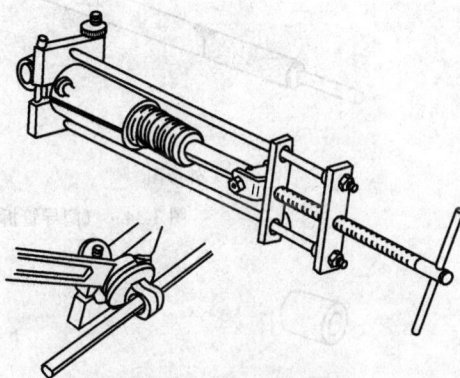

20. 后减震器拆装夹具（见图 3-30）

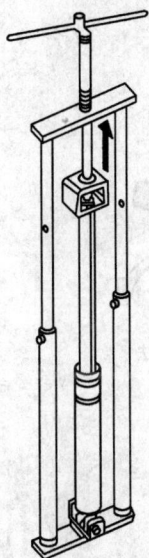

图 3-29　前减震器拆装夹具　　　　　图 3-30　后减震器拆装夹具

21. 油封拆卸工具（见图 3-31）

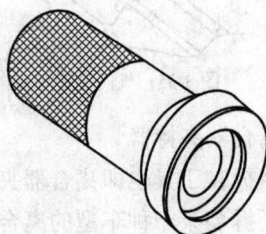

22. 轴承、油封安装工具（见图 3-32）

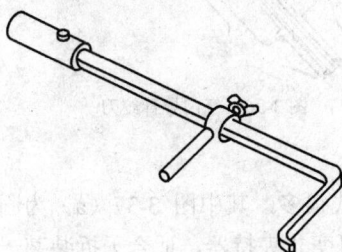

图 3-31　油封拆卸工具　　　　　　图 3-32　轴承、油封安装工具

23. 气门拆卸工具

除了常见的专用工具外，还有一些工具是专为拆装四行程发动机的配气机构设计的，如气门弹簧压缩工具（见图 3-33）、气门导管拆卸工具（见图 3-34）、气门导管安装工具（见图 3-35）、气门导管铰刀（见图 3-36）等。

摩托车专用工具的使用部位、操作要点见表 3-2。

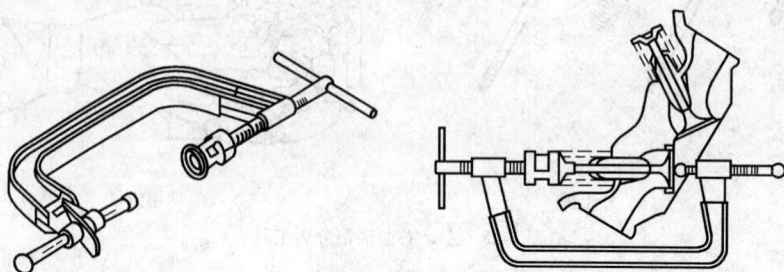

（a）气门弹簧压缩工具　　　　　　　　　　（b）使用方法

图 3-33　气门弹簧压缩工具

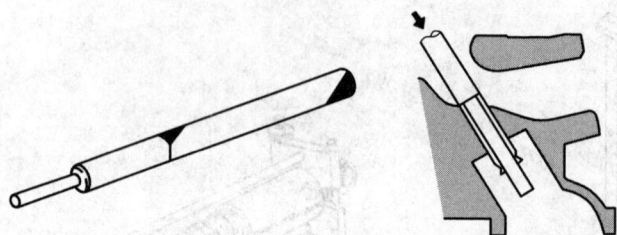

（a）外形图　　　　　　　　　　（b）使用方法

图 3-34　气门导管拆卸工具

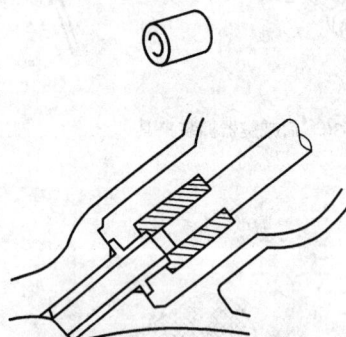

图 3-35　气门导管安装工具　　　　　　　　图 3-36　气门导管铰刀

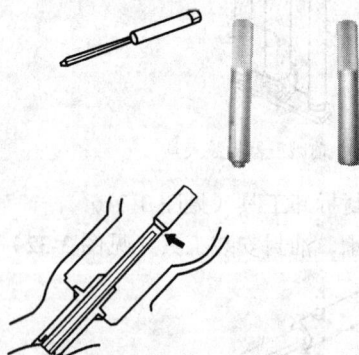

24. 离合器夹持器

离合器拆装工具也即离合器夹持器。这种工具的形式很多，其中图 3-37（a）为固定式夹持器，适合于拆装某一种车型的离合器，图 1-37（b）为可变式夹持器，适合于拆装某一类车型的离合器。无论工具为哪一种形式，使用时，都是利用夹持器将离合器从动片固定盘固定。

（a）　　　　　　　　　　（b）

图 3-37　离合器夹持器

25．轴承拆卸工具（图 3-38）

发动机上使用的轴承拆卸工具有很多种，图 3-38（b）、（c）为两种拆卸工具。

（a）轴承　　　　　　　　　（b）轴承拆卸工具

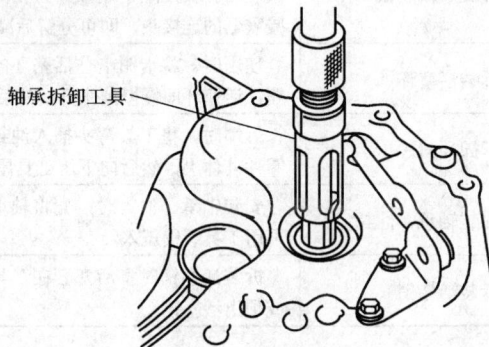

（c）轴承拆卸工具

图 3-38

表 3-2　　　　　　　　　摩托车专用工具的使用部位、操作要点

序号	专用工具	使用部位	操作要点
1	孔用挡圈钳	拆装发动机活塞销孔内挡圈、减震器阻尼阀座的挡圈	钳的尖端插入挡圈孔内，捏动钳子使挡圈收缩后，取出挡圈
2	轴用挡圈钳	拆装变速箱和起动轴上的挡圈	张开钳子，使其尖端插入挡圈孔内，捏动钳子，使挡圈张开，取下挡圈
3	火花塞扳手	拆装火花塞	将扳手的内方头对准装在火花塞的六方头上，然后再扭动火花塞
4	锁紧扳手	螺母，消声器锁紧螺套	锁紧扳手的钩头钩入螺母或螺套的槽内并靠紧，然后再扭动扳手

续表

序号	专用工具	使用部位	操作要点
5	扭矩扳手	检查螺母或螺栓紧固力矩	扭矩扳手必须与套筒扳手的套筒一起使用。要选择合适的套筒套在螺母和螺栓上，再装上扭矩扳手，扳动杠杆。指针所指的数值就是螺母或螺栓的紧固力矩
6	震动起子	拆装扭矩较大的螺钉	拆卸螺钉时，将手柄上的销钉扳在旋出位置，将起子头对准螺钉，用锤子锤击震动起子的尾部，螺钉即被震松。安装螺钉时，将销钉扳在旋进的位置，用手将螺钉拧到拧不动为止，然后使用震动起子将螺钉震紧
7	拔卸器	拆卸齿轮、飞轮皮带轮、滚动轴承	用三爪钩住所拆零部件的外缘，然后用中心支撑螺钉来卸下零件
8	夹持器	拆装磁电机飞轮螺母	使用时，将夹持器的两个卡销卡在磁电机飞轮的圆弧形槽内，即可用扳手拆或装飞轮螺母
9	磁电机飞轮拔卸器	拆卸磁电机飞轮	使用时，先将顶力螺栓往外旋出，将拔卸体逆时针方向拧在磁电机飞轮上，用扳手夹住拔卸体，或用夹持器止住磁电机飞轮，然后将顶力螺栓旋进去，飞轮即被拔出
10	左右曲轴箱分离工具	分离左右曲轴箱	使用时，先将顶力螺栓旋出，分别将两个长螺栓对称地拧入曲轴箱的螺钉孔内，然后将顶力螺栓旋入，左右曲轴箱即被分离
11	前减震器拆装夹具	拆装前减震器	拆卸时，将前减震器装在夹具上，将螺杆往外旋出，即可将前减震器分解
12	后减震器拆装夹具	拆装后减震器	拆卸时，将后减震器装在夹具上，将螺杆往里旋进，使减震器弹簧压缩，用扳手拧松减震器的锁紧螺母，再拧出减震器的连接头，即可分解后减震器
13	活塞环拆卸钳	拆装活塞环	使用时，将卡钳卡住活塞环的开口，轻握把手，逐渐收缩，活塞环即慢慢地张开，然后取出或装入活塞
14	油封拆卸工具	拆卸油封	拆卸时，将工具弯头插入油封下平面，中间支撑要支在零件外体上，然后向下压工具尾部，取出油封
15	轴承、油封安装工具	安装轴承、油封	安装轴承、油封时，先将轴承、油封在安装孔上放正，再用工具缓缓压入
16	活塞销拆装工具	拆装活塞销	拆装活塞销时将活塞套在工具大头，再用中心顶杆装入或顶出活塞销

第5节　通用量具的使用方法

通用量具有游标卡尺、百分尺、百分表、塞尺、半径规等。

一、游标卡尺的作用及其使用方法

1．游标卡尺的作用

游标卡尺的作用是测量零件的宽度、外经、内经和深度，其读数准确度有 0.1mm、0.5mm 和 0.2mm 三种。普通游标卡尺的结构见图 3-39，数显游标卡尺见图 3-40。读数方法见图 3-41，使用方法和轴瓦自由扩张量的测量见图 3-42 所示。

（a）游标卡尺

（b）游标卡尺结构

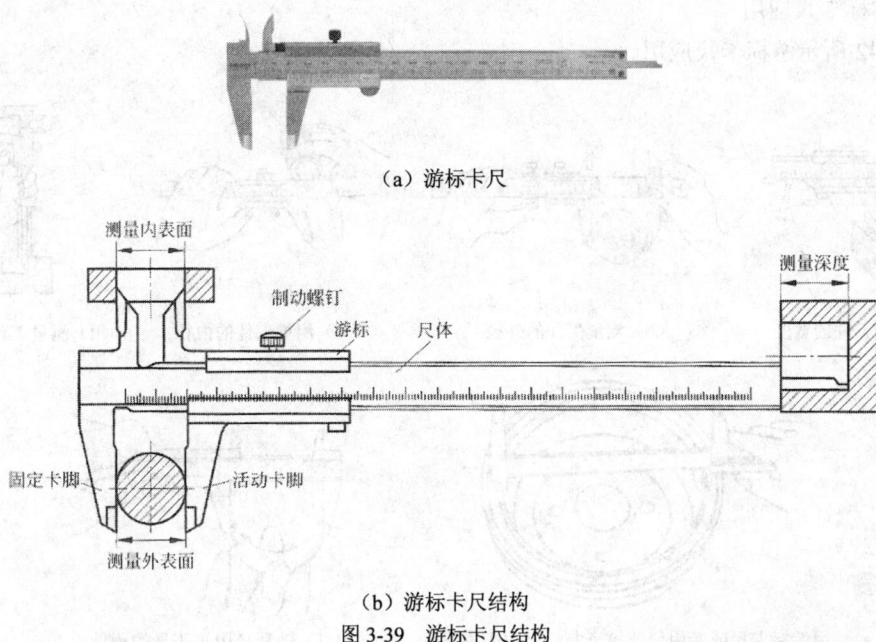

图 3-39　游标卡尺结构

2. 游标卡尺的使用方法

用游标卡尺测量工件的宽度、外径、内径和深度如图 3-39（b）所示。

使用前，应将卡脚接触面和被测零件的接触表面擦干净。

测量时，先将卡脚张开，再慢慢地推动游标副尺，使两卡脚与零件接触。

禁止硬卡硬拉，以免卡脚变形，影响测量精度。

使用后，应将卡尺擦干净，放在盒内。

图 3-40　数显游标卡

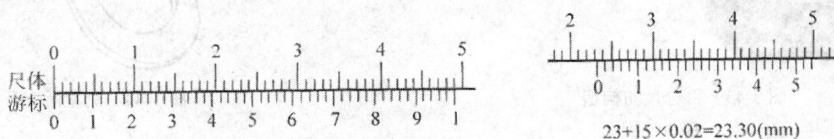

3. 游标卡尺的读数方法

以 0.02mm 游标卡尺为例说明读数方法。

当尺体和游标的卡脚贴合时，尺体 49mm 长度，游标与之对应的长度上等份 50 格，即游标每格 0.98mm（49/50）。

尺体和游标每格之差=1mm-0.98mm = 0.02mm

（1）读出游标副尺的"0"刻线所在位置前面主尺上的读数。

（2）察看游标副尺上的哪条刻线恰好与主尺上的刻线对齐。

（3）游标副尺刻线恰好与主尺上的刻线对齐的格数乘以 0.02 读出小数。

（4）将两次所得的数值相加即为所测零件的尺寸，单位是 mm，如图 3-41 所示。

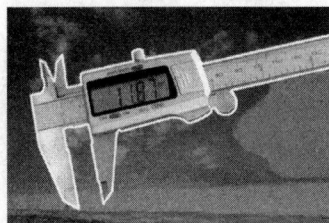

$23+15×0.02=23.30(mm)$

49 毫米分为 50 等份

图 3-41　0.02mm 游标卡尺的刻线原理和读数方法

4．游标卡尺应用

图 3-42 所示游标卡尺应用。

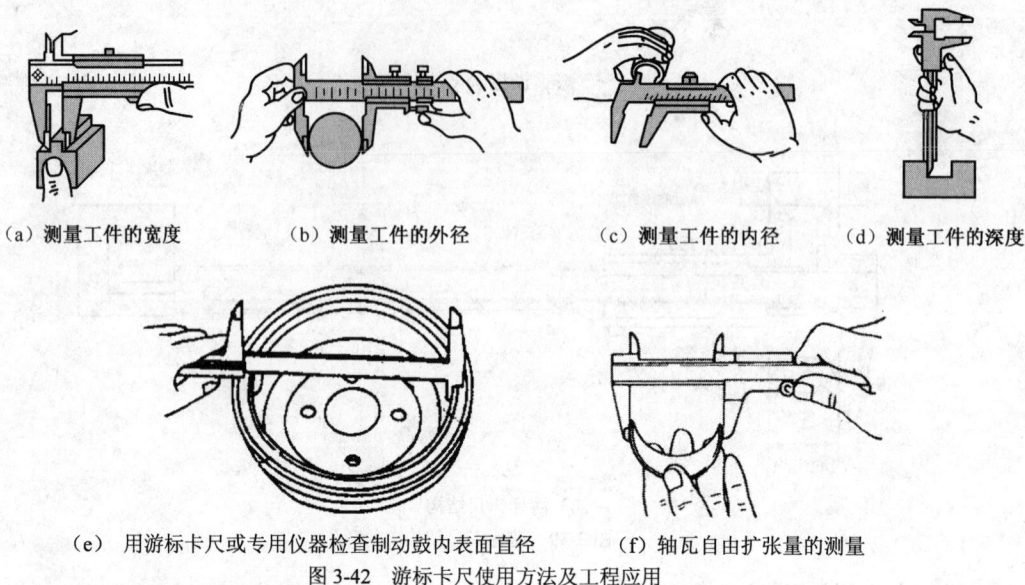

（a）测量工件的宽度　　　（b）测量工件的外径　　　（c）测量工件的内径　　　（d）测量工件的深度

（e）用游标卡尺或专用仪器检查制动鼓内表面直径　　　（f）轴瓦自由扩张量的测量

图 3-42　游标卡尺使用方法及工程应用

二、百分尺的作用及其使用方法

1．百分尺的作用

百分尺的作用是测量工件的外径和长度尺寸，测量精度可达 0.01mm，其构造如图 3-43 所示。

2．百分尺的使用方法

使用前，应将百分尺的测量面和零件的被测量面擦干净，以确保测量结果准确。测量前应校准零位，其方法是：将活动套筒往里旋，当棘轮发出"咯咯"响声时，活动套筒的前端应与固定套筒的"0"线对齐，同时活动套筒上的"0"线还应与固定套筒上的基准线对正，若有误差应进行校正。校正时拧松调整螺母，转动活动套筒达到上述要求后，再紧固调整螺母。测量时，应使百分尺的轴线与工件的轴线或被测面垂直，然后旋转活动套筒，当测量面接近工件时，改为转动棘轮，直至棘轮发出响声（打滑）为止，最后，旋转紧固手柄，读取百分尺读数。图 3-41 为测量活塞环外径的方法。

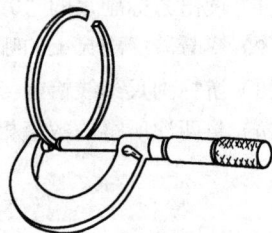

图 3-43　百分尺的构造

图 3-44　测量活塞环外径

3．百分尺的读数方法

（1）读出固定套筒上的毫米数及应计入的半毫米值。

（2）察看活动套筒上的哪一条刻线与固定套筒上的基准线对齐，并将该线的刻度值乘以 0.01。

（3）将两次所得的数值相加即得被测零件的尺寸，单位是 mm。

例如，图 3-45 所示被测尺寸为 15.780mm。（15.5+0.28）

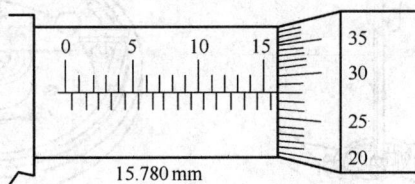

图 3-45　百分尺所测数据

三、百分表的作用及使用方法

百分表的作用是测量零件的平面度、椭圆度、锥形度及配合间隙等。百分表的大指针转动一格为 0.01mm，转动一周时小针转动一格，为 1mm。百分表的结构如图 3-46 所示。

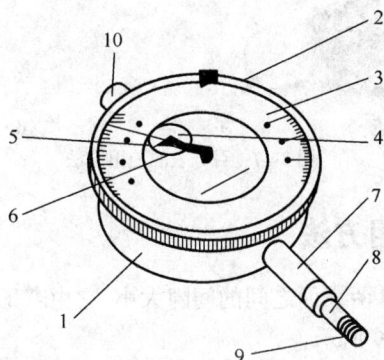

图 3-46　百分表

1—表体；2—表圈；3—表盘；4—转数指示盘；5—转数指钉；
6—指针；7—套筒；8—测量杆；9—测量头；10—挡帽

使用百分表时应注意以下事项。

（1）把百分表可靠地固定在表架上。

（2）测量头与被测表面接触时，测量杆应事先有 0.3～1mm 的压缩量，以提高显示值的稳定性。

（3）测量前一般都要把百分表的指针指到表盘的零位。

（4）测量平面时，测量杆应与被测表面垂直，以保证精度和测量杆移动。

（5）测量圆柱形零件时，测量杆的轴线应与零件直径方向一致并垂直于零件轴线。

（6）根据被测零件的形状、粗糙度、材料的不同，来选用适当的测量头形状。例如，测量球形或圆柱形零件，可选用平测量头；测量较平的表面，可选用球面测量头；测量凹面或形状复杂的表面，可选用锥形测量头。

百分表的使用方法如图 3-47 所示。

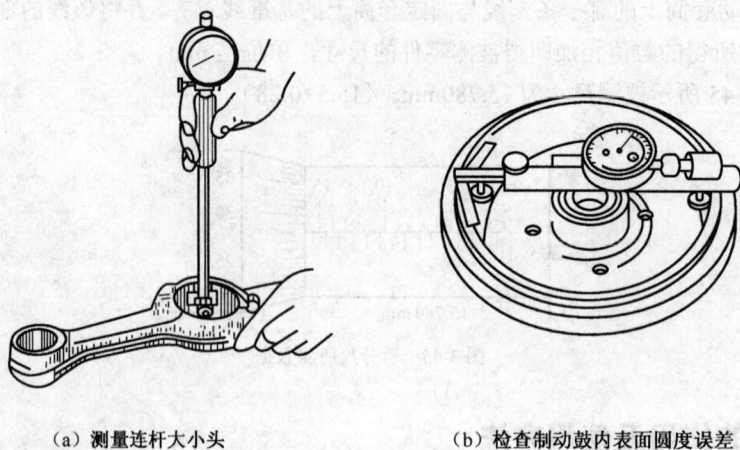

(a) 测量连杆大小头　　　　　　　　　(b) 检查制动鼓内表面圆度误差

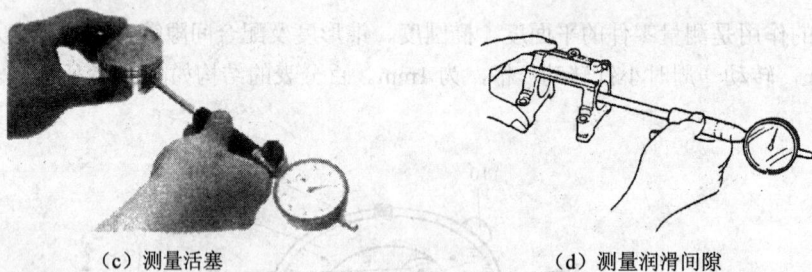

(c) 测量活塞　　　　　　　　　　　　(d) 测量润滑间隙

图 3-47　百分表的使用方法

四、塞尺的作用及其使用方法

塞尺的作用是用来测量零件两表面之间的间隙大小。它由若干不同厚度的薄片组成,如图 3-48 所示。塞尺的使用方法如图 3-49 所示。

使用塞尺时应注意以下事项。

(1) 使用前要清除塞尺和零件上的灰尘、污垢。

(2) 使用时,可预选、预测不同厚度的塞片来测出间隙尺寸。

(3) 若找不到合适的塞片时,可以把塞片叠放在一起使用。

(4) 使用塞尺时不能施加压力硬塞,以免塞片弯曲或折断。

(5) 不能用塞尺测量温度较高的零件。

(6) 使用完毕,要在塞尺上涂防锈油,并折合到保护板内。

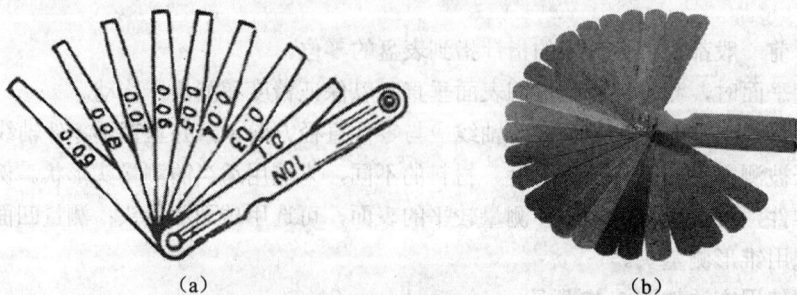

(a)　　　　　　　　　　　　　　(b)

图 3-48　塞尺

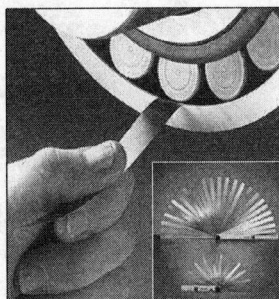  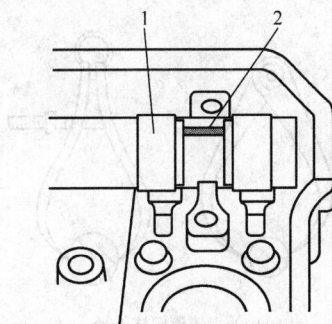

（a）测轴承间隙　　　　（b）测活塞环间隙　　　　（c）1.凸轮轴 2.塞规

图 3-49　塞尺的使用方法

五、半径规

半径规是测量内外圆弧半径的专用工具，每组半径规由很多片组成，上面刻着内外半径数值，如图 3-50 所示。

使用半径规时应注意以下事项。

（1）根据测量的目的，选择内半径规一侧或外半径规一侧。

（2）使用前要清洗干净半径规表面和零件被侧处的灰尘和污垢。

图 3-50　半径规

（3）使用时，应依次以不同半径尺寸的样板，在工件圆弧表面处作检验，当密合一致时，该半径样板的尺寸即为被测圆弧半径尺寸。

（4）测量使用完毕，要在半径规上涂防锈油，并折合好。

六、内、外卡钳

内卡钳用来测量圆柱体的内径和凹槽宽等，其外形和使用方法如图 3-51 所示。

外卡钳用来测量圆柱体外径和物体的长度，其外形如图 3-52 所示，使用方法如图 3-53 所示。

 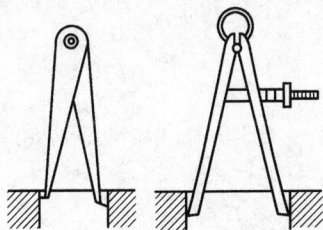 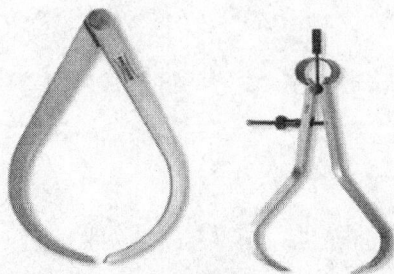

（a）外形图　　　　（b）内卡钳测量凹槽宽　　　　　　图 3-52　外卡钳

图 3-51　内卡钳

七、螺纹规

螺纹规的作用是测量螺距，其结构如图 3-54 所示，使用方法如图 3-55 所示。

(a) 外卡钳测圆柱外径　　　　　(b) 外卡钳测物体长度

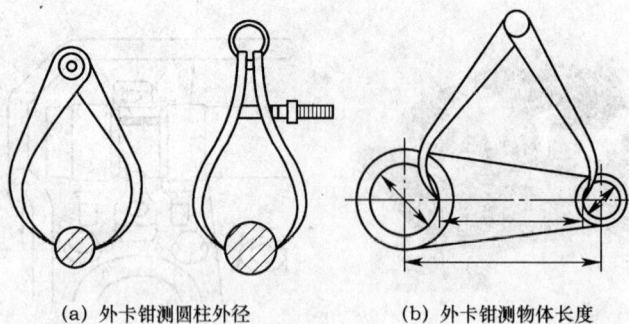

图 3-53　外卡钳的使用方法

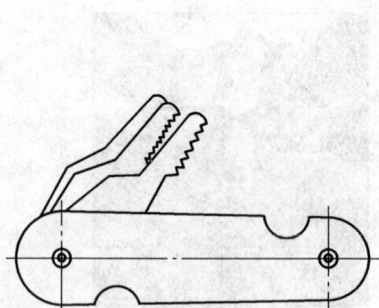

图 3-54　螺纹规

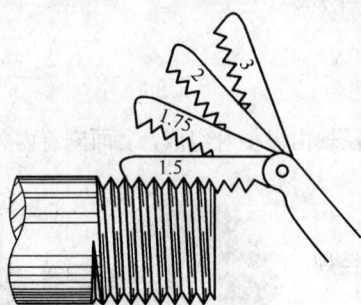

图 3-55　螺纹规测螺距

第 4 章

四冲程发动机基本构造与汽车发动机拆装实践

车是人类的交通工具，通过车，人类的交流更加便捷，工作效率得到提高，同时人类的责任也更大，这是我们每一个人应该面对的现实问题。

培养目标

1. 培养总工程项目设计师的设计思维和实践意识。
2. 培养发现问题、解决问题的创新思维意识和能力。
3. 培养现代工程设计意识和能力。
4. 培养从实践中获取知识的能力。
5. 培养理论联系实际的能力。
6. 培养初步制造工艺和加工工艺的意识和能力。
7. 培养材料意识。
8. 了解社会现状，培养工程责任意识。

实践与学习目标

1. 结合拆装实践，掌握发动机四冲程工作原理。
2. 正确使用拆装和测量工具，并规范地进行发动机的拆装。
3. 观察发动机零部件之间的连接方式。
4. 结合拆装实践，观察零件的轴向固定和周向固定。
5. 了解简单零件的制造工艺。
6. 了解轴类零件常用材料。
7. 熟悉叉架类、箱体类零件的功用和结构特点，正确表达零件结构。
8. 通过阅读装配图，结合拆装实践，掌握零件的结构设计特点。

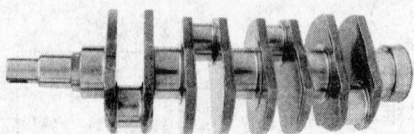

第1节　概述

　　汽车是 20 世纪最具有代表性的人文景观，也是 21 世纪最具影响力的社会事物。通过对汽车发动机的拆装，对汽车发动机的学习，对各系统、结构、原理的了解，培养理论联系实际的能力，培养学生对机械的兴趣、结构设计分析能力和综合工程意识与综合工程实践能力。

　　下面以曲轴为例说明。

　　曲轴是发动机最重要的机件之一，如图 4-1 所示。曲轴一般用中碳钢或中碳合金钢模锻而成如图 4-2（a）所示，为提高耐磨性和耐疲劳强度，轴颈表面经高频淬火或氮化处理，并精车如图 4-2（b）所示、精磨加工，以达到较高的表面硬度和表面粗糙度的要求。它与连杆配合将作用在活塞上的气体压力转变为旋转的动力，传给汽车底盘的传动机构。同时，驱动配气机构和其它辅助装置，如风扇、水泵、发电机等。工作时，曲轴承受气体压力，惯性力及惯性力矩的作用，受力大、受力复杂，并且承受交变负荷的冲击作用。同时，曲轴又是高速旋转件，因此，要求曲轴具有足够的刚度和强度，具有良好的承受冲击载荷的能力，耐磨损且润滑良好。

图 4-1　曲轴

（a）模锻曲轴　　　　　　　　（b）车曲轴

图 4-2　曲轴的加工

　　根据图 4-1 所示的曲轴实体，读懂曲轴结构示意图，见图 4-3 和曲轴后端结构示意图，见图 4-4 所示，对曲轴结构进行分析，了解曲轴结构后，读懂曲轴前端装配结构示意图，见图 4-5。

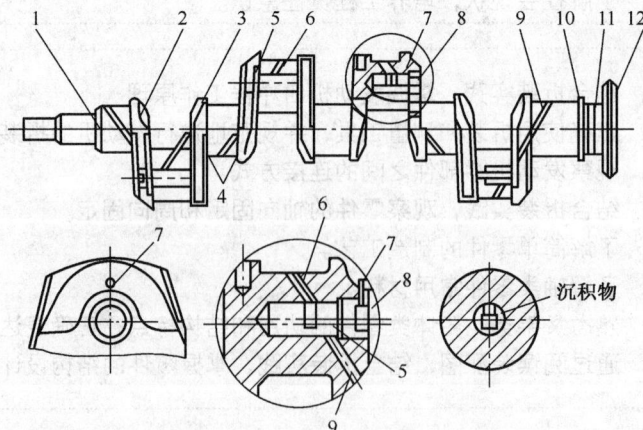

图 4-3　曲轴结构示意图

1—主轴颈；2—轴柄；3—连杆轴颈；4—圆角；5—积油腔；6、7—油道；
8—开口销；9—螺塞；10—挡油盘；11—回油螺纹；12—凸缘盘

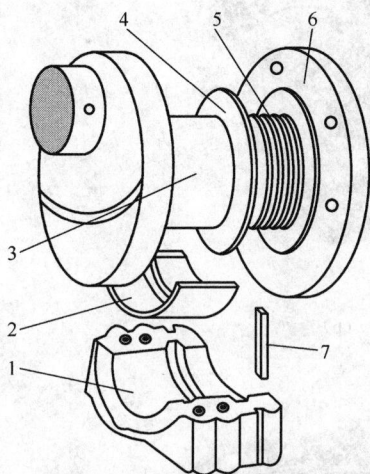

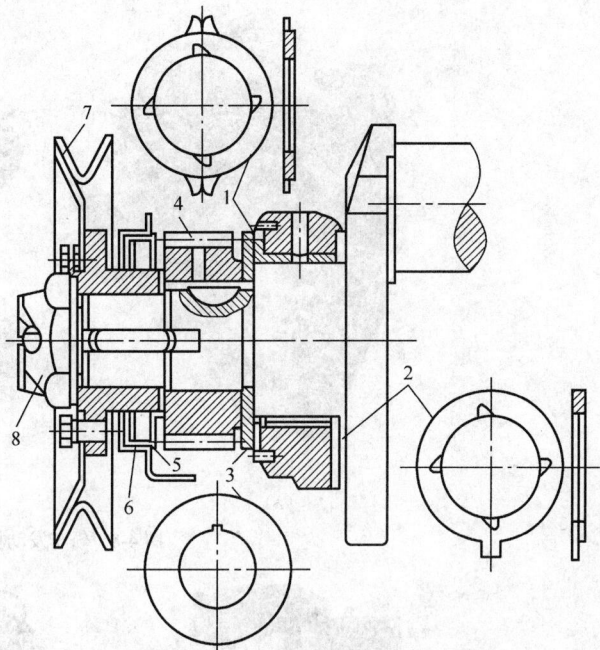

图 4-4 曲轴后端结构示意图	图 4-5 曲轴前端装配结构示意图
1—主轴承盖；2—主轴承；3—主轴颈；4—甩油盘；	1、2—滑动推力轴承；3—止推片；4—正时齿轮；
5—回油螺纹；6—飞轮结合盘；7—密封条	5—甩油盘；6—油封；7—带轮；8—启动爪

曲轴一般由主轴颈，连杆轴颈、曲柄、平衡块、前端和后端等组成。一个主轴颈、一个连杆轴颈和一个曲柄组成了一个曲拐。

第2节 汽车发动机拆装实践教学设备

一、实践教学设备

汽车发动机实践教学基地如图 4-6 所示。

货车发动机、轿车发动机、柴油发动机如图 4-7～图 4-9 所示。

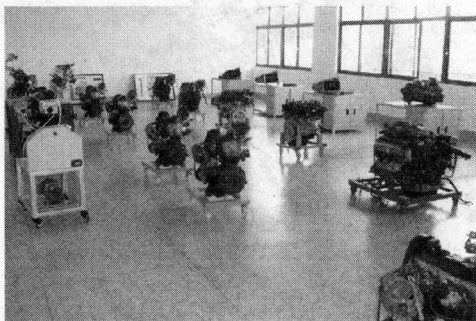

图 4-6 汽车发动机实践教学基地	图 4-7 货车发动机

(a)   (b)

图 4-8　轿车发动机

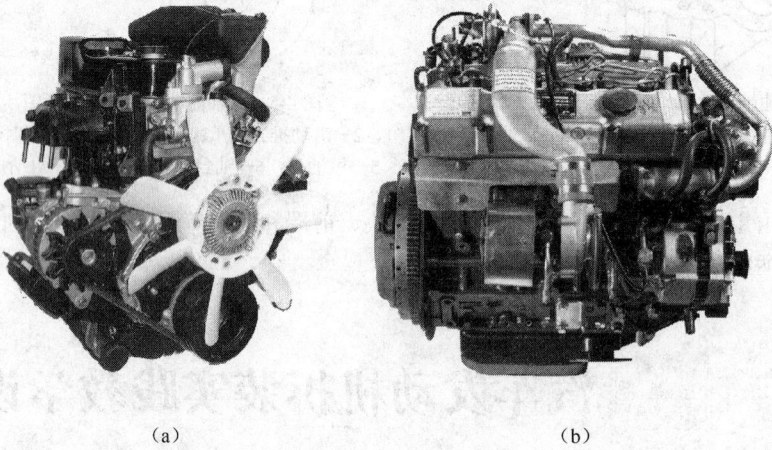

(a)   (b)

图 4-9　柴油发动机

二、教学模型

发动机及汽车底盘教学模型如图 4-10 所示，发动机工作原理展板如图 4-11 所示。

图 4-10　发动机及汽车底盘教学模型

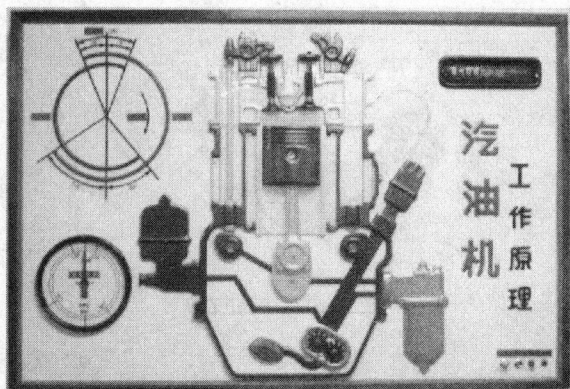

图 4-11　发动机工作原理展板

第3节　汽车组成与发动机工作原理

一、汽车的组成

汽车由发动机、电器与电子设备、底盘、车身四大部分组成，汽车透视图如图 4-12 所示。

图 4-12　汽车透视图
1—发动机；2—电器与电子设备；3—底盘；4—车身

1. 发动机

发动机是汽车的动力装置，是汽车的心脏。其作用是使供入发动机的燃料燃烧而产生动力。再通过底盘的传动系驱使汽车行使。

2. 底盘

底盘的作用是接受发动机的动力，使汽车运动并按驾驶员的操纵而正常行驶。它由传动系、行使系、转向系、制动系四部分组成，如图 4-13 所示。

(a) 在整车中的位置

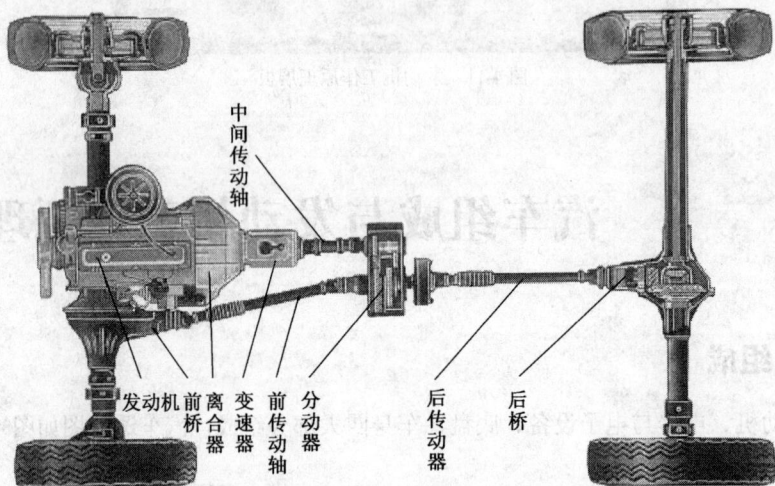

中间传动轴

发动机 前桥 离合器 变速器 前传动轴 分动器 后传动器 后桥

(b) 结构图

图 4-13 底盘

（1）传动系　将发动机的转矩传递给驱动车轮，同时根据行使条件的需要，改变转矩的大小。

（2）行驶系　将汽车构成一个整体，对全车起支承作用，将转矩转化为汽车行使的动力，承受各种反力以及弯矩、扭矩，减少振动和冲击，保证汽车平顺性行使。

（3）转向系　使汽车按驾驶员选定的方向行驶。

（4）制动系　使汽车减速或停车，并可保证驾驶员离去后汽车可靠地停驻。

3．车身

车身是驾驶员工作及容纳乘客和货物的场所，如图 4-14 所示。

4．电器与电子设备

电器由电源组、启动电动机、点火设备、照明与信号

图 4-14 车身

仪表、空调、刮水器、收录机等设备组成。电子设备由电控燃油喷射及电控点火等装置组成。

二、发动机简介

1．发动机概念

发动机是将热能转变为机械能的动力装置，如图 4-15 所示。

现代汽车发动机大多采用的是内燃机。内燃机把燃料燃烧的化学能转变成热能，通过曲柄连杆机构转变成机械能。

发动机有四个工作过程：进气、压缩、燃烧膨胀和排气，每完成这四个过程，做功一次，称为一个工作循环。曲轴转一圈完成一个工作循环的发动机叫两冲程发动机；曲轴转两圈，活塞在汽缸中往复移动两次，完成进气、压缩、燃烧膨胀和排气四个过程的发动机叫四冲程发动机。

图 4-15　汽车发动机实体

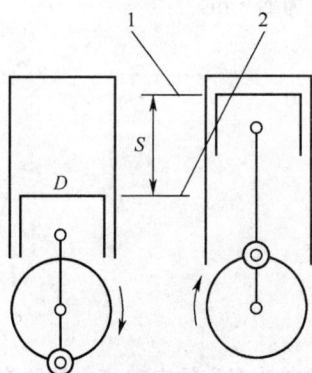

2．常用名词解释

（1）上止点：汽缸内活塞离曲轴中心线最远的位置，简称 TDC（见图 4-16）。

（2）下止点：汽缸内活塞离曲轴中心线最近的位置，简称 BDC（见图 4-16）。

（3）活塞行程（冲程）：活塞在汽缸内由上止点至下止点所移动的距离，用 S 表示，单位为 mm。

（4）汽缸工作容积：活塞在汽缸内从下止点运动到上止点所扫过的汽缸容积，用 V_h 表示，单位为 ml，如图 4-17 所示。

$$V_h = \frac{\pi}{4}D^2 S$$

汽缸工作容积又称活塞排量，对单缸汽油机而言，汽缸工作容积还称作汽油机排量。对多缸汽油机，各汽缸工作容积之和称作汽油机总排量。

（5）燃烧室容积：活塞位于上止点时，活塞顶上面的汽缸空间称作燃烧室。燃烧室容积用 V_c 表示，单位为 ml，如图 4-18 所示。

图 4-16　活塞行程位置示意图
1—上止点；2—下止点；S—活塞行程；D—气缸直径

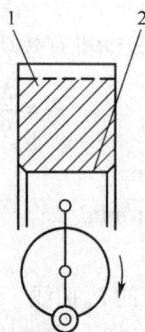

图 4-17　汽缸工作容积
1—上止点；2—下止点

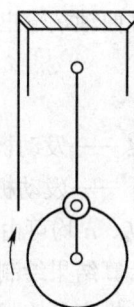

图 4-18　燃烧室容积

（6）汽缸总容积 V_a：活塞顶上面的全部汽缸容积，$V_a = V_h + V_c$。

（7）压缩比 V_a/V_c：汽油发动机压缩比一般为 6～10。

3．发动机主要性能

发动机主要性能常用动力性（扭矩功率）和经济性（燃油消耗率）指标表示。

（1）发动机扭矩 M_e

在做功过程中，燃烧的高压气体推动活塞，活塞通过连杆使曲轴转动，曲轴对外输出的扭矩称为发动机扭矩，在节气门（油门）开度最大时，用测功器测出曲轴的最大扭矩随发动机转速变化的曲线，称为发动机的外特性曲线，如图 4-19 中的 M_e 曲线。

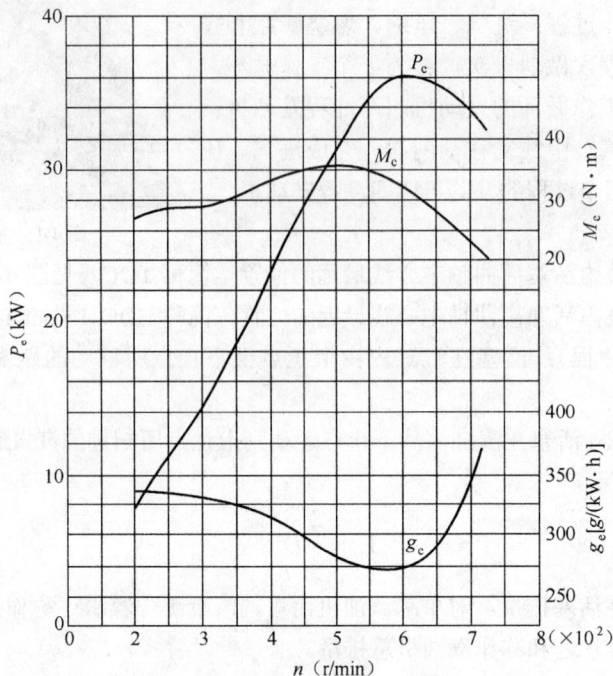

图 4-19　发动机外特性曲线

常用外特性曲线上的最大扭矩值标注发动机的扭矩，单位为 N·m。

（2）发动机有效功率 P_e

通过曲轴端输出的功率称为发动机有效功率，用 P_e 表示。

$$P_e = \frac{M_e \cdot n}{9550} \ (kW)$$

式中　M_e——发动机扭矩，N·m。

　　　n ——发动机曲轴转速，r/min。

　　　M_e、n 均可由测功器测出。

将计算结果绘制成图 4-19 中的 P_e 曲线。

发动机产品铭牌上标明的功率及相应转速称为发动机的额定功率和额定转速。按照汽车发动机可靠性试验方法的规定，汽车发动机应能在额定工况下连续运行 300～1000h。

（3）发动机燃油消耗率 g_e

发动机工作时，每输出 1kW 功率在 1h 内所消耗的燃油量称为发动机燃油消耗率，用 g_e 表示。

$$g_e = \frac{1000G_T}{P_e} \ (g/(kW \cdot h))$$

式中　G_T——单位时间内的耗油量，用耗油仪测得。

　　　P_e——通过曲轴端输出的功率。

同样，在油门开度最大时测量，将其计算结果绘成图 4-19 中的 g_e 曲线。

从图 4-19 中看出：g_e 曲线越低、越平坦，则发动机工作时油耗越低，燃油经济性越好。外特性曲线表示了发动机具有的最高动力性能和最准确的燃油经济性能，所以常用发动机外特性曲线分析、比较相同排量的发动机性能，外特性曲线也是发动机性能改进和提高的依据。

三、四冲程汽油机发动机工作原理

发动机曲轴转两圈，活塞在汽缸中往复移动两次，完成进气、压缩、燃烧膨胀和排气四个工作行程的发动机叫四冲程发动机，如图 4-20 所示。

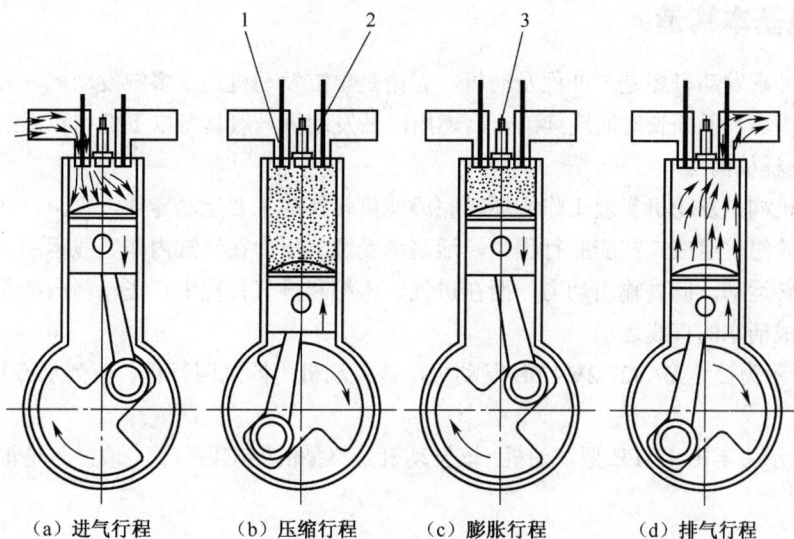

（a）进气行程　　　　（b）压缩行程　　　　（c）膨胀行程　　　　（d）排气行程

图 4-20　四冲程发动机的工作循环
1—进气门；2—排气门；3—火花塞

1．进气行程

在进气行程中，进气门打开，排气门关闭，活塞从上止点向下止点运动，曲轴由 0° 旋转到 180°。活塞下行，活塞顶上面的汽缸容积逐渐增大，气体压力逐渐降低。当汽缸内的压力低于外界大气压力时，在内外压力差的作用下，可燃混合气从进气门进入汽缸。

当活塞运动到下止点时，进气行程结束，压缩行程开始。

2．压缩行程

在压缩行程中，进气门和排气门均关闭，活塞从下止点向上止点运动，曲轴由 180° 旋转到 360°，进入汽缸的可燃混合气被压缩。当活塞运动到临近上止点时，汽缸内的可燃混合气被火花塞的电火花点燃并迅速燃烧。

当活塞运动到上止点时，压缩行程结束，膨胀行程开始。

3．膨胀行程

在膨胀行程中，进气门和排气门依然关闭。经进气行程和压缩行程的准备，可燃混合气在点燃后经过一个短暂的燃烧过程而迅速发出热能，汽缸内的气体温度和气体压力急剧升高。在高温高压气体的推动下，活塞从上止点向下止点运动，带动曲轴旋转做功，曲轴由 360° 旋转到 540°。

4．排气行程

在排气行程中，进气门关闭，排气门开启，活塞从下止点向上止点运动，曲轴由 540° 旋转到 720°。汽缸内膨胀做功后的废气从排气门排出。当活塞运动到上止点时，排气行程结束。

排气行程结束后，活塞继续往复运动，进入下一个工作循环。四冲程发动机的一个工作循环中，活塞运动四个行程，曲轴转两周，四个行程中，只有膨胀行程做功，其余三个行程是做功的准备行程。

实际工作中，为了使汽缸的进气更加充分和使汽缸的排气更加彻底，进气门和排气门均是适当提前开启和适当延迟关闭的。另外，由于可燃混合气从点火到明显燃烧需要一定的时间，理论和实践表明，适当提前点火可以显著提高发动机的功率和效率，因此，点火装置对可燃混合气的点火不在膨胀行程开始的时刻进行，而是提前在压缩行程临近结束时进行。

四、发动机基本构造

无论是四冲程发动机还是二冲程发动机，无论是单缸发动机还是多缸发动机，要完成能量转换，实现工作循环，保证长时间连续工作，燃用汽油发动机一般具备以下机构和系统。

1．曲柄连杆机构

曲柄连杆机构是发动机实现工作循环，完成能量转换的主要运动零件。它由机体组、活塞连杆组和曲轴飞轮组等组成。在膨胀行程中，活塞承受燃气压力在汽缸内作直线运动，通过连杆转换成曲轴的旋转运动，向外输出动力。而在进气、压缩和排气行程中，飞轮释放能量又把曲轴的旋转运动转换成活塞的直线运动。

图 4-21 所示为捷达 EA827 2V 1.6L 发动机，该发动机为四缸四行程、直列水冷顶置二气门、化油器式。

图 4-22 所示为丰田 4E-FE 型发动机，该发动机是典型的四缸四气门、顶置凸轮轴式，体积小，结构紧凑。

图 4-21　捷达 EA827 2V 1.6L 发动机　　　　图 4-22　丰田 4E-FE 型发动机

机体是发动机的骨架。它的作用是支承和安装发动机的其他零部件，承受发动机工作时产生的各种载荷。

（1）机体组

机体组由汽缸盖、汽缸体、曲轴箱、汽缸垫、燃烧室等组成。

① 汽缸盖的功用。汽缸盖的作用是密封汽缸，并与活塞共同组成的燃烧室空间，承受高温高压燃气的作用力，并把燃油燃烧时的部分热量散发出去，使发动机不致过热。图 4-23 为 CA6102 型发动机汽缸盖分解图。

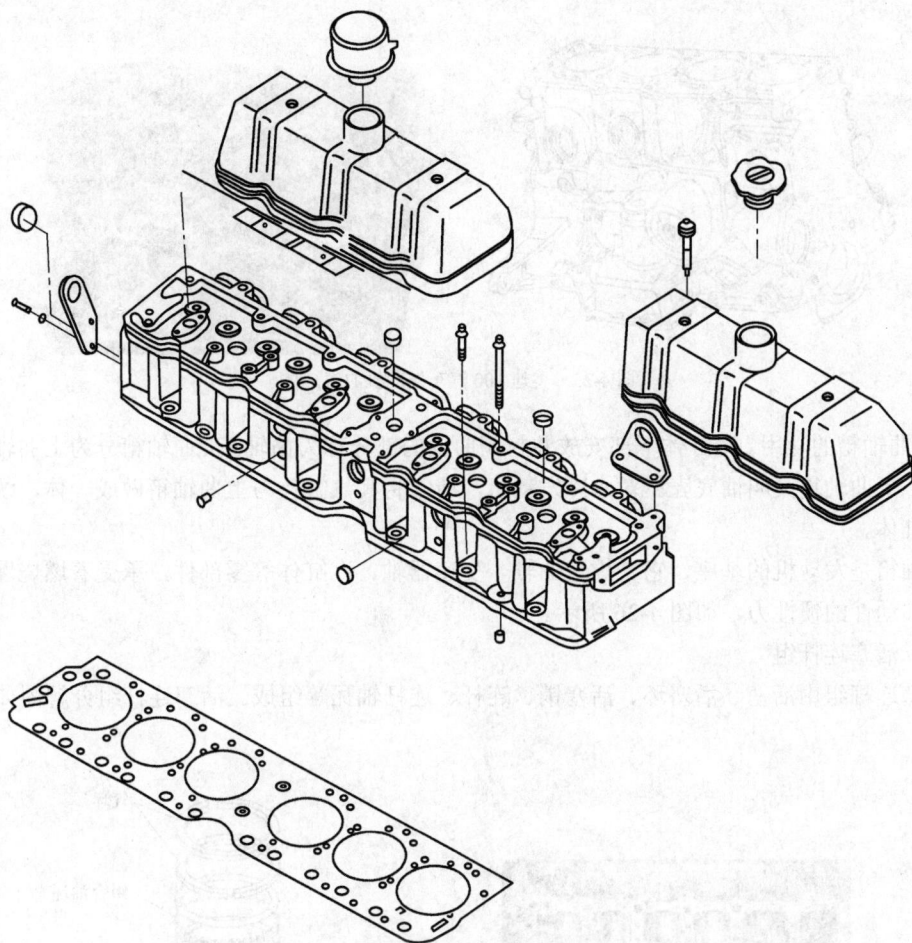

图 4-23　CA6102 型发动机汽缸盖分解图

② 汽缸体的功用。汽缸体是可燃混合气压缩、燃烧和膨胀的空间，对活塞起导向作用，并将汽缸中一部分热量传递给周围的冷却介质。图 4-24 为汽缸体结构图，图 4-25 为奥迪 100 汽车发动机的汽缸体。

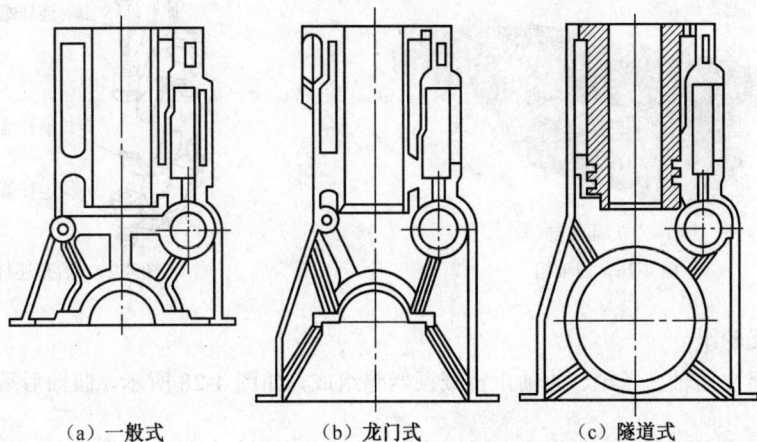

（a）一般式　　　　　（b）龙门式　　　　　（c）隧道式

图 4-24　汽缸体结构示意图

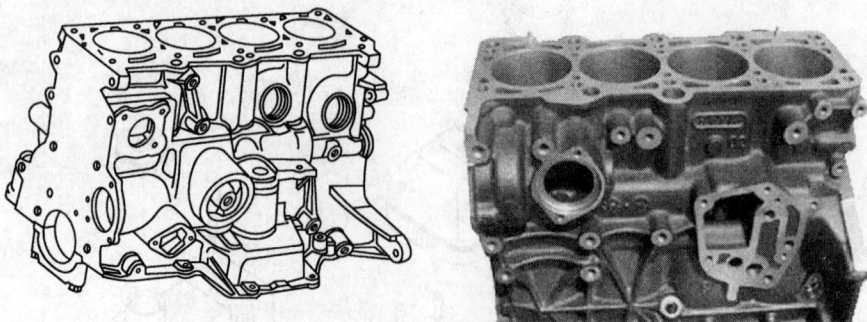

图 4-25　奥迪 100 汽车发动机的汽缸体

③ 曲轴箱的功用。汽缸体下部安放并封闭曲轴的部分称为曲轴箱，曲轴箱分为上曲轴箱和下曲轴箱，下曲轴箱又叫油底壳。对水冷发动机，通常将其汽缸体与上曲轴箱做成一体，统称为机体或汽缸体。

曲轴箱是发动机的基座，它支撑着曲轴、变速器轴、汽缸体等零部件，承受着燃烧爆发的冲击力和移动件的惯性力，如图 4-26 所示。

（2）活塞连杆组

活塞连杆组由活塞、活塞环、活塞销、连杆、连杆轴瓦等组成。活塞连杆组分解图如图 4-27 所示。

（a）曲轴箱

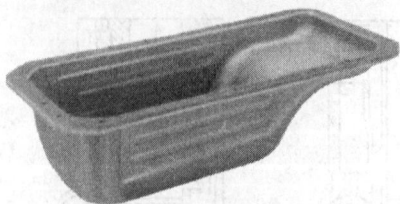

（b）油底壳

图 4-26　曲轴箱

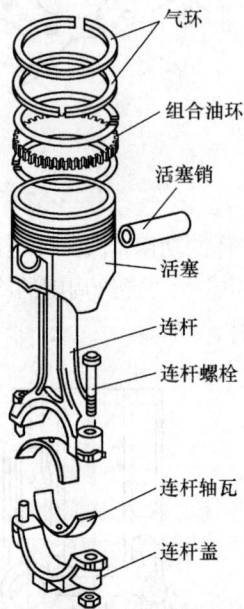

气环

组合油环

活塞销

活塞

连杆

连杆螺栓

连杆轴瓦

连杆盖

图 4-27　活塞连杆分解图

（3）曲轴飞轮组

曲轴飞轮组由曲轴、飞轮、曲轴扭转减振器等组成，如图 4-28 所示。曲轴后端密封如图 4-29 所示。

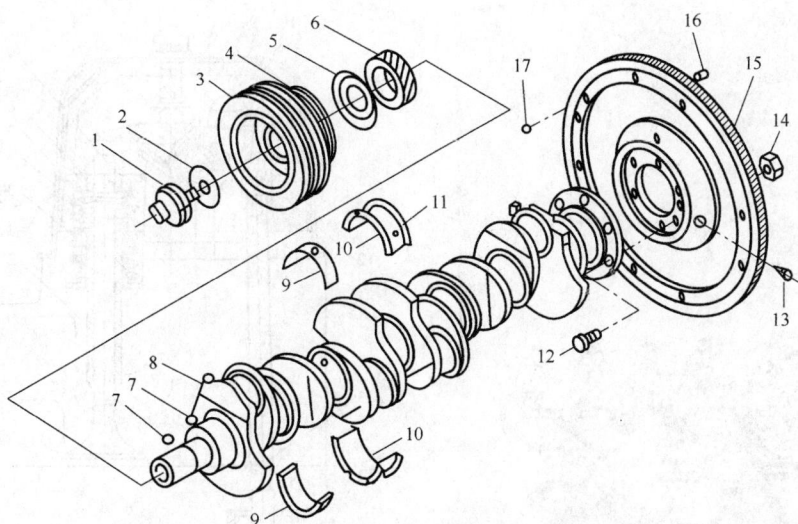

图 4-28　曲轴飞轮组

1—启动爪；2—锁紧垫圈；3—扭转减振器总成；4—皮带轮；5—挡油盘；6—正时齿轮；
7—半圆键；8—曲轴；9、10—主轴承；11—止推片；12—飞轮螺栓；13—滑脂嘴；
14—螺母；15—飞轮与齿圈；16—离合器盖定位销；17—一、六缸上止点记号用钢球

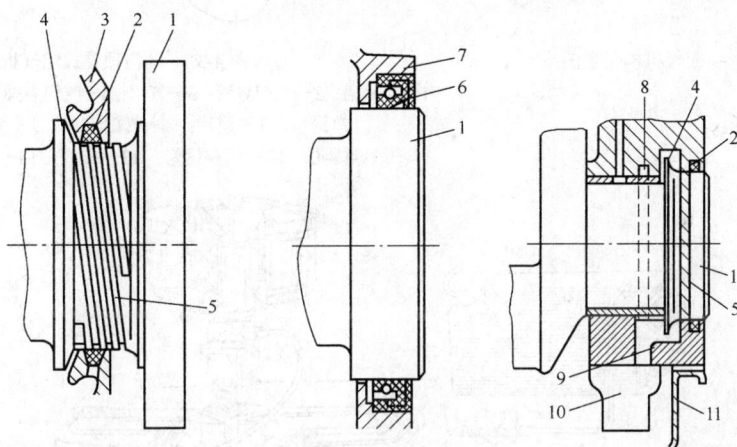

（a）挡油凸缘+回油螺纹+密封填料　（b）自紧式橡胶油封　（c）卸压槽+挡油凸缘+回油螺纹+密封填料

图 4-29　曲轴后端密封

1—曲轴后端；2—密封填料；3—填料座；4—挡油凸缘；5—回油螺纹；6—自紧式橡胶油封；
7—油封座；8—卸压槽；9—回油孔；10—主轴承盖；11—油底壳

2．配气机构

配气机构的功用是适时地将可燃混合汽吸入汽缸，并及时地将废气排出，以保证发动机正常工作。
配气机构由气门组和气门传动组组成，如图 4-30、图 4-31 所示。

3．燃料供给系统

燃料供给系统的功用是根据发动机工况的要求，配制出一定数量和浓度的可燃混合气，送入汽缸。柴油机燃料供给系的功用是把柴油和空气分别供入汽缸，在燃烧室内形成混合气并燃烧。

燃料供给系统由空气供给装置、燃油供给装置、混合气形成装置和废气排出装置等组成。汽油机的燃料供给系统如图 4-32 所示。

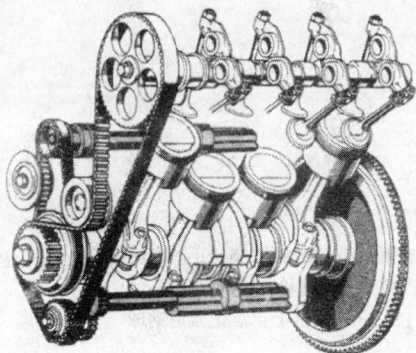

图 4-30　配气机构示意图

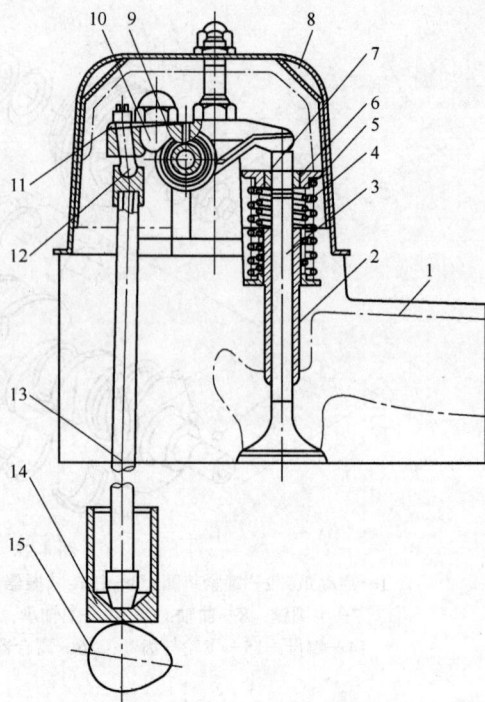

图 4-31　气门顶置式配气机构

1—汽缸盖；2—气门导管；3—气门；4—气门主弹簧；5—气门副弹簧；
6—气门弹簧座；7—锁片；8—气门室罩；9—摇臂轴；10—摇臂；
11—锁紧螺母；12—调整螺钉；13—推杆；14—挺柱；15—凸轮轴

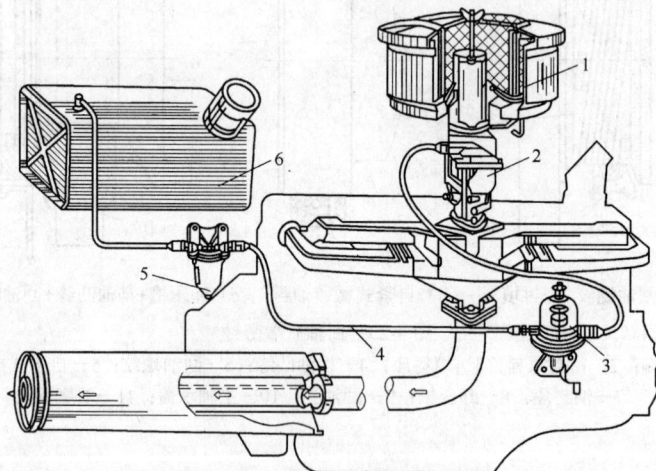

图 4-32　汽油机燃料供给系统的组成

1—空气滤清器；2—化油器；3—汽油泵；4—汽油管；5—汽油滤清器；6—汽油箱

4．进排气系统

进气系统的功用是引导并滤清空气，控制进入汽缸的混合气量，装有进气消声器的还可以降低进气噪声。排气系统的作用是排出废气并降低排气噪声。

5．冷却系统

冷却系统的功用主要是将发动机运转中传导给汽缸体、汽缸盖的热量散发到空气中，使发动机处于热平衡状态，保证发动机正常工作。

水冷发动机的冷却系统通常由冷却水套、水泵、风扇、水箱、节温器等组成，如图 4-33 所示。

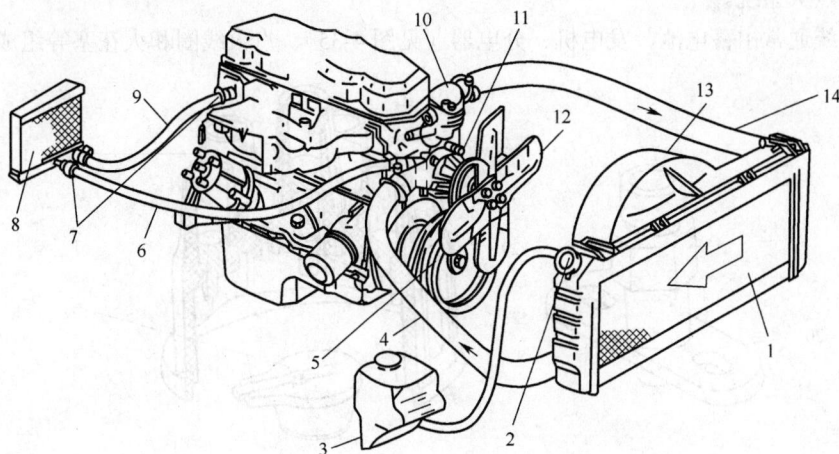

图 4-33　汽车发动机水冷系统组成

1—散热器；2—热器盖；3—补偿水桶；4—散热器出水软管；5—风扇传动带；6—暖风机出水软管；

7—管箍；8—暖风机芯；9—暖风机进水软管；10—节温器；11—水泵；

12—冷却风扇；13—护风圈；14—散热器进水软管

6. 润滑系统

润滑系统的功用是向作相对运动的零件表面输送定量的清洁润滑油，以实现液体摩擦，减小摩擦阻力，减轻机件的磨损，并对零件表面进行清洗和冷却。润滑系统通常由润滑油道、机油泵、机油滤清器和一些阀门等组成，如图 4-34 所示。

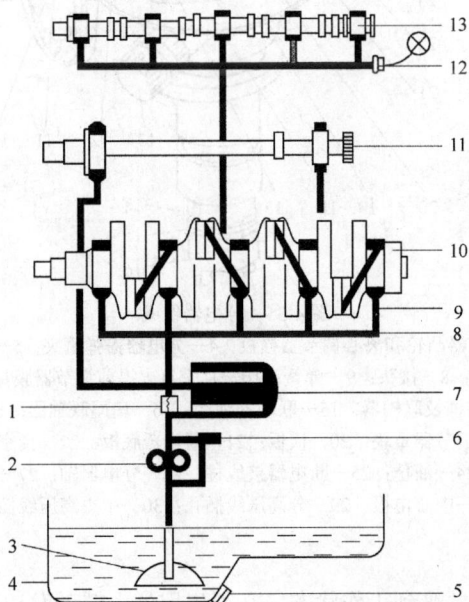

图 4-34　汽车发动机润滑系统示意图（上海桑塔纳轿车）

1—旁通阀；2—机油泵；3—集滤器；4—油底壳；5—放油塞；6—安全阀；7—机油滤清器；

8—主油道；9—分油道；10—曲轴；11—中间轴；12—限压阀；13—凸轮轴

7．点火系统

点火系统的功用是适时地在火花塞与电极间产生电火花，点燃汽缸内可燃混合气。（只有汽油发动机才有点火系统。）

点火系统通常由蓄电池、发电机、分电器（见图 4-35）、点火线圈和火花塞等组成。

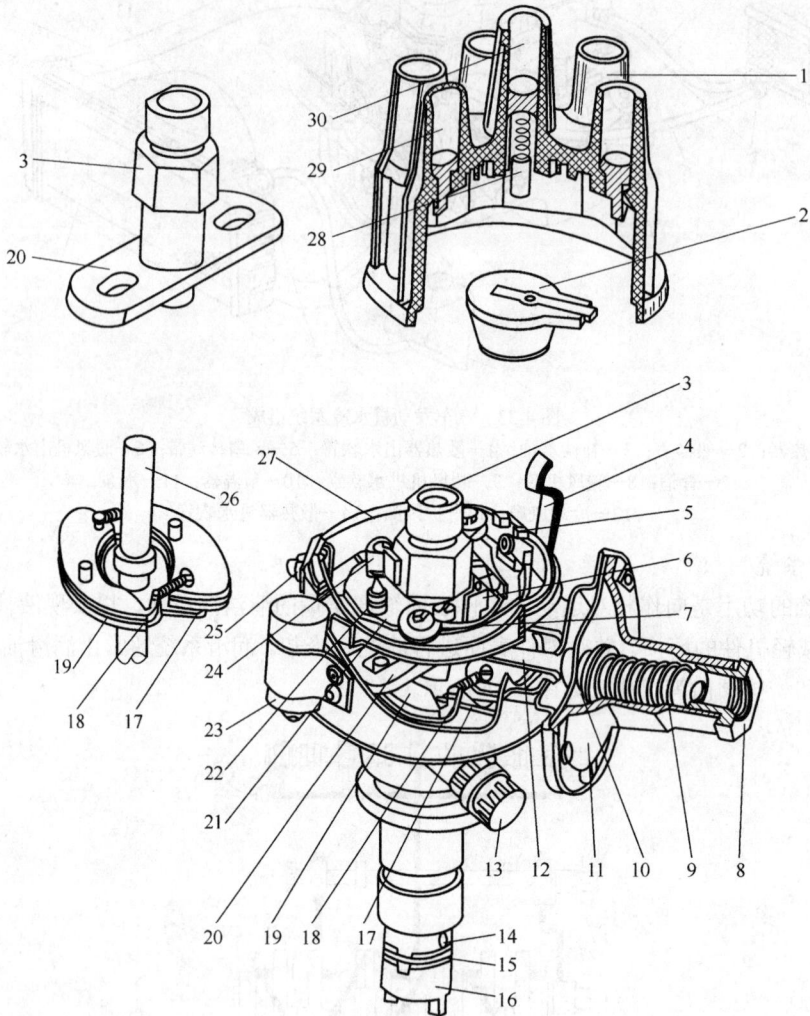

图 4-35　分电器组成

1—分电器盖；2—分火头；3—断电器凸轮和离心调节器横板；4—分电器盖弹簧夹；5—断电器活动触点臂弹簧及固定夹；6—固定触点及支架；7—调整螺钉；8—接头；9—弹簧；10—真空点火提前调节器膜片；11—真空点火提前调节器外壳；12—拉杆；13—油杯；14—固定销及联轴器；15—联轴器钢丝；16—扁尾联轴器；17—离心点火提前调节器底板；18—离心调节器弹簧；19—离心调节器重块；20—横板；21—断电器底板；22—真空点火提前调节器拉杆销及弹簧；23—电容器；24—油毡；25—断电器接线柱；26—分电器轴；27—分电器外壳；28—中心电极；29—分高压线插孔；30—中央高压线插孔

8．启动系统

要使发动机由静止状态过渡到工作状态，必须先用外力转动发动机的曲轴，使活塞作往复运动，汽缸内的可燃混合气燃烧膨胀做功，推动活塞向下运动使曲轴旋转，发动机才能自行运转，工作循环才能自动进行。因此，曲轴在外力作用下开始转动到发动机开始自动地怠速运转的全过程，称为发动机的启动。完成启动过程所需的装置，称为发动机的启动系统。如图 4-36 所示为启动机的零部件。

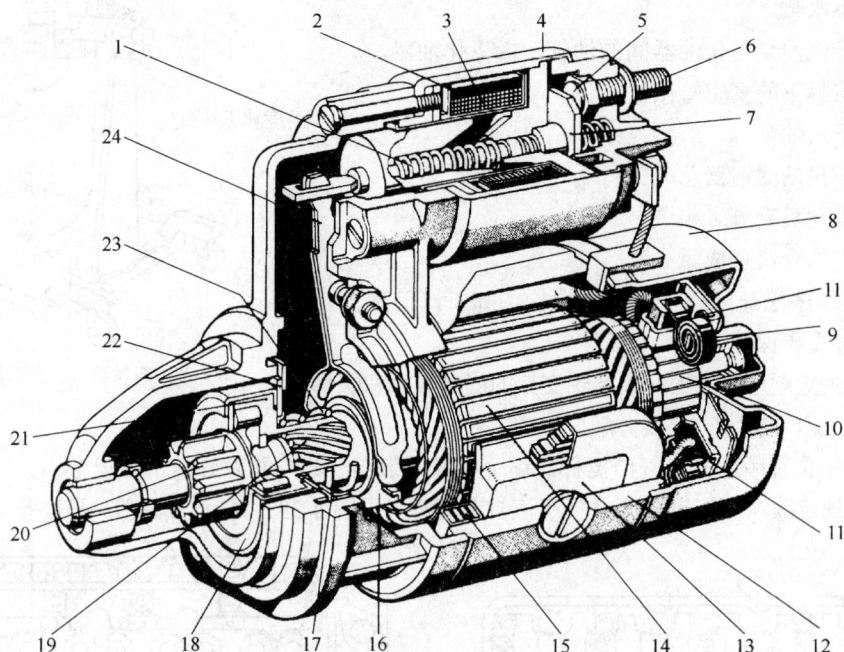

图 4-36　启动机的零部件

1—回位弹簧；2—保持线圈；3—吸引线圈；4—开关壳；5—静触点；6—螺栓；7—动触点；
8—后端盖；9—刷簧；10—换向器；11—炭刷；12—定子；13—磁极；14—电枢；
15—励磁绕组；16—导向环；17—止挡；18—单向离合器；19—轴花键；
20—齿轮；21—罩盖；22—制动盘；23—啮合弹簧；24—拨叉

汽油机由以上两大机构和六大系统组成，即由曲柄连杆机构、配气机构、燃料供给系统、进排气系统、冷却系统、润滑系统、点火系统和启动系统组成。柴油机由以上两大机构和五大系统组成，即由曲柄连杆机构、配气机构、燃料供给系统、进排气系统、冷却系统、润滑系统和启动系统组成。柴油机是压燃的，不需要点火系统。

第4节　汽车发动机拆装

拆装的总体原则是先拆上部，后拆下部，先拆外部，后拆内部，先拆附件，后拆主体。发动机型号不同，结构有所不同，根据发动机的结构进行合理的拆装。

一、下置凸轮轴式发动机的拆卸

下置凸轮轴式发动机，凸轮轴位于汽缸体上，因此，拆卸汽缸盖时，不必先拆正时传动机构。丰田 2Y、丰田 3Y、标志 505 发动机属于此类。

（1）将发动机总成安装到发动机拆装台架上（见图 4-37）。

（2）拆下分电机。

（3）拆下发电机及皮带。

（4）拆下水泵。

（5）拆开汽油泵与化油器间的油管，拆下化油器。注意，将拆下的真空管做好标记。

（6）拆下汽油泵。

（7）拆下机油滤清器总成。

（8）拆发动机支脚。

（9）拆下离合器总成。

（10）按顺序松开汽门室盖紧固螺栓，卸下汽门室盖，取下密封垫，妥善保管。

（11）按规定顺序逐步松开摇臂轴支架的固定螺栓和螺母（见图4-38），取下摇臂架，不要分解。

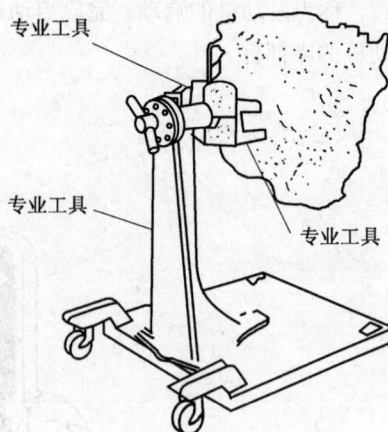

图 4-37　将发动机装在工作架上

（12）按原位置顺序取出气门挺杆，逐个将其串绑在一起，并做好前、后记号。

（13）按规定顺序分三步松开并拆下汽缸盖螺栓（见图4-39），取下汽缸盖，不要损坏汽缸垫。

图 4-38　摇臂轴支架螺栓位置示意图

图 4-39　汽缸盖螺栓位置示意图

（14）拆卸曲轴皮带轮（见图4-40）。

（15）拆下正时链罩（见图4-41）。

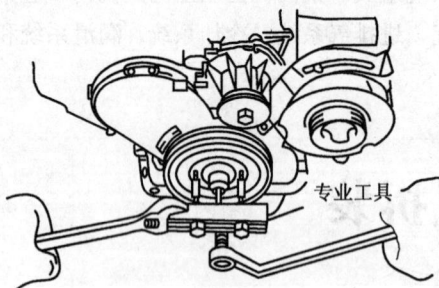

图 4-40　拆曲轴皮带轮

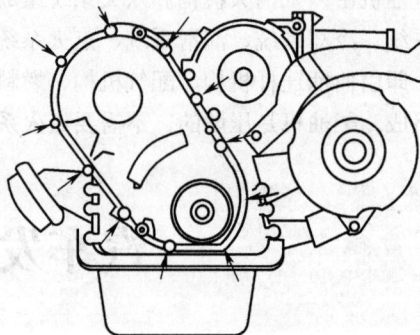

图 4-41　拆正时链罩

（16）拆下正时链轮、紧链器和正时链条等正时传动机构件。

二、顶置凸轮轴式发动机的拆卸

顶置凸轮轴式发动机，由于凸轮轴装于汽缸盖上，因此，必须先将正时传动装置拆卸后，才能拆下汽缸盖。发动机的分解步骤与下置凸轮轴式发动机有所不同。

该型式发动机应用较广，如桑塔纳、夏利、丰田5M等发动机均为此类。

（1）将发动机置于工作台架上。

（2）拆下所有附件。

（3）松开汽门室盖螺栓，拆下汽门室盖，取下密封垫。

（4）拆下曲轴皮带轮。

（5）拆下正时链上、下罩。

（6）松开紧链器，拆下正时链（或正时齿带）。

（7）拆下摇臂轴架。

（8）按规定顺序分三次松开缸盖螺栓，取下汽缸盖。

三、汽缸盖的拆卸与装配

汽缸盖是汽车发动机的重要基础件之一，它的上面装有进、排气管，进、排气门及其控制机构—摇臂和摇臂轴架。顶置凸轮轴式发动机的凸轮轴即装在汽缸盖上。

拆装汽缸盖必须注意的是，各缸的进、排气门不能互换，在拆下气门后，应该做好标记—在汽门头部打上印记。

不同型号的发动机其汽缸盖的组成和结构大同小异。

下面是夏利发动机汽缸盖拆装顺序。夏利发动机为顶置凸轮轴形式，其汽缸盖构成如图 4-42 所示。

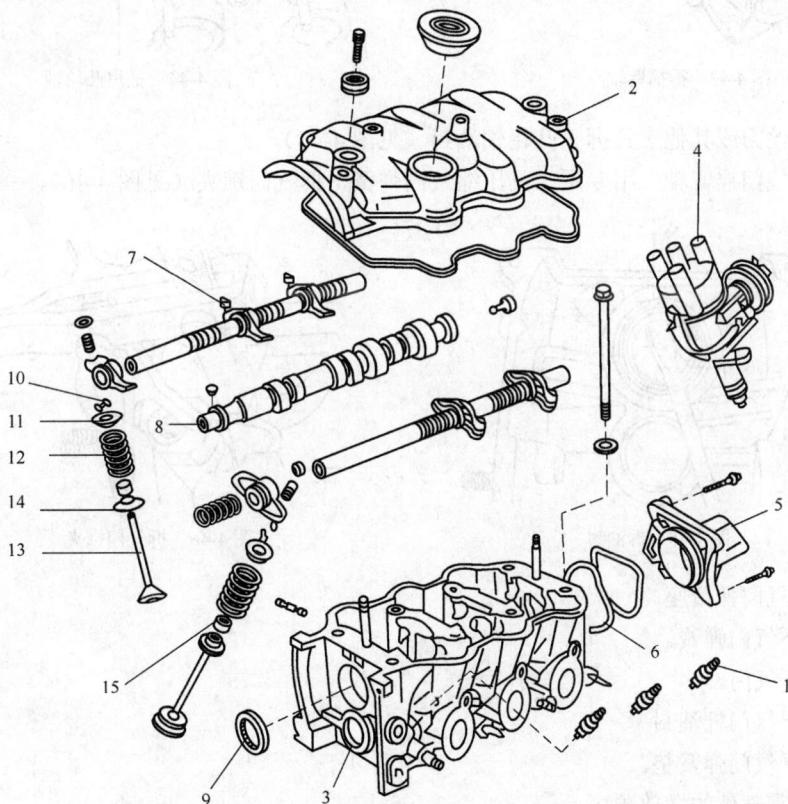

图 4-42　夏利 TJ376 发动机汽缸盖构成

1—火花塞；2—汽缸盖罩；3—汽缸盖总成；4—分电器；5—分电器座；6—波形垫；
7—气门摇臂轴、气门摇臂和气门弹簧；8—凸轮轴；9—凸轮轴油封；10—气门锁夹；
11—气门弹簧座；12—气门弹簧；13—气门；14—气门弹簧垫；15—气门杆油封

1. 拆卸

（1）拆卸火花塞。

（2）拆卸汽缸盖罩。

（3）拆下分电器。

（4）拧下分电器座。

（5）拧松所有的气门调整螺钉，用专用工具拉出摇臂轴（见图 4-43）。

注意，进行操作时，用手扶住摇臂轴弹簧，防止其跳出。将拆下的所有零件，按原位置排好，记住其正确安装位置。

（6）从汽缸盖的后端抽出凸轮轴（见图 4-44）。注意，不要损伤凸轮轴承孔。

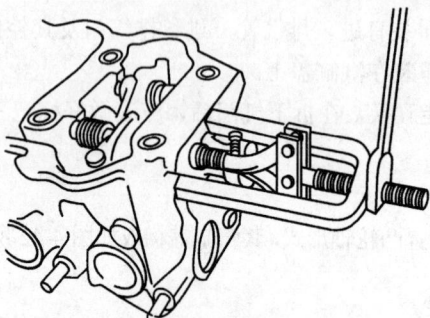

图 4-43　拆摇臂轴

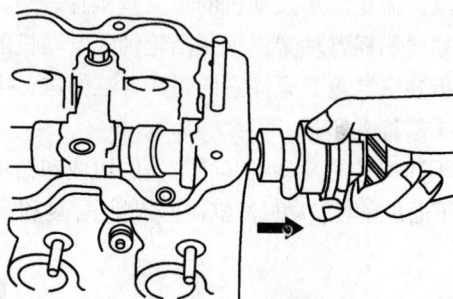

图 4-44　抽出凸轮轴

（7）用螺丝刀或其他工具拆下凸轮轴油封（见图 4-45）。

（8）插入气门摇臂轴，用专用工具压缩气门弹簧，拆气门锁夹（见图 4-46）。

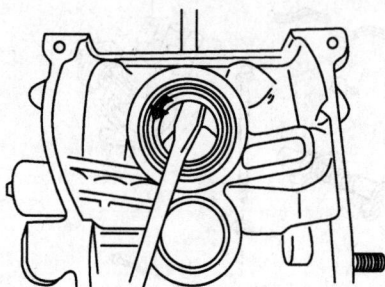

图 4-45　拆油封

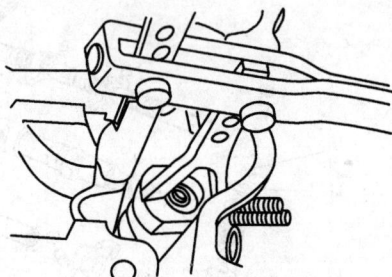

图 4-46　拆气门锁夹

（9）拆下气门弹簧座。

（10）拆下气门弹簧。

（11）拆下气门。

（12）拆下气门杆油封。

（13）拆下气门弹簧垫。

注意以上零部件的摆放顺序。

2. 装配

在组装前，应通过各种检查手段和方法，对所有零件按原车技术标准进行检验，确保符合使用要求。

将清洗干净的汽缸盖用压缩空气吹干净，放在工作台上。

（1）安装气门弹簧垫。

（2）安装气门油封。将发动机油涂在新油封上，用专用工具将其装入气门导管上。

（3）安装气门。在气门杆上涂上机油，从燃烧室一侧将其插入气门导管内，要非常小心，以免损伤气门油封。注意，气门插入后，切勿拉出。如果气门确需取出，必须更换新的气门油封。

（4）安装气门弹簧。

（5）安装气门弹簧座。

（6）用专用工具安装气门锁夹。装上锁夹后，用手锤轻打气门弹簧，确保锁夹安装牢固。

（7）安装凸轮轴油封（见图 4-47）。装上油封后，在其唇部涂上机油。

（8）安装凸轮轴。

① 在汽缸盖的凸轮轴轴承孔处涂上机油。

② 在凸轮轴的轴颈上涂上机油。

③ 将凸轮轴从汽缸盖后部穿进轴承孔内，注意不要损伤轴承孔。

（9）在气门摇臂孔、摇臂轴和汽缸盖上的摇臂轴孔涂上机油，然后把这些零件安装在原来位置上。安装方法如图 4-48 所示。注意方向。

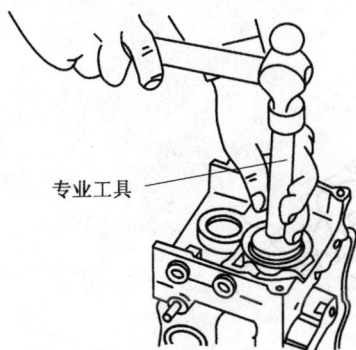

图 4-47　安装凸轮轴油封　　　　图 4-48　安装气门摇臂轴

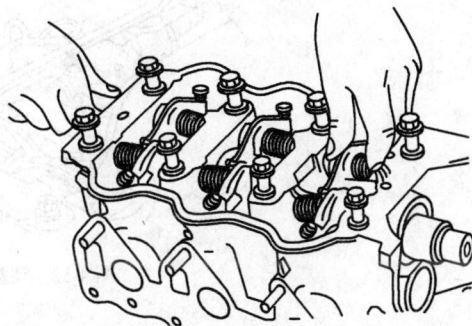

注意，进气侧与排气侧的气门摇臂轴长度是不同的，不能装错。气门摇臂如图 4-49 所示。

（10）在波形垫上涂上机油，安装到汽缸盖上，如图 4-50 所示。

图 4-49　气门摇臂　　　　图 4-50　安装波形垫

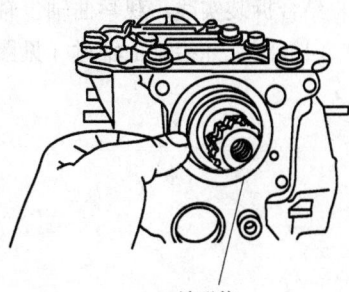

（11）安装分电器座。

（12）调整气门间隙。

① 转动凸轮轴直到凸轮轴半圆键处于正上方位置（见图 4-51），调整第一缸进气门和排气门、第二缸排气门和第三缸进气门的气门间隙。

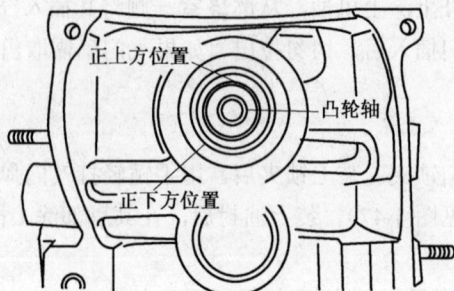

图 4-51　凸轮轴半圆键位置

② 转动凸轮轴使半圆键处于正下方位置（见图 4-51），调整第二缸进气门和第三缸排气门的气门间隙（见图 4-52）。

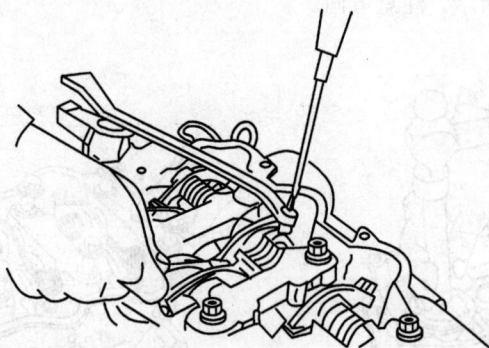

图 4-52　调整气门间隙

③ 调整完所有气门间隙后，转动凸轮轴，使半圆键处于上方位置。

气门间隙的调整也可以在发动机总装后进行。

四、工程制图意识训练

结合拆装实践，观察曲轴上轴衬零件。

（1）测量并绘制上轴衬（见图 4-53）零件图。

图 4-53　上轴衬

（2）你画的零件图与图 4-54 所示零件图有何区别？

（3）查阅有关资料，了解轴衬的材料有哪些？

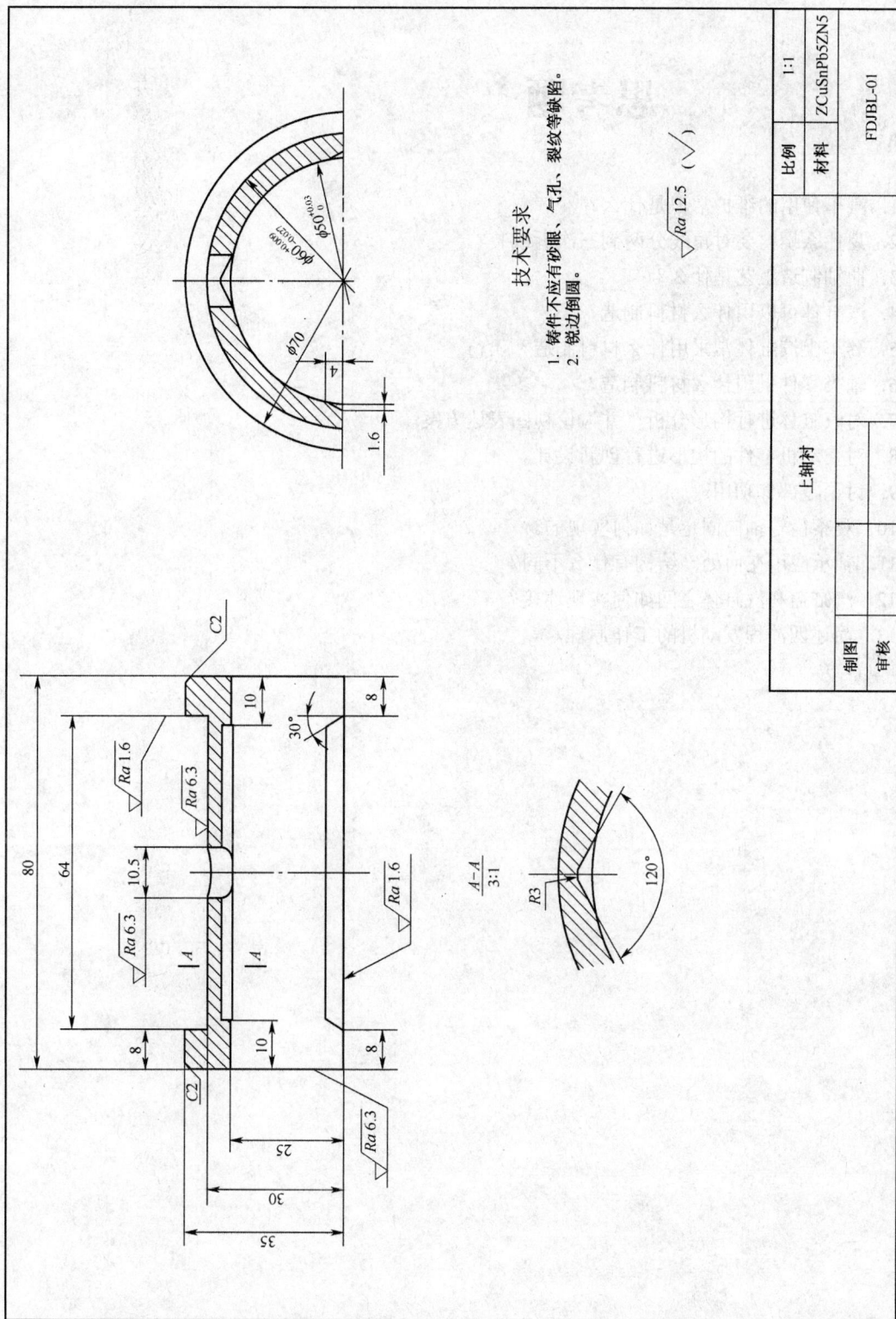

技术要求

1. 铸件不应有砂眼、气孔、裂纹等缺陷。
2. 锐边倒圆。

$\sqrt{Ra\,12.5}$ （ $\sqrt{}$ ）

		1:1
	比例	
	材料	ZCuSnPb5ZN5
		FDJBL-01
上轴衬		
制图		
审核		

图 4-54　上轴衬结构示意图

思考题

1. 汽车使用的维护常识是什么？
2. 为什么螺栓要对角线分两到三次拆或装？
3. 曲轴制造工艺是什么？
4. 汽缸体可以用什么材料制造？
5. 赛车上汽缸体常采用什么材料制造？
6. 轴类零件采用什么材料制造？
7. 对汽缸体进行构形分析，并讨论视图表达方案。
8. 对发动机零件的构形进行创新设计。
9. 讨论零部件功用。
10. 观察齿轮轴向固定是如何实现的。
11. 轴承应用在何处？结构有什么不同？
12. 汽缸盖和汽缸体之间如何实现连接？
13. 简述四冲程发动机的工作原理。

二冲程发动机工作原理与摩托车发动机拆装实践

理论储备知识，实践才能致用。

培养目标

1. 培养发现问题、解决问题的创新意识和能力。
2. 培养现代工程设计意识和能力。
3. 培养从实践中获取知识的能力。
4. 培养理论联系实际的能力。
5. 培养初步制造工艺和加工工艺的意识和能力。
6. 培养材料意识。

实践与学习目标

1. 正确使用拆装和测量工具，并规范地进行摩托车发动机的拆装。
2. 了解发动机二冲程工作原理。
3. 结合拆装实践，观察发动机零部件的连接方式。
4. 结合拆装实践，观察零件的周向固定和轴向固定。
5. 结合拆装实践，了解轴类零件和汽缸体零件常用材料。
6. 结合拆装实践，观察存在的运动机构。
7. 结合拆装实践，观察发动机零件结构特点。
8. 结合拆装实践，观察轴承标准件。
9. 了解轴类和盘类零件的功用和结构，正确表达零件结构。

第1节　概　述

摩托车发动机由许多零部件组成，观察零部件结构，了解其功用，了解其制造加工工艺，根据零件的功用绘制零件图，现以最简单的活塞销为例说明。

活塞销是曲柄活塞连杆部件中的一个零件，其外形一般为圆柱形销子，如图 5-1 所示。它装在活塞裙部活塞销座内，如图 5-2 所示。它的中部穿过连杆小头孔，用来连接活塞和连杆，并将活塞承受的气体作用力传给连杆。活塞销在高温条件下承受很大的周期性冲击负荷，且由于活塞销在销孔内摆动角度不大，难以形成润滑油膜，因此润滑条件较差。为此活塞销必须有足够的刚度、强度和耐磨性，质量尽可能小，销与销孔应该有适当的配合间隙和良好的表面质量。在一般情况下，活塞销的刚度尤为重要，如果活塞销发生弯曲变形，可能使活塞销座损坏。为了减轻重量，活塞销一般用优质合金钢制造，并做成空心。活塞销制造一般采用挤压生产（见图 5-3），外表面进行研磨。

图 5-1　活塞销零件

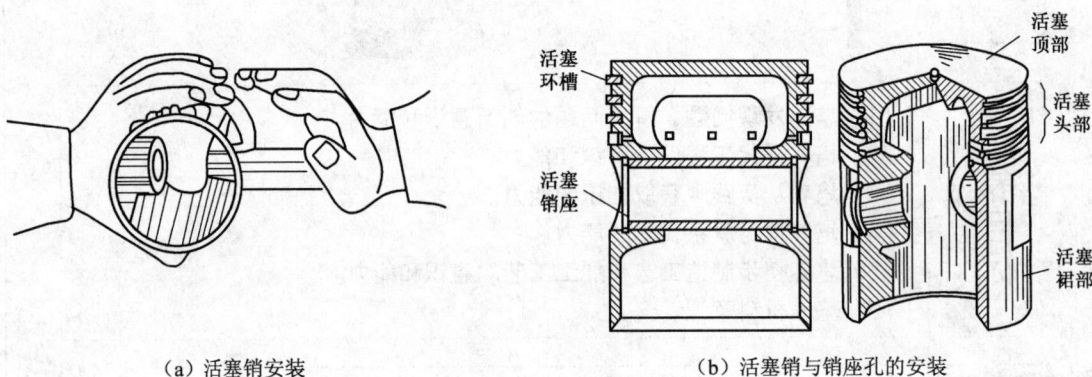

（a）活塞销安装

（b）活塞销与销座孔的安装

图 5-2　活塞销的装配

通过拆装活塞销，在掌握活塞销功用的基础上，对活塞销进行测量（见图 5-4），并进行构形分析，画出其零件示意图（见图 5-5），同时进行三维数字化造型。

图 5-3　活塞销挤压生产

图 5-4　活塞销测量

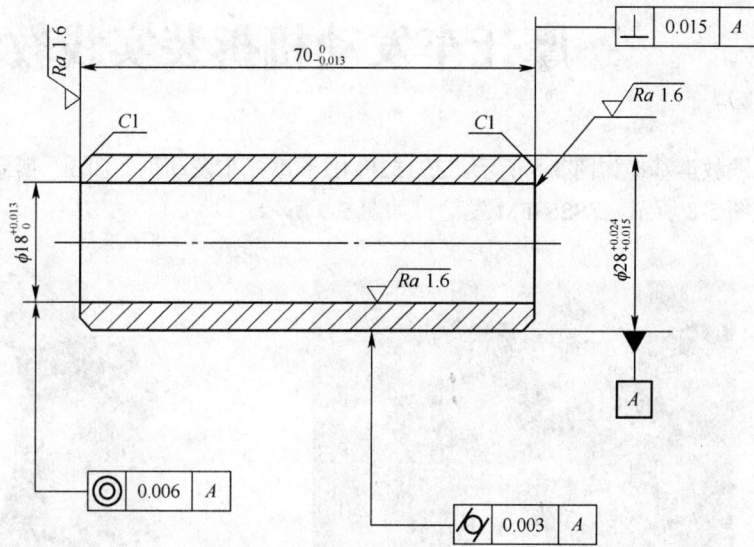

技术要求

1. 热处理：渗碳淬火 55 ～ 660HRC，
　　　　　　渗碳深度（磨后）0.3 ～ 0.5。
2. 所有钝边去毛刺。

$\sqrt{Ra\,0.2}$　($\sqrt{}$)

活塞销		比例	2∶1
		材料	20 CrMo
制图	日期		fdjbl-02
审核	日期		

图 5-5　活塞销结构示意图

创新设计思维训练

结合拆装实践，了解活塞销的功用以及制造加工工艺。

（1）活塞销内孔结构是否可以改变，如何改变，为什么？

（2）绘制结构修改后的活塞销零件结构示意图。

第2节　摩托车发动机拆装实践教学设备

发动机实践教学基地如图 5-6 所示。ZS152FMH-6 摩托车发动机如图 5-7 所示，YG147FM 摩托车发动机如图 5-8 所示，ZS253FM 发动机如图 5-9 所示。

图 5-6　发动机实践教学基地

图 5-7　ZS152FMH-6 发动机

图 5-8　YG147FM 摩托车发动机

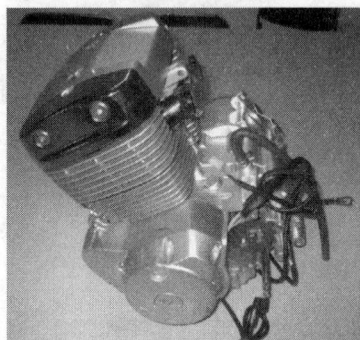

图 5-9　ZS253FM 发动机

第3节　摩托车发动机二冲程工作原理

一、摩托车发动机

摩托车发动机是内燃机的一种，也是一种热力发动机。它利用燃料在汽缸内燃烧产生的热能，以气体为介质，将热能转变为机械能。不论是国产还是进口摩托车，其发动机大都为小型汽油发动机。摩托车及其发动机如图 5-10 所示。

发动机

图 5-10　摩托车及其发动机

二、摩托车发动机二冲程工作原理

摩托车发动机按工作原理分为四冲程发动机和二冲程发动机。图 5-11 所示为二冲程发动机，图 5-12 所示为二冲程发动机模型。

（a）实物图

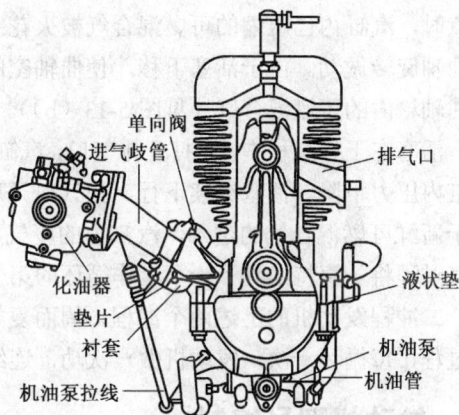

单向阀
进气歧管
排气口
化油器
垫片
衬套
液状垫
机油泵
机油管
机油泵拉线

（b）水冷二冲程发动机结构示意图

图 5-11　二冲程发动机

四冲程发动机的工作原理见汽车发动机四冲程工作原理。下面介绍二冲程发动机工作原理。

二冲程发动机在活塞运行两个行程中完成一个工作循环。两个行程依次为换气压缩行程和膨胀换气行程。

1．第一行程——换气压缩行程

活塞自下止点向上止点运动，完成压缩及进气过程。当活塞自下止点向上止点运动时，由上一个工作循环进入曲轴箱的可燃混合气，通过扫气口已充满汽缸。活塞上行时压缩被密封在汽缸内的可燃混合气，同时，由于活塞上升，密封的曲轴箱室间容积逐渐增大，使曲轴箱压力下

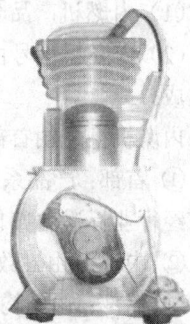

图 5-12　二冲程发动机模型

降，进气阀因压力差自动打开，可燃混合气被吸入曲轴箱（见图 5-13（a））。当活塞上行到完全关闭扫气口和排气口时，压缩过程才真正开始。

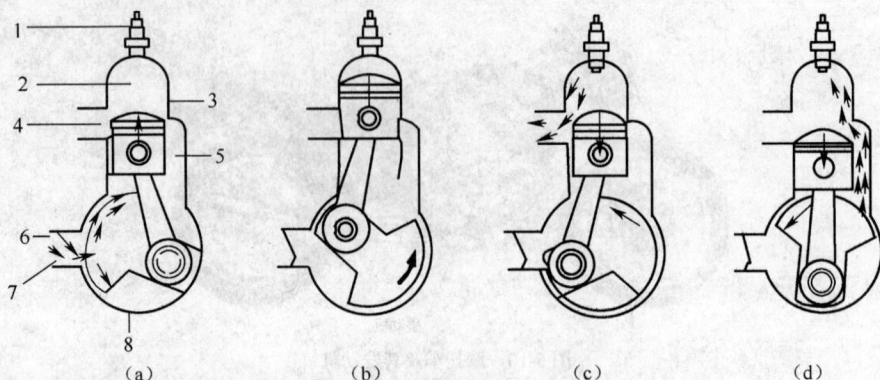

图 5-13 二冲程发动机的工作循环

1—火花塞；2—燃烧室；3—汽缸；4—排气口；5—扫气口；6—进气阀；7—进气口；8—曲轴箱

2．第二行程——膨胀换气行程

活塞自上止点向下止点运动，完成燃烧膨胀和换气过程。在上一冲程即将结束，活塞临近上止点时，汽缸内已压缩的可燃混合气被火花塞的电火花点燃并迅速燃烧，燃烧室内的高温气体推动曲轴旋转做功。由于活塞下移，使曲轴空间容积逐渐变小，压力升高，进气阀自动关闭，并压缩曲轴箱内的可燃混合气（见图 5-13（b））。

活塞在下行过程中，先打开排气口，汽缸内膨胀做功后的废气从排气口排出（见图 5-13（c）），汽缸内压力下降。活塞继续下行，扫气口开启，曲轴箱内压缩的可燃混合气经扫气口压入汽缸，由于新鲜可燃混合气的进入，汽缸内的废气将进一步被挤出，称为扫气过程（见图 5-13（d））。排气过程将一直持续到下一个工作循环的第一个冲程。

二冲程发动机的上述两个冲程，周而复始地完成进（扫）气、压缩、燃烧膨胀、排气四个工作过程，每循环一次，发动机做一次功，连续循环，发动机就连续作功。

三、发动机型号编制

为了便于内燃机的生产管理、使用与维修，我国对内燃机产品名称和型号编制重新审订并颁布了国家标准 GB 725—1991。我国内燃机型号表示方法及其含义如图 5-14 所示。

（1）内燃机产品名称均按所采用的燃料命名，如汽油机、柴油机等。

（2）内燃机型号由阿拉伯数字、汉语拼音字母和 GB 1883—1989 中关于汽缸布置所规定的符号组成。

内燃机型号由首部、中部、后部、尾部四部分组成。

① 首部：产品系列代号、换代符号和地方、企业代号，由制造厂根据需要自选相应字母表示，但需经行业标准化归口单位核准、备案。

② 中部：由缸数符号、汽缸布置形式符号、冲程符号和缸径数值组成。

③ 后部：由结构特征符号和用途特征符号组成。必要时，其他结构及用途符号允许制造厂自选，但不得与标准规定的字母重复。

图示结构（内燃机型号表示方法）：

首部　中部　后部　尾部

- 系列代号
- 换代符号
- 缸数符号
- 缸径（以直径 mm 整数表示）
- 冲程符号（E 表示二冲程，四冲程不标）
- 区分符号
- 用途特征符号
- 地方、企业代号
- 汽缸布置形式符号
- 结构特征符号

汽缸布置形式符号

符号	含义
无符号	多缸直列及单缸
V	V 形
P	平卧形

结构特征符号

符号	含义
无符号	水冷
F	风冷
N	凝汽冷却
S	十字头式
Z	增压
Z_z	增压中冷
D_z	可倒转

用途特征符号

符号	含义
无符号	通用型
T	拖拉机用
M	摩托车用
G	工程机械
Q	汽车用
J	铁路机车
D	发电机组
C	船用主机，右机基本型
C_z	船用主机，左机基本型
Y	农用运输车
L	林业机械

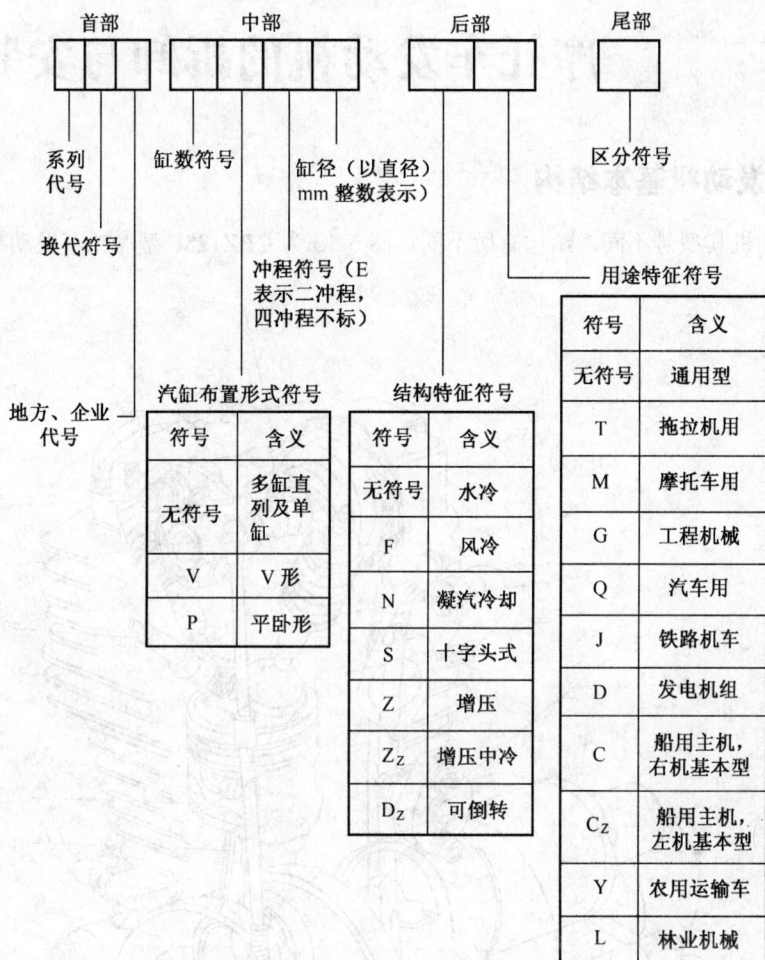

图 5-14　内燃机型号表示方法及其含义

④ 尾部：为区分符号。同一系列产品由于改进等原因需要区分时，由制造厂选用适当符号表示。后部与尾部可用"-"分隔。

内燃机的型号应简明，中部、后部规定的符号必须标出，但首部和尾部根据具体情况允许不表示。由国外引进的内燃机产品，若保持原结构性能不变，允许保留原产品型号。

发动机型号示例如下。

1E65F：表示单缸，二冲程，缸径 65mm，风冷通用型。

4100Q-4：表示四缸，四行程，缸径 100mm，水冷汽车用，第四种变型产品。

CA6102：表示六缸，四行程，缸径 102mm，水冷通用型，CA 表示系列符号。

8V100：表示八缸，四行程，缸径 100mm，V 形布置，水冷通用型。

TJ376Q：表示三缸，四行程，缸径 76mm，水冷汽车用，TJ 表示系列符号。

CA488：表示四缸，四行程，缸径 88mm，水冷通用型，CA 表示系列符号。

ZS152FMH：表示一缸，四行程，缸径 52mm，风冷摩托车用，H 为企业自定代号，ZS 为企业名称代号。

第4节　摩托车发动机的拆卸与安装

一、摩托车发动机基本结构

摩托车发动机其型号不同，结构有所不同。图 5-15 为 CBZ125F 型摩托车发动机基本结构。

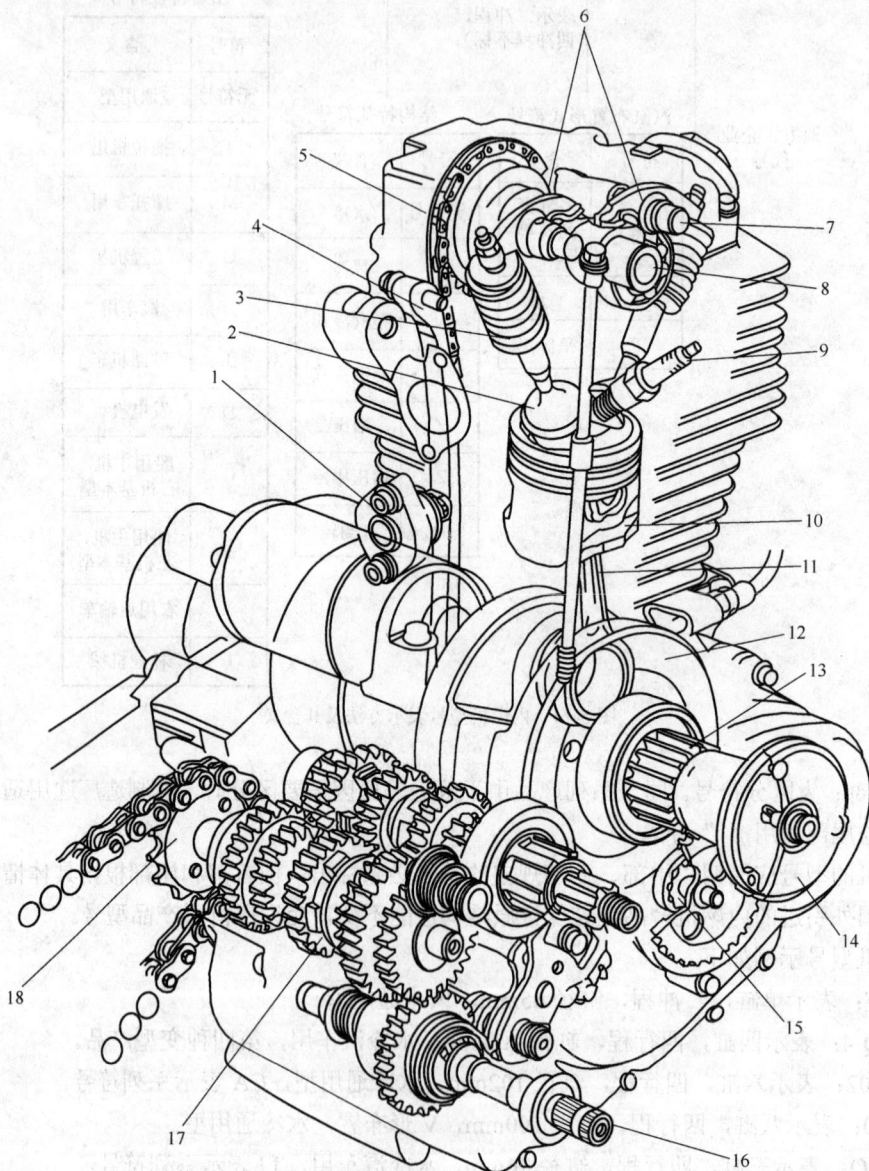

图 5-15　CBZ125F 型发动机基本结构

1—自动正时链条张紧器；2—气门；3—气门弹簧；4—导链板；5—正时链条；6—气门摇臂；
7—摇臂轴；8—凸轮轴；9—火花塞；10—活塞；11—连杆；12—曲轴；13—一次传动装置；
14—机油滤清器；15—机油泵；16—启动装置；17—变速器；18—二次传动装置

二、摩托车四冲程发动机的拆卸与安装

拆装的总体原则是先拆上部，后拆下部，先拆外部，后拆内部，先拆附件，后拆主体。根据发动机的结构进行合理的拆装。

1. 汽缸盖、汽缸体的拆卸

汽缸盖是发动机的关键零部件之一，其主要作用是密封汽缸，并与活塞、汽缸体共同组成燃烧室，被压缩的可燃混合气在其中燃烧、膨胀，推动活塞、曲轴连杆机构做功。因而，汽缸盖承受高温、高压的作用。图 5-16 为汽缸盖罩、汽缸盖总成零部件。

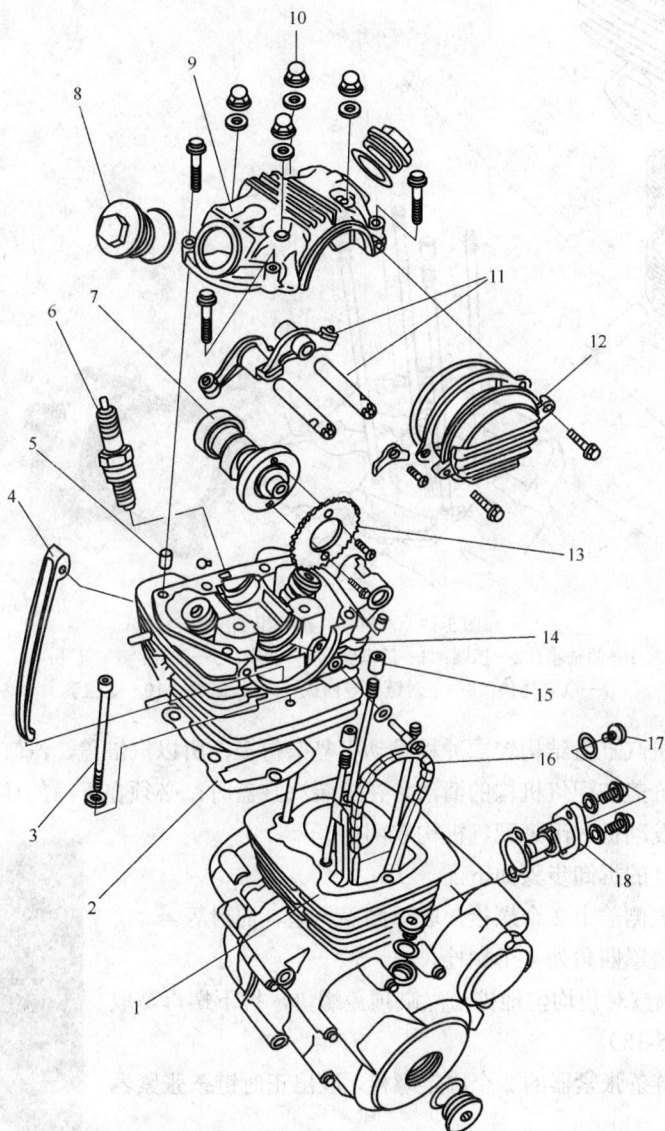

图 5-16　汽缸盖罩、汽缸盖总成零部件

1—汽缸体；2—汽缸盖垫；3—汽缸盖长螺栓；4—张紧板；5、15—定位套；6—火花塞；
7—凸轮轴；8—气门室盖；9—汽缸盖罩；10—盖形螺母；11—气门摇臂、摇臂轴；12—侧盖；
13—从动链轮；14—汽缸盖总成；16—正时链；17—调整螺钉；18—正时链条张紧器

汽缸体为可燃混合气的压缩、燃烧和膨胀提供了一个空间，并对活塞的往复运动起导向作用。它还将汽缸中的一部分热量通过散热片传递给周围的冷却介质以冷却发动机，使发动机达到热平衡状态。汽缸体、活塞组零部件如图 5-17 所示。

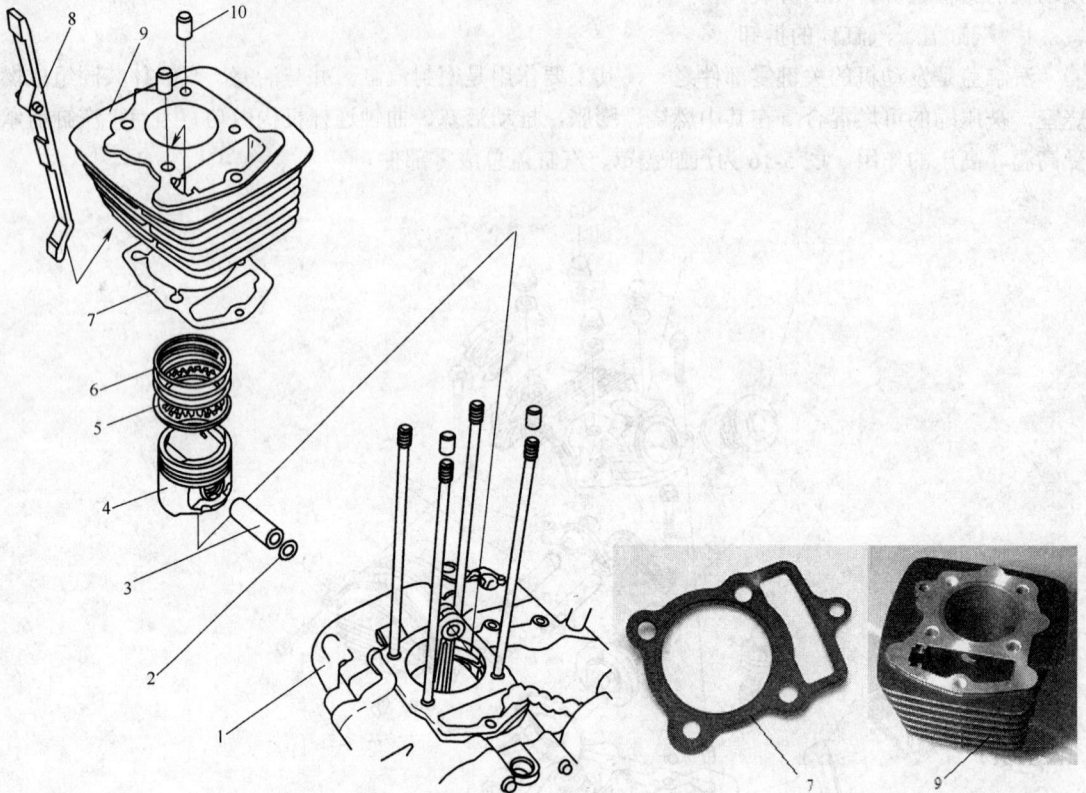

图 5-17　汽缸体、活塞组零部件
1—曲轴箱；2—挡圈；3—活塞销；4—活塞；5—油环；6—气环；
7—汽缸体垫；8—正时链条导向板；9—汽缸体；10—定位套

因四冲程发动机汽缸盖结构较二冲程发动机复杂得多，所以汽缸盖、汽缸体的拆卸与安装比较复杂。为保持汽缸盖和配气机构的清洁，在拆装汽缸盖时，必须在干净的环境和场地进行，防止灰尘和杂物掉入发动机，污染配气机构零部件。

汽缸盖、汽缸体的拆卸步骤如下。

（1）拆下汽缸盖侧盖上 2 个螺栓，取下侧盖、垫、油封等。

（2）拆下汽缸盖罩四角处 4 个螺栓。

（3）分 2～3 次按对角均匀地拧松汽缸顶盖螺母，拆下螺母，取下汽缸顶盖（见图 5-18）。

（4）拆下正时链条张紧器的 2 个固定螺栓，取出正时链条张紧器和垫圈。

（5）拆下正时链条张紧板固定螺栓和垫圈，取出正时链条张紧板。

（6）从凸轮轴端拆下链轮螺栓，拆下从动链轮，注意用铁丝向外勾住正时链条，以防其落入曲轴箱。取下凸轮轴。

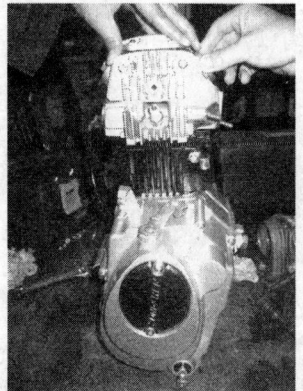

图 5-18　拆汽缸盖罩

（7）拆下汽缸盖左侧（正时链条室外）固定长螺栓，取下汽缸盖总成和汽缸盖垫，注意仍用铁丝勾住正时链条。

（8）从汽缸盖罩上拆下气门摇臂轴和气门摇臂（可以不拆卸）。汽缸盖罩、汽缸盖总成的零件拆卸如图 5-16 所示。

（9）取下汽缸体、正时链条导向板。

（10）用尖嘴钳拆下活塞销挡圈，（见图 5-19），推出活塞销，取下活塞组。

（11）顺次从活塞上拆下第一、二道气环和油环组合件。

汽缸体、活塞组的零件拆卸如图 5-17 所示。

（12）将气门弹簧压缩器一端夹住气门头部，另一端压住气门弹簧座，拧紧压缩器手柄，将气门弹簧压缩，待气门杆端部气门锁片露出时，取下气门锁片，再慢慢放松气门弹簧压缩器，顺次取下弹簧座，内、外弹簧，从气门杆上取下密封

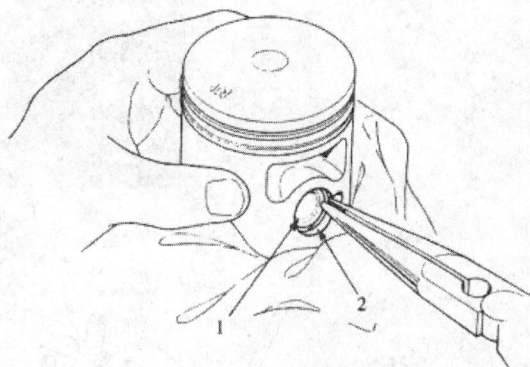

图 5-19　活塞销挡圈的拆卸
1—活塞销　2—活塞销挡圈

圈，再从汽缸盖下面抽出气门。气门组零件拆卸如图 5-20 所示，各缸的进、排气门零件应分别存放，不能互相交换。

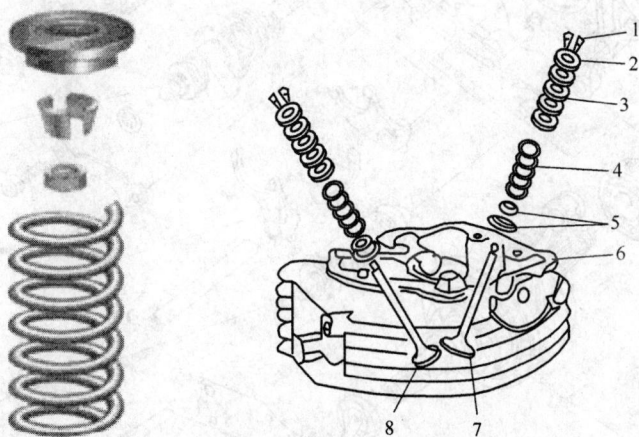

图 5-20　气门组零件拆卸
1—气门锁片；2—气门弹簧座；3—外弹簧；4—内弹簧；5—下弹簧座；6—汽缸盖；7—进气门；8—排气门

上述拆卸完毕后，分别将各部分零件放入清洗液或汽油里浸泡，进行彻底清洗。对于汽缸盖的燃烧室和气门座、汽缸壁、活塞顶和环槽，气门等零件上的积炭，可用铜板或铝板铲刮，但不可损伤零件表面；再用毛刷将积炭扫净。清洗汽缸盖垫时，应将其放置在平台上，不能使其变形，更不要刮伤贴合面。

2. 曲轴箱的拆卸

曲轴箱是摩托车发动机的骨架，是重要的承力部件。在曲轴箱上支承着汽缸体、汽缸盖、曲柄连杆机构、变速器、离合器，同时还安装着磁电机、机油泵、启动机构等发动机零部件。曲轴箱上设置的悬挂孔用于与车架的连接，使车架与发动机构成一个整体。因此曲轴箱不仅要承受发动机运转时曲轴连杆运动及燃烧产生的冲击力，还要承受摩托车行驶中因颠簸产生的振动，同时

曲轴箱还要形成一个密闭的空间，防止漏油和漏气。如图 5-21 所示为曲轴箱外形图，图 5-22 为曲轴箱零件分解图。

图 5-21　曲轴箱外形图

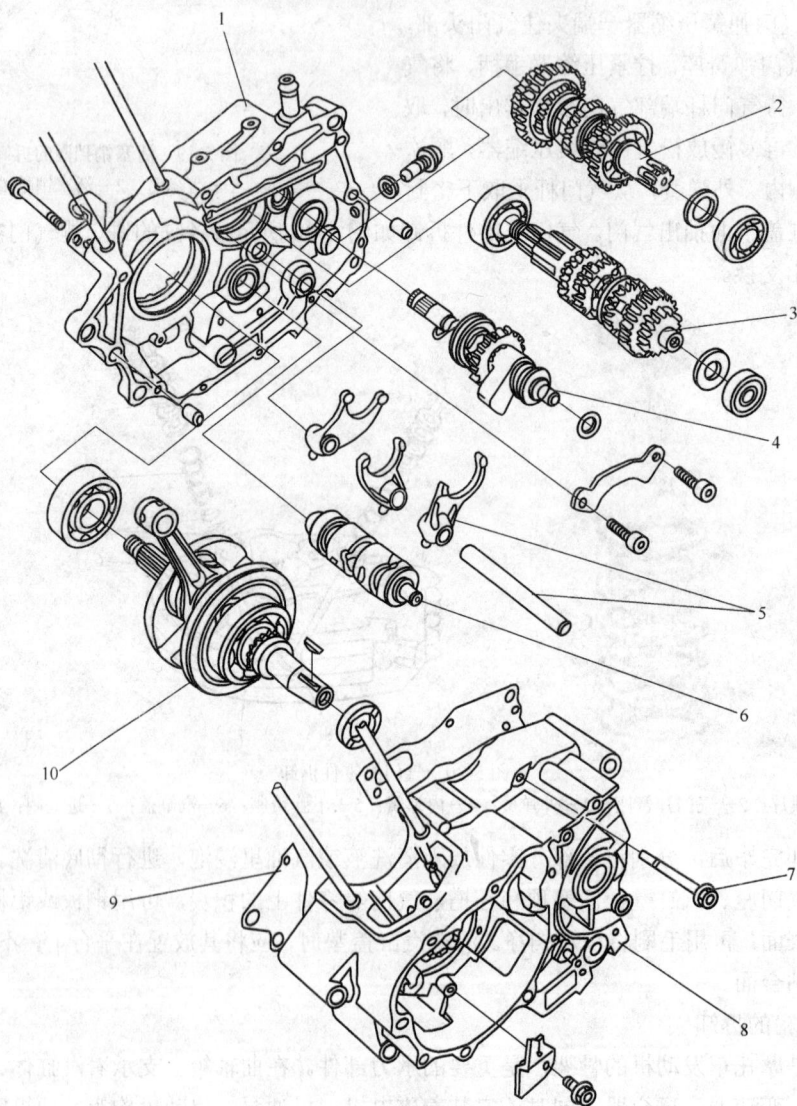

图 5-22　曲轴箱零件分解图

1—右曲轴箱；2—副轴总成；3—主轴总成；4—启动轴总成；5—变速拨叉及轴；6—变速凸轮轴；
7—曲轴箱连接长螺栓；8—左曲轴箱；9—曲轴箱垫圈；10—曲轴连杆组件

只有在曲轴连杆组件、变速器等需要修理时，才允许拆卸曲轴箱，所以，一般在不需要拆卸曲轴箱或无专用工具、专业技术的情况，不要随便拆卸曲轴箱，否则会损坏曲轴箱，导致漏油等故障。

曲轴箱的分解要在卸下汽缸盖、汽缸体之后进行。为避免发动机零部件在拆装过程中被污染，应对其外表面进行清洗并擦拭干净，工作环境、工作场地和所用的工具，都应当是清洗干净的。

曲轴箱的拆卸步骤如下。

（1）拆下左曲轴箱盖，先拆除左曲轴箱外侧零件。

（2）用飞轮夹持器固定飞轮，拆下飞轮螺母（或螺栓）和垫圈，如图 5-23（a）所示。

（3）使用飞轮拆卸器（专用工具，左螺纹）卸下飞轮和半圆键，如图 5-23（b）所示。

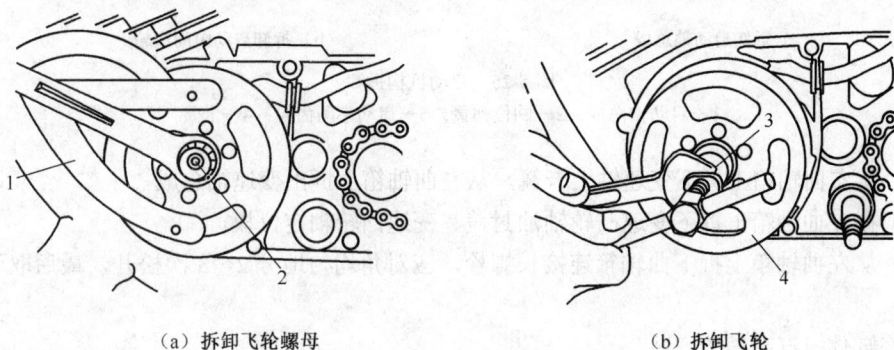

（a）拆卸飞轮螺母　　　　　　　　　（b）拆卸飞轮

图 5-23　飞轮的拆卸
1—飞轮夹持器；2—螺母；3—飞轮拆卸器；4—飞轮

（4）拆下磁电机底板固定螺钉，取下磁电机底板组件。

（5）拆下右曲轴箱盖，拆卸右曲轴箱外侧零件。

（6）拆下离合器压盘上螺栓，取出弹簧，卸下离合器压盘和主、从动片等零件。

（7）在一次传动装置主、从动齿轮之间夹一块布阻止其转动，拆下主动齿轮锁紧螺母，取下主动齿轮和垫圈，如图 5-24（a）所示。

（8）用离合器夹持器夹住离合器从动毂，拆下其锁紧螺母，如图 5-24（b）所示，取下从动毂组件和离合器主动罩。

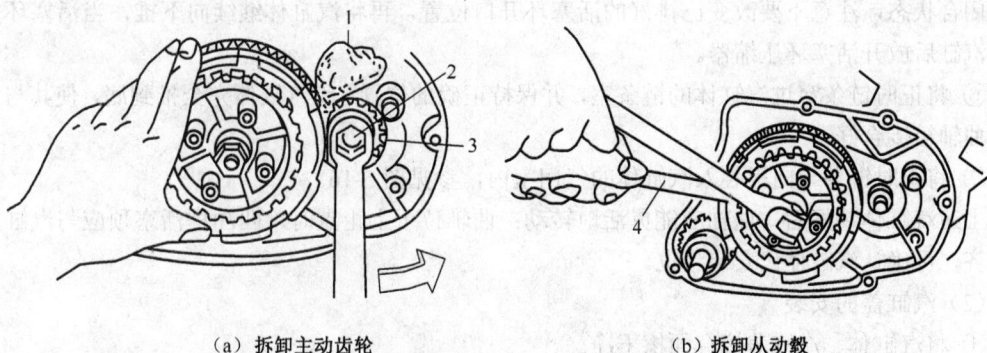

（a）拆卸主动齿轮　　　　　　　　　（b）拆卸从动毂

图 5-24　一次传动、离合器拆卸
1—布；2—螺母；3——次传动主动齿轮；4—离合器夹持器

（9）用尖嘴钳取下启动回位弹簧，向外抽出启动轴总成，如图 5-25（a）所示。

（10）用尖嘴钳取下启动中间齿轮外端卡簧，如图 5-25（b）所示，取下启动中间齿轮。

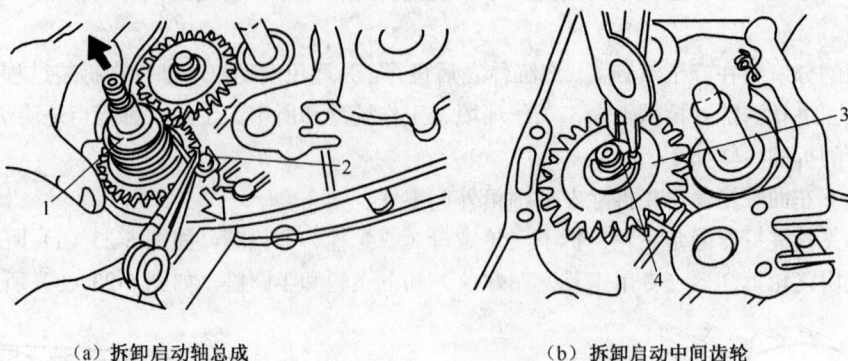

（a）拆卸启动轴总成　　　　　　　　　（b）拆卸启动中间齿轮

图 5-25　启动机构拆卸
1—启动轴总成；2—回位弹簧；3—启动中间齿轮；4—卡簧

（11）从左曲轴箱上拆下变速轴上卡簧，从右曲轴箱上拆出变速轴总成。

（12）在左曲轴箱上拆下变速凸轮轴油封盖、变速凸轮轴定位板。

（13）从左曲轴箱上拆下曲轴箱连接长螺栓，应对角均匀地分 2～3 次松开，最后取下连接长螺栓。

3．汽缸体、汽缸盖的安装

首先正确安装曲轴箱中的变速传动系统以及前面各总成部件，然后进一步完成发动机的装配。

（1）汽缸体的安装

① 将曲轴箱、汽缸体的接合面擦干净，将定位套装入曲轴箱的汽缸螺栓上。

② 在汽缸壁和活塞外表面上涂上干净机油。将汽缸垫装好。

③ 将三道活塞环的开口位置分开布置，每相邻两环开口之间相互成 120°，油环的两道刮油环（侧轨）开口也应错开。注意，活塞环的开口位置应尽量避开活塞销孔方向。

④ 让汽缸螺栓穿入汽缸体螺栓孔中，用手将汽缸体平行地推向曲轴箱。

⑤ 当活塞顶部进入汽缸后，用活塞环压缩器（专用工具）夹紧活塞外圆柱面，使活塞环开口处于闭合状态，注意不要改变已排好的活塞环开口位置，再将汽缸体继续向下推，当活塞环完全进入汽缸后放开活塞环压缩器。

⑥ 将正时链条穿过汽缸体的链条室，并保持正确的位置。将汽缸体完全推到底，使其与定位套、曲轴箱接合好。

⑦ 将正时链条导向板装入汽缸体的气门室内，参见图 5-16。

上述汽缸体装好后，曲轴应能灵活地转动；曲轴位于上止点时，四冲程活塞顶应与汽缸上平面平齐，可确认汽缸体已安装到位。

（2）汽缸盖的安装

① 将汽缸体、汽缸盖接合面擦干净。

② 将定位套装于汽缸体上（参见图 5-16、图 5-17），装上汽缸盖垫，将汽缸螺栓穿入汽缸盖螺栓孔中，正时链条穿过汽缸盖链条室，使其保持正确的安装位置。用手将汽缸盖推向汽缸体，使汽缸螺栓完全穿过汽缸盖。将正时链条张紧板装入汽缸盖内，按规定力矩（一般为 10～12N·m）

拧紧其螺栓。装上链条室外部汽缸盖长螺栓和垫圈。

③ 在左曲轴箱内，使飞轮上的标记"T"与左曲轴箱盖上正时孔处标志对齐，此时为活塞压缩上止点位置。

④ 将凸轮轴的进、排气凸轮尖朝向汽缸盖，此时，凸轮轴端的链轮上的"正时线"正好与汽缸盖罩上刻线对齐，装上链条，装好凸轮轴于汽缸盖上。

⑤ 将机油滴到凸轮轴上和汽缸盖顶面凹坑内，将两个定位套装于汽缸盖上。

⑥ 擦净汽缸盖罩的接合面，注意有的还装有 O 形密封圈，密封圈应均匀地填装于密封槽内，不得被挤出，将汽缸盖罩装于汽缸盖上。注意，气门摇臂两端应正确地置于凸轮和气门杆尾端，此时汽缸盖罩应与汽缸盖贴合好，否则，检查气门摇臂上的气门间隙调整螺钉是否拧进过多。

⑦ 装上汽缸盖罩四角处的螺栓，再装上四个盖形螺母和垫片（见图 5-16），对角均匀地分 2～3 次拧紧四个盖形螺母和四角处的螺栓，用扭力扳手使其扭紧力矩分别达到规定力矩。

⑧ 将汽缸盖长螺栓拧紧到规定力矩。

⑨ 将正时链条张紧器装入汽缸体链条室内（见图 5-16），其固定螺栓的拧紧力矩为 12N·m。

⑩ 装上汽缸盖侧盖、油封圈、垫圈等。

三、摩托车发动机零部件构造

图 5-26 所示为 152FMH 摩托车发动机，在拆装过程中，注意分析零部件的结构。

图 5-26　152FMF 摩托车发动机部件

1. 152FMH 发动机曲柄活塞连杆部件

152FMH 发动机曲柄活塞连杆零部件如图 5-27 所示。

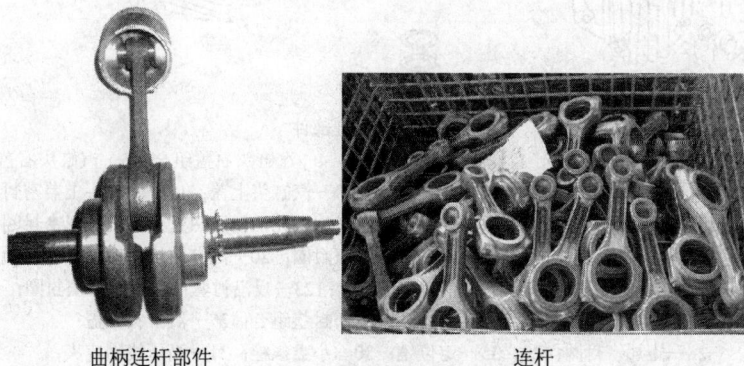

曲柄连杆部件　　　　　　　　连杆

图 5-27　曲柄活塞连杆零部件

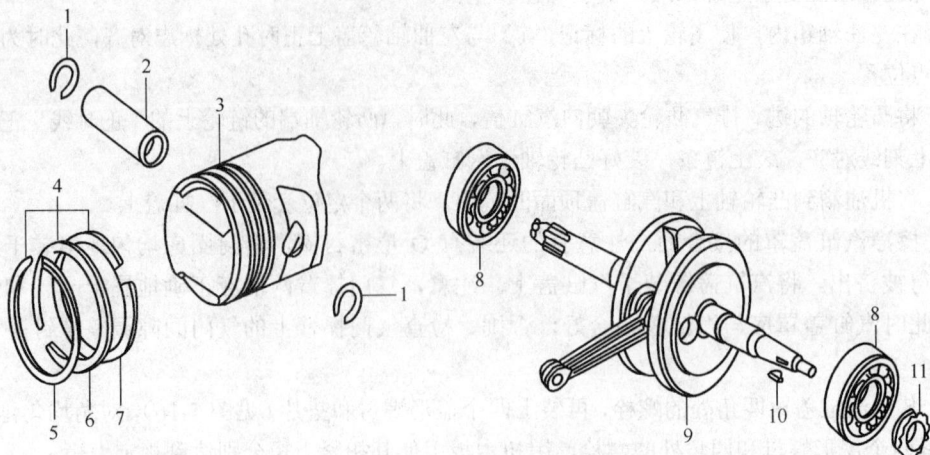

图 5-27　曲柄活塞连杆零部件（续）

1—活塞销挡圈；2—活塞销；3—活塞；4—活塞环总成；5—活塞环一；6—活塞环二；
7—油环组合；8—轴承 6304；9—连杆三组件；10—磁电机半圆键；11—正时主动链轮

2．152FMH 发动机汽缸部件

152FMH 发动机汽缸部件如图 5-28 所示，汽缸体如图 5-29 所示。

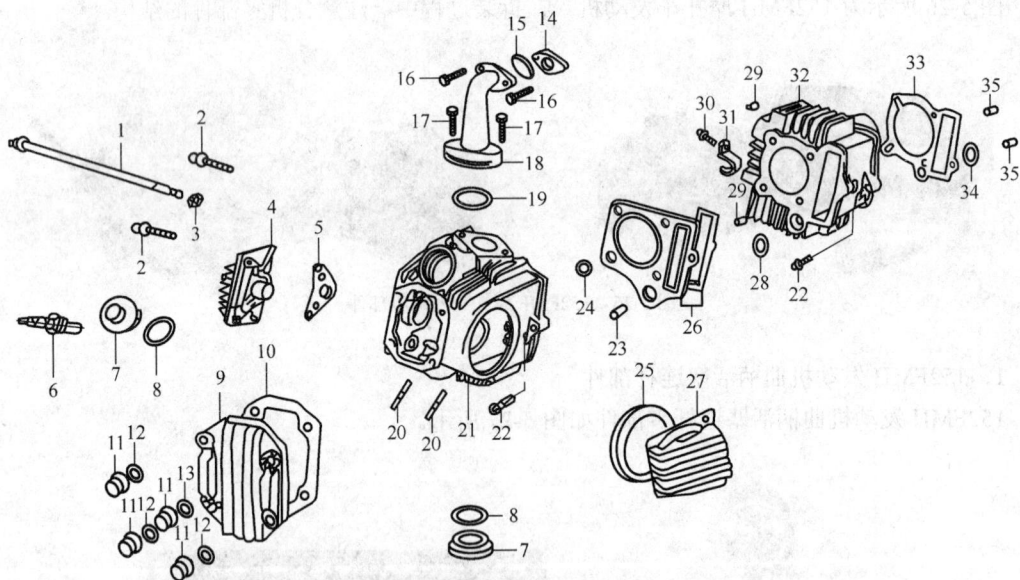

图 5-28　汽缸部件

1—汽缸头左右盖连接螺栓；2—小盘螺栓；3—铝垫圈；4—汽缸头右盖组合；5—汽缸头右盖密封垫；
6—火花塞；7—气门室盖组合；8—O 形密封圈；9—汽缸头上盖；10—汽缸头上盖密封垫；
11—汽缸头盖螺母；12—铁垫圈；13—铜垫圈；14—化油器隔热垫；15—O 形密封圈；
16、17—小盘螺栓；18—进气管；19—O 形密封圈；20—汽缸头排气口双头螺栓；
21—汽缸头组合；22—汽缸体和箱体连接螺栓；23—反沿衬套；24—矩形密封圈；
25—汽缸头左盖密封垫；26—汽缸头密封垫组合；27—汽缸头左盖；
28—矩形密封圈；29、35—定位销；30—小盘螺栓；31—高压线固定夹；
32—汽缸体部件；33—汽缸体密封垫；34—矩形密封圈

图 5-29 汽缸体

3. 152FMH 发动机配气机构

图 5-30 为 152FMH 发动机配气机构。

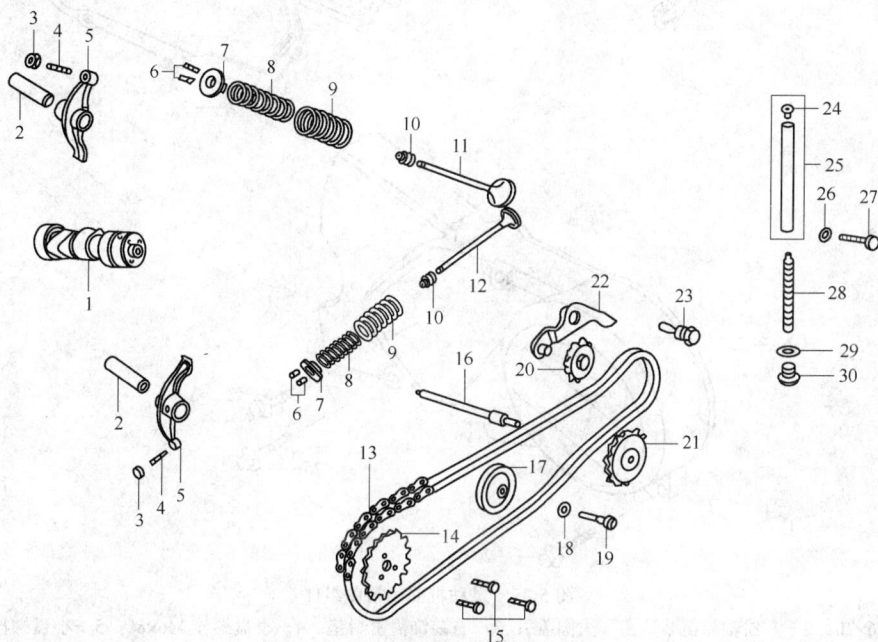

图 5-30 配气机构

1—凸轮轴部件；2—气门摇臂轴；3—气门间隙调节螺母；4—气门间隙调节螺钉；5—气门摇臂组合；6—气门锁夹；
7—气门弹簧承座（上座）；8—气门内弹簧；9—气门外弹簧；10—挡油罩组合；11—进气门；12—排气门；
13—正时链条组合；14—正时从动轮；15—正时链轮螺栓 M5×12；16—机油泵链轮轴；17—链条导向轮组合；
18、26、29—铝垫圈；19—导向滚轮销轴；20—链条张紧滚轮组合；21—机油泵传动链轮组合；
22—链条张紧臂组合；23—链条张紧臂芯轴；24—链条张紧臂胶头；25—链条张紧杆组合；
27—中盘螺栓 M6×18；28—链条张紧杆弹簧；30—密封螺塞 M14×1.5

配气机构的由：气门组、凸轮及传动组等一系列控制气门开闭的有关零件组成。

按气门所在位置可分为侧置式和顶置式两种配气机构。

按凸轮所在位置可分为凸轮上置式、凸轮中置式、凸轮下置式三种配气机构。

配气机构的作用是在准确的时间内将可燃混合气吸入缸体，并及时地把废气排出缸体，以保证发动机的正常运转。

4. 152FMH 发动机曲轴箱盖组件

152FMH 发动机曲轴箱盖组件如图 5-31 所示。

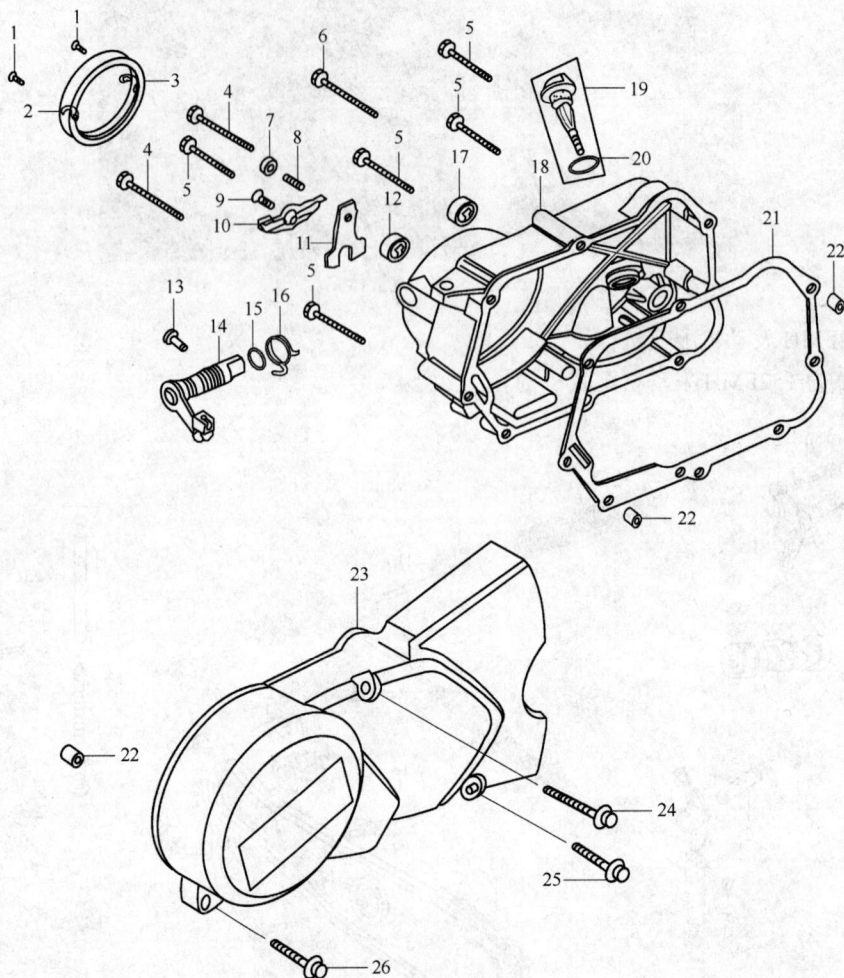

图 5-31 发动机曲轴箱盖组件

1—螺钉 M6×20；2—右曲轴箱盖装饰盖（大圆盖）；3—右装饰盖密封垫；4—小盘螺栓 M6×80；5—小盘螺栓 M6×40；
6—小盘螺栓 M6×65；7—螺母 M6；8—离合器调整螺钉；9—螺钉 M6×12；10—离合器分离压板；11—离合器拨板；
12—离合器操纵臂油封；13—离合器操纵臂定位销；14—离合器操纵臂组合；15、20—O 形密封圈；
16—离合器操纵臂弹簧；17—启动轴油封；18—右曲轴箱盖组合；19—机油尺组合；21—右曲轴箱盖密封垫；
22—定位销；23—左曲轴箱边盖；24、25、26—小盘螺栓

5．152FMH 发动机曲轴箱组件

152FMH 发动机曲轴箱组件，如图 5-32 所示。

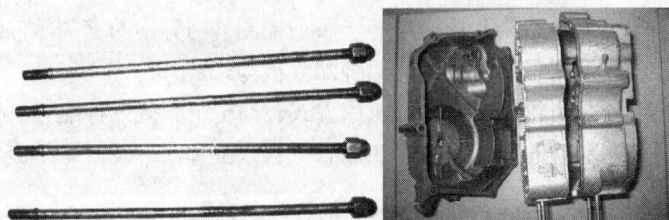

（a）实物图

图 5-32 曲轴箱组件

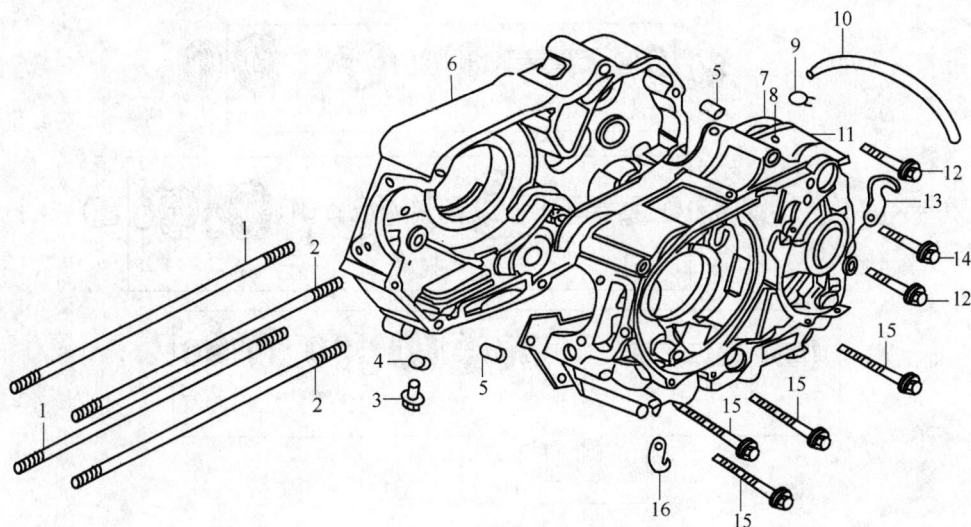

（b）部件分解图

图 5-32　曲轴箱组件（续）

1—汽缸双头螺栓 B；2—汽缸双头螺栓 A；3—铝垫圈；4—放油螺塞；5—定位销 10×14；
6—右曲轴箱组合；7—曲轴箱密封垫；8—通气管接头；9—通气管卡簧；10—通气管；
11—左曲轴箱组合；12、14、15—小盘螺栓；13—高压线固定夹；16—溢流管夹

6．152FMF 发动机传动机构

摩托车发动机具有高转速、低扭矩的特征，其转速和扭矩的变化范围很小。而摩托车在各种各样的道路和交通状况下行驶，骑手必须根据实际情况在较大的范围内改变车速和牵引力，因此，在摩托车的传动系统中，必须设置变速器。变速器由变速传动机构、操纵机构组成。

变速器的主要作用如下。

（1）改变传动系统的传动比，扩大扭矩和转速的变化范围，以适应经常变化的行驶条件。

（2）使发动机处于最有利的工况，更好地发挥发动机的动力性能。

（3）利用空挡中断动力传递，使发动机顺利地启动和怠速运转。

152FMH 发动机传动机构如图 5-33、图 5-34 所示。

图 5-33　传动机构组件

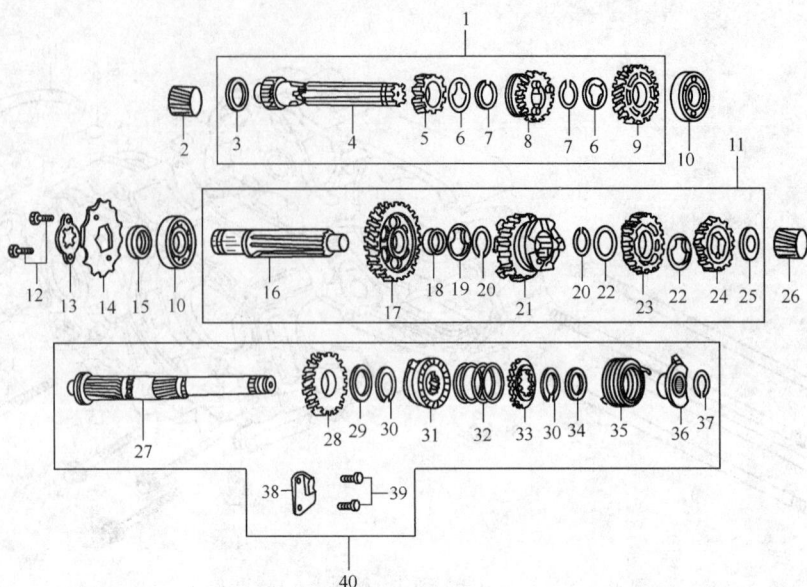

图 5-33　传动机构组件（续）

1—主轴组合；2、26—滚针轴承；3、25、29—垫圈；4—主轴芯轴；5—主轴 2 挡齿轮；6、19、22—齿轮隔圈；
7、20—挡圈；8—主轴 3 挡齿轮；9—主轴齿轮；10—轴承；11—副轴组合；12—螺栓；13—主动链轮固定板；
14—主动链轮；15—副轴油封；16—副轴芯轴；17、24—副轴齿轮；18—副轴齿轮轴套；21—副轴 2 挡齿轮；
23—副轴 3 挡齿轮；27—启动轴芯轴；28—启动齿轮；30、37—启动轴挡圈；31—启动棘轮；
32—启动棘轮弹簧；33—棘轮座；34—止退垫圈；35—启动轴复位弹簧；36—启动轴弹簧座；
38—启动轴限位板；39—螺栓 M6×20；40—启动轴总成

图 5-34　传动机构剖切图

7．152FMH 发动机变速机构

图 5-35 为 152FMH 发动机变速机构。

通过控制换挡踏杆和变速机构相关零部件，从而推动齿轮的轴向移动实现换挡。

强制操纵式：直接由司机通过操纵杆换挡，为大多数汽车采用。

自动操纵式：由电脑根据发动机负荷及车速自行换挡，司机只需操纵加速踏板控制车速。

半自动操纵式：常用挡位自动换挡，其余挡位由司机操纵。

8．152FMH 发动机机油泵

图 5-36 为 152FMH 发动机机油泵。

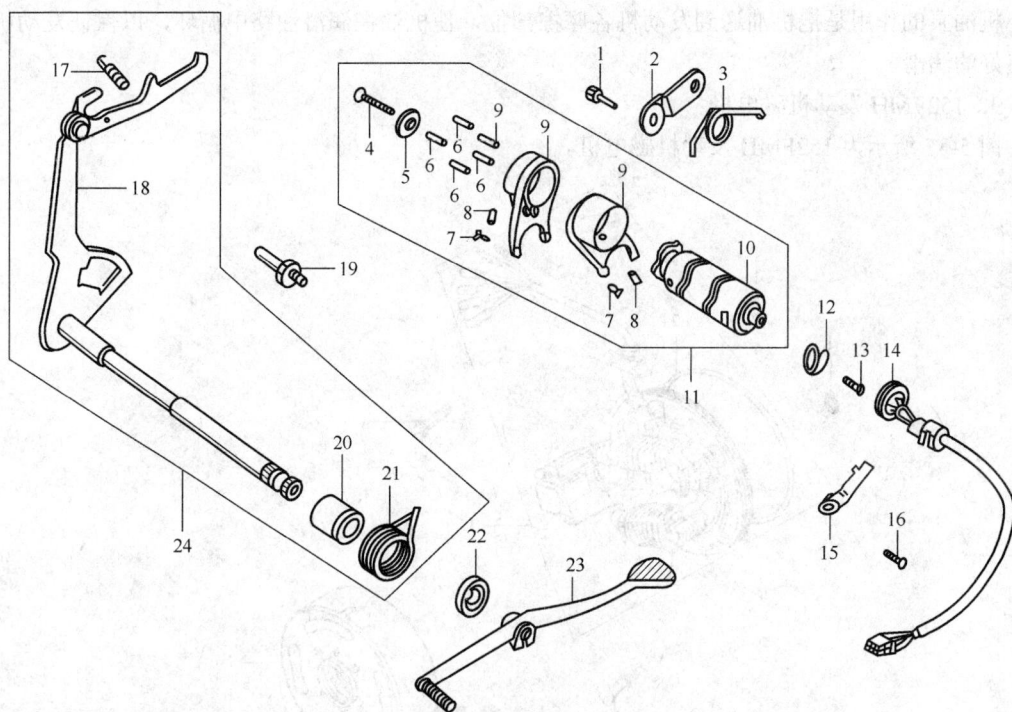

图 5-35　变速机构

1—螺栓 M6×20；2—定位板组合；3—定位板复位弹簧；4—螺钉 M6×20；5—变位鼓限位挡板；6—变速鼓定位销 4×13；
7—弹簧夹；8—导向销；9—变速拨叉；10—变速鼓；11—变速鼓部件；12—挡位显示动触头；13—螺钉 M6×14；
14—挡位显示线束组合；15—挡位开关固定板；16—螺钉 M6×2；17—换挡臂拉簧；18—换挡臂臂体组合；
19—变挡臂定位螺栓；20—换挡轴轴套；21—换挡轴弹簧；22—换挡回位弹簧；23—换挡臂油封；
24—变速踏板部件；25—换挡臂部件

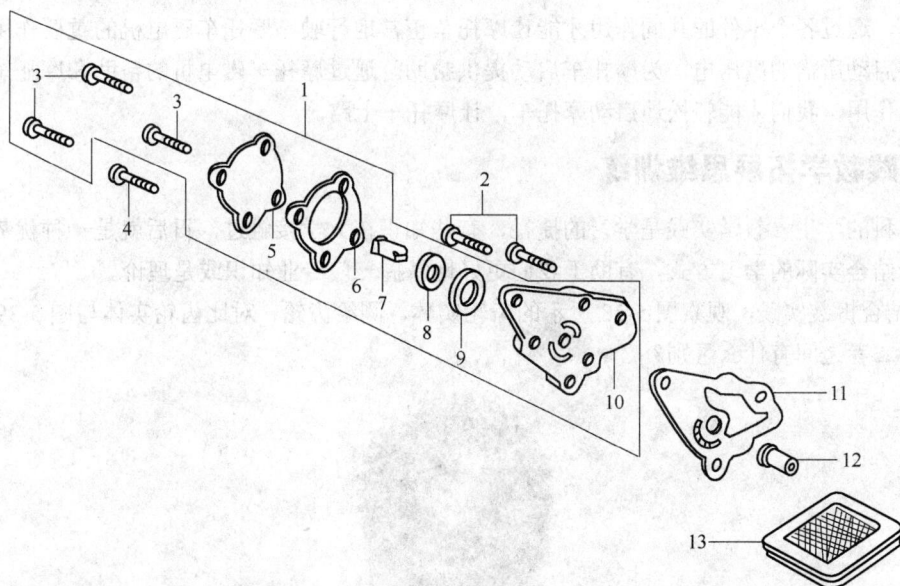

图 5-36　机油泵

1—机油泵部件；2、3、4—螺钉；5—机油泵盖板；6—机油泵盖密封垫；7—油泵轴；8—机油泵内转子；
9—机油泵外转子；10—机油泵壳体；11—油泵体密封垫；12—油泵链轮轴套；13—机油过滤网组合

机油泵的作用是把机油送到发动机各摩擦部位，使机油在润滑油路中循环，以保证发动机得到良好的润滑。

9. 152FMH 发动机磁电机

图 5-37 所示为 152FMH 发动机磁电机。

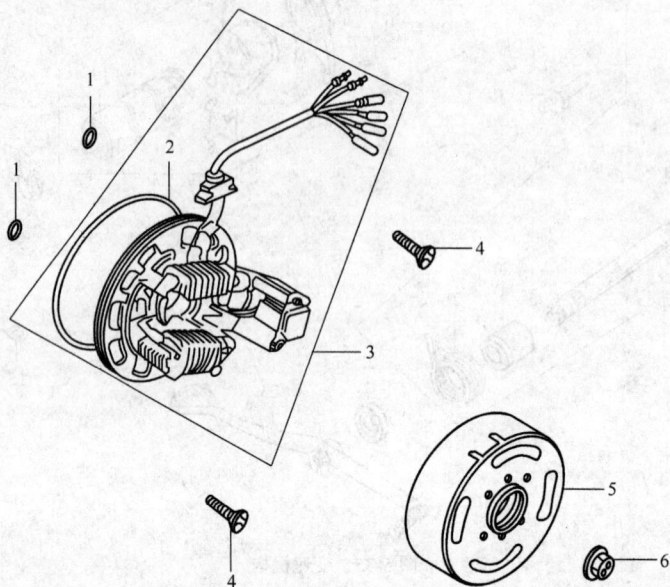

图 5-37　磁电机
1、2—O 形密封圈；3—磁电机定子组合；4—螺钉；5—磁电机转子组合；6—磁电机螺母

任何机械设备都是用多种不同的零配件组合而成的，摩托车同样也有各种各样的零配件，这些零配件共同组合成一辆给我们带来方便的代步工具。它们各司其职，小小的一个零件也有它存在的道理，通过各个零件的共同作用才能让摩托车正常地行驶。摩托车磁电机的重要作用是为发动机提供启动所需的高压电，为摩托车启动提供帮助。通过摩托车磁电机的帮助和摩托车启动电机的共同作用，我们才能轻松地启动摩托车，让摩托车上路。

四、实践教学拓展思维训练

对工科的学生，教学实践是学习的捷径，有些知识在大学接触过，日后就是一种优势，而且这种理论结合实际的学习方式，有助于我们更好地掌握一门专业知识或是理论。

1. 结合拆装实践，观察图 5-38 所示的齿轮实体，测绘齿轮，对比齿轮实体与图 5-39 所示齿轮零件图二者之间有什么区别？

图 5-38　齿轮实体

2. 国家标准对齿轮的画法有哪些规定？

齿数	z	94
法向模数	m_n	2.5
齿形角	α	20°
螺旋角方向	β	0°
分度圆上的螺旋角	齿形	渐开线
齿顶高系数	h_a^*	1
顶隙系数	C^*	0.25
变位系数	X	0
精度等级		8-8-7HK
中心距	a	145
相啮合齿轮图号		
误差检验项目	齿圈径向跳动公差	F_r	0.063
	公法线长度变动公差	F_W	0.050
	齿距极限偏差	f_{pt}	0.022
	基节极限偏差	f_{pb}	±0.021
	公法线长度及其偏差		$80.79^{-0.176}_{-0.264}$
	跨测齿数	k	11

技术要求

1. 正火处理 170~210HBS。
2. 未注倒角 C1。

$\sqrt{Ra\ 50}$ ($\sqrt{Ra\ 1.6}$ $\sqrt{Ra\ 3.2}$ $\sqrt{Ra\ 6.3}$)

齿轮		比例	1:2
		材料	ZG310-570
制图			
审核			

图 5-39　直齿圆柱齿轮零件图

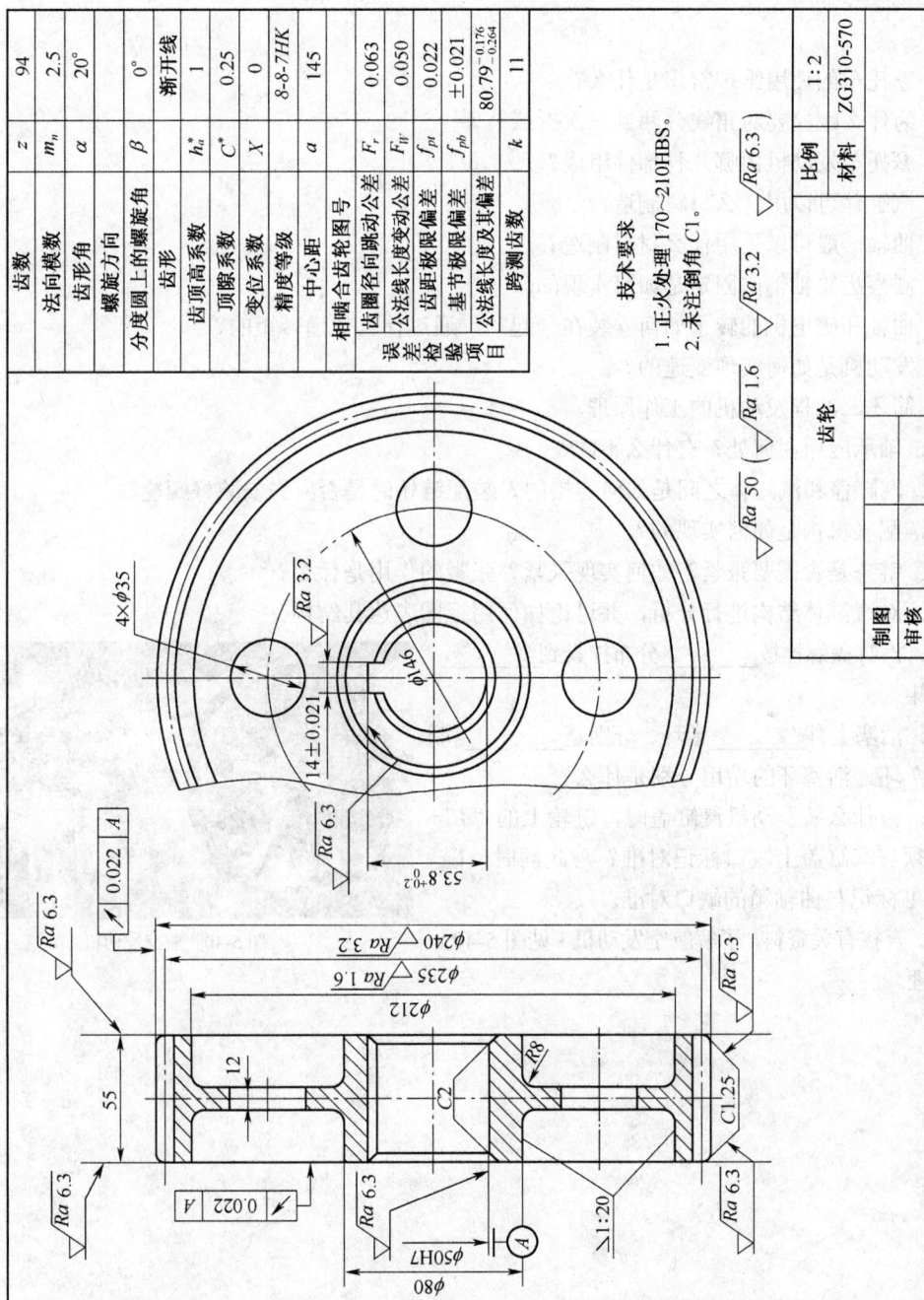

思考题

1. 摩托车的使用维护常识是什么？
2. 为什么螺栓要对角线分两到三次拆或装？
3. 摩托车发动机由哪几种部件组成？
4. 汽缸体可以用什么材料制造？
5. 曲轴一般可以采用什么材料制造？
6. 观察齿轮轴轴向固定是如何实现的。
7. 曲轴和磁电机的转子如何安装在一起的，通过什么传递转矩的？
8. 发动机是如何实现变速的？
9. 简述二冲程发动机的工作原理。
10. 轴承应用在何处？有什么不同？
11. 汽缸盖和汽缸体之间是如何连接的？装配链轮时是否应先安装好螺栓？
12. 配气机构是如何实现的？
13. 链条是否需要张紧？如何实现张紧？张紧的作用是什么？
14. 对汽缸体结构进行分析，并讨论如何用视图表达其结构。

15. 汽缸盖螺栓按_____分布拧紧到_____规定力矩。

16. 活塞上有_____道环、分别是_____和_____环。活塞环的功用分别是什么？

17. 为什么装发动机汽缸盖时，链轮上的"J"标记必须与汽缸盖上缺口标记对准？与此同时，磁电机的 T 标记与曲轴箱的缺口对准。

18. 查找有关资料，了解航空发动机（见图 5-40）工作原理。

图 5-40 航空发动机

第 6 章

离合器、联轴器和制动器

质量是企业的灵魂，成本是企业的生命。

万分之一的失误，对受害者来说，就是 100% 的损失。

培养目标

1. 培养联轴器的质量检验意识。
2. 培养工程中的安全制动意识。
3. 培养工程责任意识。
4. 培养工程材料意识。
5. 通过结构分析，培养对工程中各种常用联轴器的设计意识。

实践与学习目标

1. 结合拆装实践，掌握各种离合器、联轴器、制动器的功用。
2. 结合拆装实践，掌握离合器的分类和应用场合。
3. 结合拆装实践，掌握汽车和摩托车离合器的工作原理和结构特点。
4. 结合拆装实践，了解联轴器的分类和应用特点。
5. 结合现实社会，了解汽车万向传动装置的组成和工作原理。
6. 通过结构分析，了解弹性套柱销联轴器的主要零件材料。
7. 通过结构分析，熟悉工程中各种常用联轴器结构特点。
8. 结合现实工程，熟悉制动器的分类。
9. 结合现实工程，熟悉常用制动器的应用场合。

第1节　概述

离合器、联轴器、制动器的工作原理不同，结构型式不同，应用场合不同，它们都属于标准件。

离合器和联轴器是机械传动中常用的部件，主要用来连接不同部件中的两轴（或轴与其他回转零件）使之共同旋转并传递转矩，在某些场合也可用作安全装置。离合器可以在机器工作时使两轴分离和接合。汽车、摩托车离合器零件分别如图6-1、图6-2所示。联轴器连接的两轴，只有在机器停车时才能拆卸，使其分离。汽车万向传动装置（联轴器）的应用如图6-3所示。

图6-1　汽车离合器从动盘零件

图6-2　摩托车离合器零件

制动器是用来降低机械运转速度或迫使机械停止运转的装置，有时也用作限速装置，如图6-4所示。

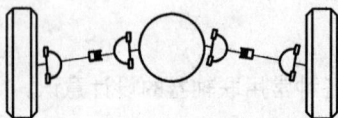

图6-3　万向联轴器的应用

图6-4　矿用卷扬机安全制动器的应用

汽车的机械传动系一般组成及布置如图6-5所示。

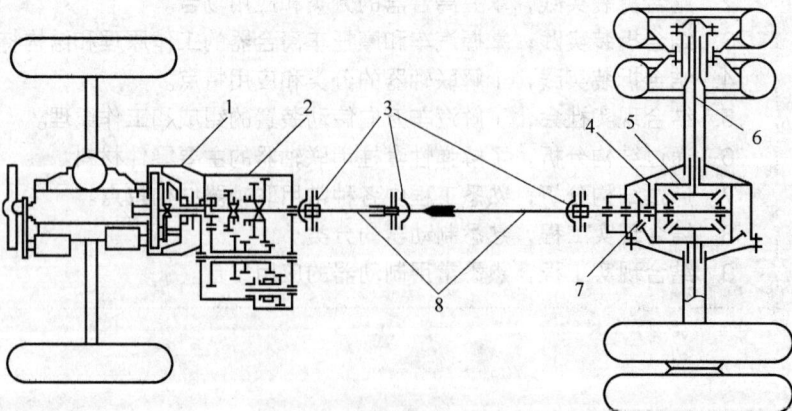

图6-5　汽车的机械传动系一般组成及布置示意图

1—离合器；2—变速器；3—万向节；4—驱动桥；5—差速器；6—半轴；7—主减速器；8—传动轴

工作状况不同，载荷性质不同，功用不同，选择不同型号的离合器、联轴器、制动器。

一、离合器功用与类型

离合器是一种在机器运转过程中，可使两轴随时接合或分离的装置。它的主要功用是：通过操纵传动系统的断续，以便进行变速和换向等。

根据 GB/T10043—2003，离合器的分类如图 6-6 所示。

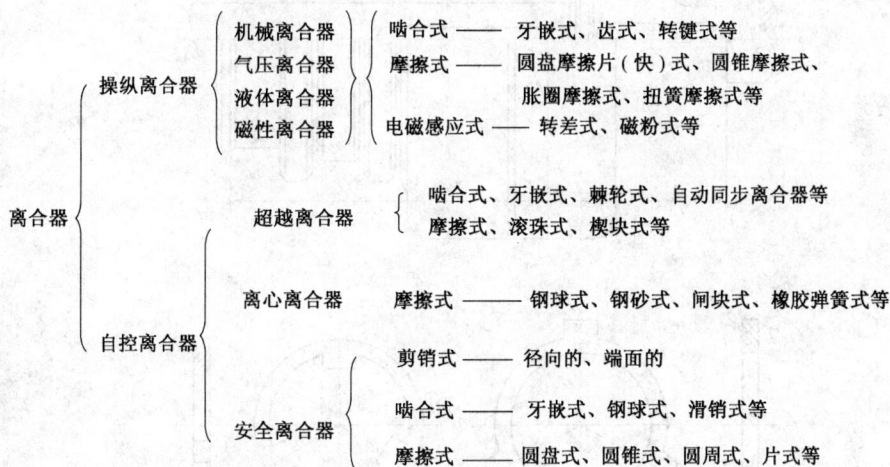

图 6-6 离合器的分类

二、摩擦离合器

圆盘式摩擦离合器分为单圆盘式和多圆盘式两种。

1. 单圆盘式摩擦离合器

如图 6-7 所示，单圆盘式摩擦离合器由两个半离合器 2、3 组成，转矩是通过两个半离合器接触面之间的摩擦力来传递的。半离合器 2 与主动轴 1 固定，半离合器 3 利用导向平键或花键安装在从动轴 5 上，通过操纵杆和滑环 4 可以在从动轴上滑移。

这种单片式摩擦离合器结构简单，散热性好，但传递的转矩较小，当需要传递较大转矩时，可用多片式摩擦离合器。

2. 多圆盘式摩擦离合器

图 6-8 是一种典型的多圆盘式摩擦离合器。这种离合器有两组摩擦片，其中一组外摩擦片 2 和固定在主动

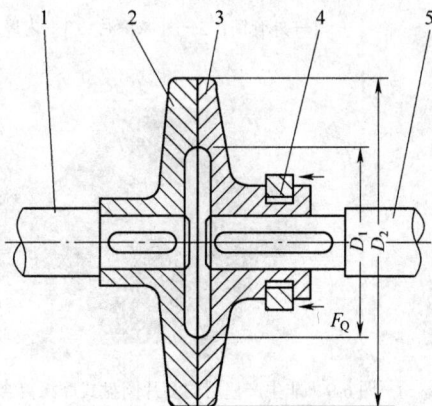

图 6-7 单圆盘式摩擦离合器
1—主动轴；2—左圆盘；3—右圆盘；
4—移动滑环；5—从动轴

轴上的外套筒 1 形成花键连接；另一组内摩擦片 3 和固定在从动轴上的内套筒 7 也形成花键连接，两组摩擦片交错排列。图 6-8 是离合器处于接合状态的情况，此时交错排列的两组摩擦片相互压紧在一起。随同主动轴和外套一起旋转的外摩擦片通过摩擦力将转矩和运动传递给内摩擦片，从而使套筒 7 旋转。将操纵套 6 向右拨动，角形杠杆 5 在弹簧片 4 作用下将摩擦片放松，则可分离两轴。图 6-9 为非生产使用的多片圆盘式摩擦离合器模型。

(a)

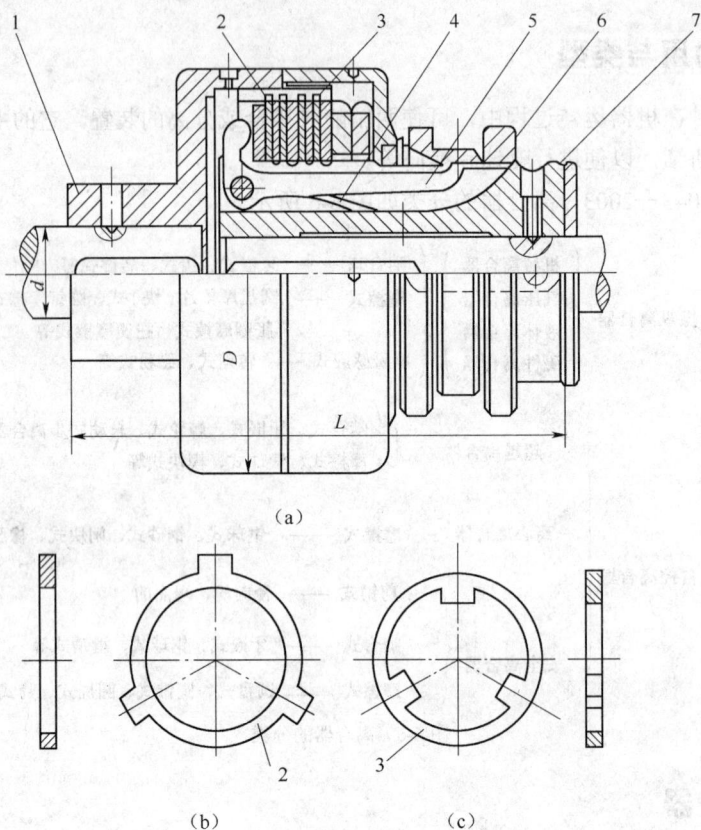

(b)　　　　　　　　　　　　(c)

图 6-8　多圆盘式摩擦离合器

1—外套筒；2—外摩擦片；3—内摩擦片；4—弹簧片；5—角形杠杆；6—操纵套；7—内套筒

图 6-9　非生产使用的多片圆盘式摩擦离合器模型　　图 6-10　非生产使用的电磁操纵多盘式摩擦离合器模型

　　摩擦片的磨损和发热是设计和使用中必须注意的重要问题。使用中通常把离合器浸在油中，可减轻磨损，降低温升。

3. 电磁操纵多盘式摩擦离合器

多数摩擦离合器采用机械操纵机构，最简单的是由杠杆、拨叉和滑环组成的杠杆操纵机构。图 6-10 是非生产使用的电磁操纵多盘式摩擦离合器模型。

电磁方式操纵的离合器如图 6-11 所示。

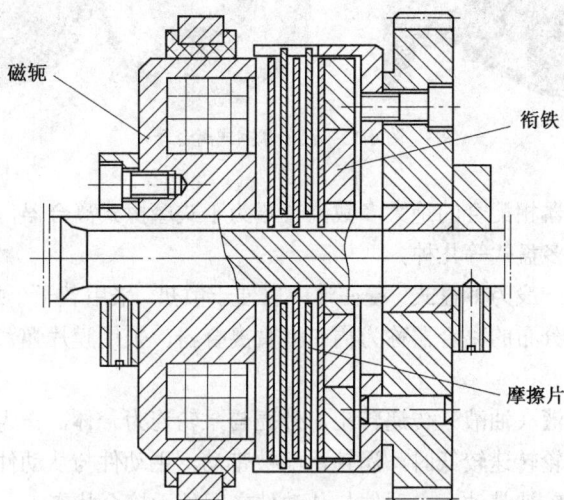

图 6-11　电磁操纵的多盘式摩擦离合器

电磁离合器的工作原理是利用电流通过电磁线圈产生电磁力，使离合器的主动部分与从动部分接合而传递转矩。

与机械离合器相比，电磁离合器的主要特点是：可实现远距离操纵，动作迅速，工作可靠，大多数电磁离合器没有不平衡的轴向力，因而在数控机床等机械中获得了广泛的应用。

电磁操纵多盘式摩擦离合器工作原理是：线圈不通电时，内外摩擦片分开，转轴和齿轮没有运动之间的联系，离合器不传递转矩；线圈通电后产生磁通，于是磁轭产生电磁吸引力、吸引衔铁，衔铁就将内外摩擦片压紧，这时运动就可从转轴传递到齿轮，离合器开始传递转矩。

三、汽车摩擦离合器

汽车离合器是联系发动机与变速器之间的部件，用来分离或接合两者之间的动力联系。如图 6-12 所示。

汽车离合器的主动部分和从动部分可以暂时分离，又可逐渐结合，在传动过程中允许两部分相互转动。为此，在主动部分和从动部分之间可以采用非刚性的运动传动方式，或是借两部分接触面间的摩擦力作用来传递运动（摩擦式离合器），或是用液体作为传动介质（液力耦合器），或是利用磁力进行运动传动（电磁式离合器）。

汽车摩擦式离合器如图 6-13 所示，又分为湿式和干式两种。

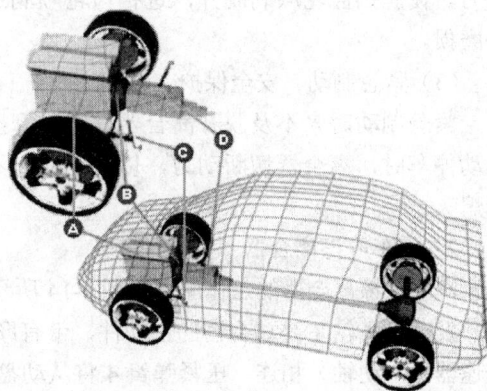

图 6-12　汽车离合器的作用示意图
A—发动机；B—离合器；C—离合器踏板；D—手动变速器

图 6-13　汽车摩擦式离合器

目前，与手动变速器相配合的绝大多数离合器为干式摩擦式离合器，按其从动盘的数目，又分为单盘式、双盘式和多盘式等几种。

湿式摩擦式离合器一般为多盘式，浸在油中以便于散热。采用若干个螺旋弹簧作为压紧弹簧，将这些弹簧沿压盘圆周分布的离合器称为周布弹簧离合器，采用膜片弹簧作为压紧弹簧的离合器称为膜片弹簧离合器。

液力耦合器靠工作液（油液）传递转矩，外壳与泵轮连为一体，作为主动件；涡轮与泵轮相对，作为从动件。当泵轮转速较低时，涡轮不能被带动，主动件与从动件之间处于分离状态，随着泵轮转速的提高，涡轮被带动，主动件与从动件之间处于接合状态。

电磁离合器靠线圈的通电、断电来控制离合器的接合与分离，如在主动件与从动件之间放置磁粉，则可以加强两者之间的接合力，这样的离合器称为磁粉式电磁离合器。

1. 汽车离合器的功用

（1）起步平稳

设置了离合器，就可以使发动机所受的阻力矩逐渐增大，发动机的扭矩柔和地传递给传动系统各部件，保证汽车能平稳地起步，避免发生熄火现象。

（2）顺利换挡

为适应变化的行驶条件，传动系统需经常被换到不同的挡位工作。换挡是从一种转速的工作齿轮组脱开，换到另一种转速的齿轮组上去工作。由于动力并没脱开，使工作的一组齿轮不易脱离传动，并且两组的转速有差距，容易造成齿轮的冲击。安装了离合器后，换挡时可切断动力，使脱挡齿轮顺利脱开，进挡齿轮顺利进挡，并减轻了接合时的冲击，防止打齿和同步器的磨损。

（3）紧急制动、安全保护

紧急制动时来不及脱开离合器，通过摩擦片打滑，减少、避免发动机各零部件冲击损伤。制动停车时，离合器切断动力，以便制动时不必换到空挡，实现暂短停车，避免发动机受冲击和熄火。

2. 汽车摩擦离合器

汽车摩擦离合器的工作原理如图 6-14 所示。

发动机飞轮 1 是离合器的主动件，带有摩擦片的从动盘 2 和毂 6 借滑动花键与从动轴 5（即变速器的主动轴）相连，压紧弹簧 4 将从动盘压紧在飞轮端面上，发动机转矩即靠飞轮与从动盘接触面之间的摩擦作用而传到从动盘上，再由此经过从动轴和传动系中一系列部件传给驱动车轮，弹簧 4 的压紧力越大，则离合器所能传递的转矩也越大。

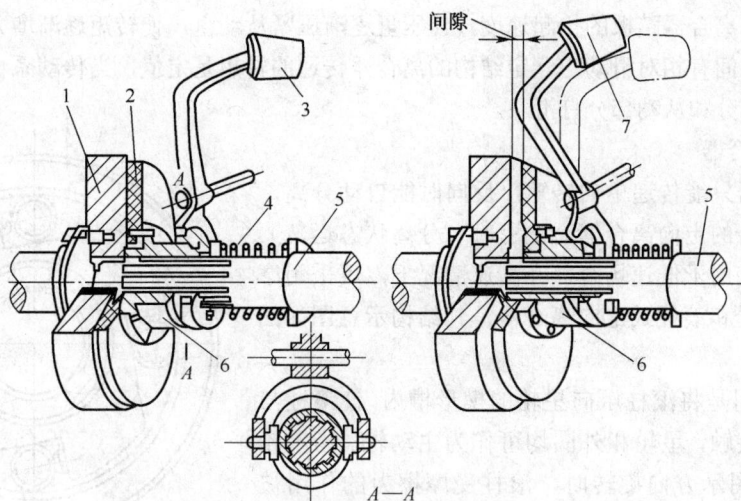

图 6-14　汽车摩擦离合器工作原理示意图

1—飞轮；2—从动盘；3—踏板；4—压紧弹簧；5—从动轴；6—从动盘毂；7—踏板

汽车在行驶过程中，需经常保持动力传递，而中断传动只是暂时的需要，故汽车离合器的主动部分和从动部分应经常处于接合状态。摩擦副采用弹簧压紧装置即是为了适应这一要求，欲使离合器分离时，只要踩下离合器操纵机构中的踏板 3，套在从动盘毂 6 的环槽中的拨叉，便推动从动盘克服压紧弹簧的压力向右移动，而与飞轮分离，摩擦力消失，从而中断了动力传递。

3．膜片弹簧离合器

膜片弹簧离合器工作原理示意图，如图 6-15 所示。

发动机飞轮、离合器盖和压盘组成离合器的主动件，从动盘为从动件，如图 6-16 所示。从动盘装在变速器输入轴上，膜片弹簧（见图 6-17）通过压盘将从动盘紧压在飞轮端面上，发动机发出的转矩通过飞轮以及压盘与从动盘接触面间的摩擦作用传给从动盘。

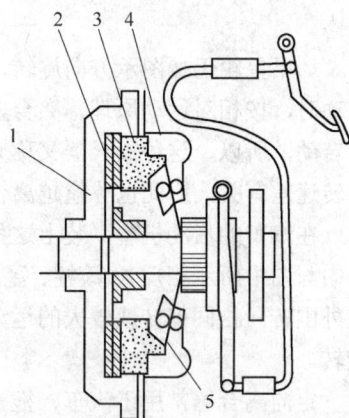

图 6-15　膜片弹簧离合器工作原理示意图

1—飞轮；2—从动盘；3—压盘；4—离合器盖；5—膜片弹簧

图 6-16　汽车膜片弹簧离合器从动盘

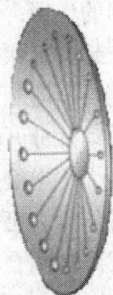

图 6-17　膜片弹簧

当踩下离合器踏板，膜片弹簧大端带动压盘后移，从动部分与主动部分分离。在重新接通动力传递时，控制离合器踏板的抬起速度，让压盘逐渐压紧从动盘，使转矩逐渐增大，在这个过程中，主从部分之间有相对滑动。一定结构的离合器传递的转矩是定值，当传动系传递的转矩超过此值时，主动部分和从动部分打滑。

4．定向离合器

定向离合器只能传递单向转矩，反向时能自动分离，这种利用齿嵌合的定向离合器，空程时（分离状态运转）噪声大，故只宜用于低速场合，在高速情况下，可采用摩擦式定向离合器和滚柱式定向离合器，其结构示意图如图 6-18 所示。

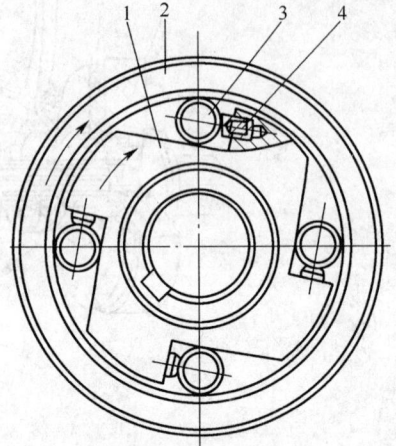

图 6-18　滚柱式定向离合器结构示意图
1—星轮；2—外圈；3—滚柱；4—弹簧顶杆

弹簧的作用是将滚柱压向星轮的楔形槽内，使滚柱与星轮、外圈相接触，星轮和外圈均可作为主动轮。当星轮为主动件并按图示方向旋转时，滚柱受摩擦力的作用被楔紧在槽内，因而带动外圈一起转动，这时离合器处于接合状态。当星轮反转时，滚柱受摩擦力的作用，被推到槽中较宽的部分，不再楔紧在槽内，这时离合器处于分离状态。

如果星轮仍按图示方向旋转，而外圈还能从另一条运动链获得与星轮转向相同但转速较大的运动时，按相对运动原理，离合器将处于分离状态。此时星轮和外圈互不相干，各自以不同的转速转动，所以，这种离合器又称为自由行走离合器。又由于它的接合和分离是与星轮和外围之间的转速差有关，因此也称超越离合器。

在汽车的启动机中，装上这种定向离合器，启动时电动机通过定向离合器的外圈（此时外圈转向与图中所示相反）、滚柱、星轮带动发动机；当发动机发动以后，反过来带动星轮，使其获得与外围转向相同但转速较大的运动，使离合器处于分离状态，以避免发动机带动启动电动机超速旋转。

定向离合器常用于汽车、拖拉机和机床等设备中。

四、摩托车离合器

摩托车离合器安装在发动机曲轴与变速器之间，用以把发动机的动力传递给变速器，并在必要时以接合或分离的方式，控制发动机与变速器之间的动力传递。

摩托车离合器的作用：保证摩托车起步平稳，避免发生前冲和熄火现象；使齿轮顺利换挡、脱挡，紧急制动，起安全保护作用。

摩托车摩擦离合器的工作原理如图 6-19 所示，主动片与发动机刚性连接，从动片与变速器刚性连接。当主、从动片分开时不传递动力；当主、从动片被压紧力压紧时，发动机的扭矩可以通过二者之间的摩擦力传递给变速器直至后轮，在接合的过程中摩擦力逐渐增大。

离合器接合的压紧力可以是弹簧力、电磁力或液压力。摩托车离合器主要采用弹簧力作为压紧力。弹簧压紧式摩擦离合器的基本结构如图 6-20 所示，其工作方式为：

图 6-21 为摩托车离合器实体剖切。图 6-22 为离合器摩擦片。

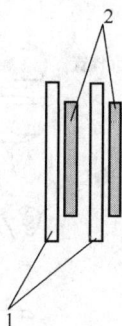

图 6-19 摩托车摩擦离合器的工作原理示意图
1—主动片；2—从动片

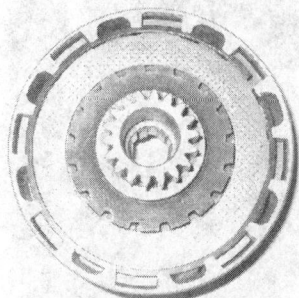

图 6-20 摩托车离合器

握紧离合器摇臂 → 离合器弹簧压缩 → 离合器分离
松开离合器摇臂 → 离合器弹簧张开 → 离合器结合

图 6-21 摩托车离合器实体剖切

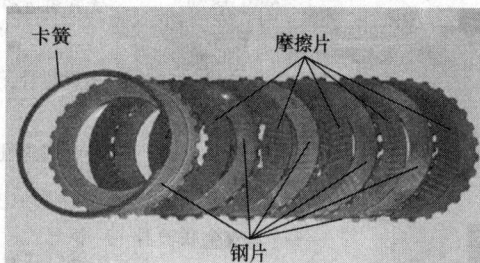

图 6-22 离合器摩擦片

第3节 联轴器

一、联轴器功用及类型

联轴器是机械传动中常用的部件，主要用来连接不同部件中的两轴（或轴与其他回转零件）使之共同旋转并传递转矩，在某些场合也可用作安全装置。万向传动装置的功用是能在汽车上任何一对轴间夹角和相对位置经常发生变化的转轴之间传递动力。联轴器和万向传动装置的应用如图 6-23 所示。

联轴器的类型很多，根据 GB/T 12458—2003 分类如图 6-24 所示。

根据对各种位移有无补偿能力，联轴器分为刚性联轴器和挠性联轴器。

刚性联轴器按照被连接两轴的相对位置和位置的变动情况，可分为刚性固定式联轴器和刚性可移式联轴器两种。

刚性固定式联轴器主要用于两轴要求严格对中并在工作中不发生相对位移的场合，其结构一般较简单，且两轴瞬时转速相同。

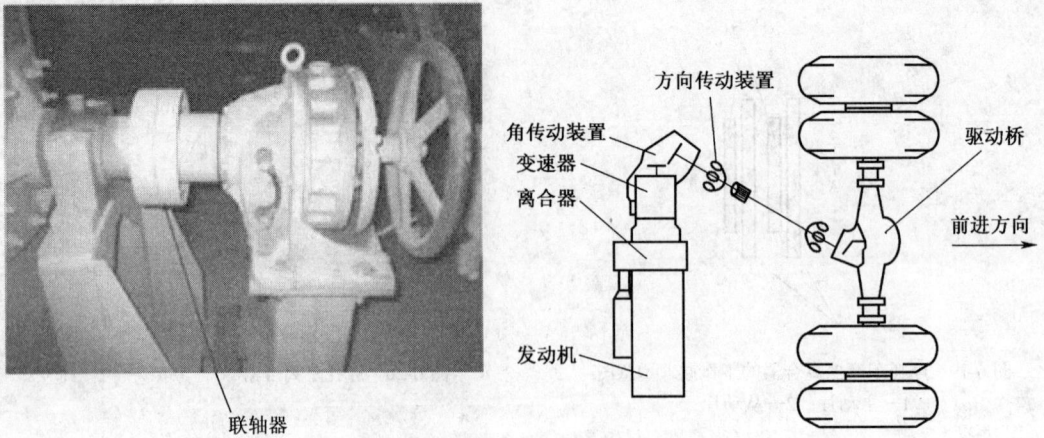

图 6-23　联轴器和万向传动装置的应用

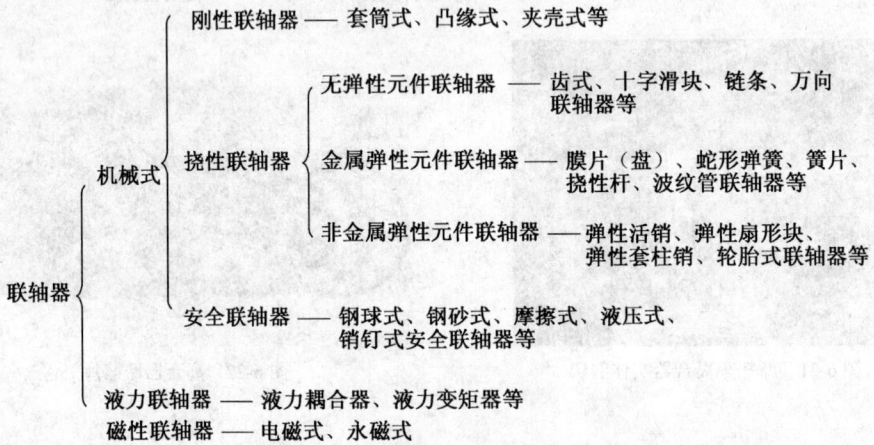

图 6-24　联轴器的分类

　　刚性可移式联轴器和弹性联轴器，对于机器由于制造和安装误差、运转后零件的变形、基础下沉、轴承磨损、温度变化等原因引起的两连接轴之间的相对位移和偏斜，具有一定的补偿能力。如图 6-25 所示为轴线的相对位移。

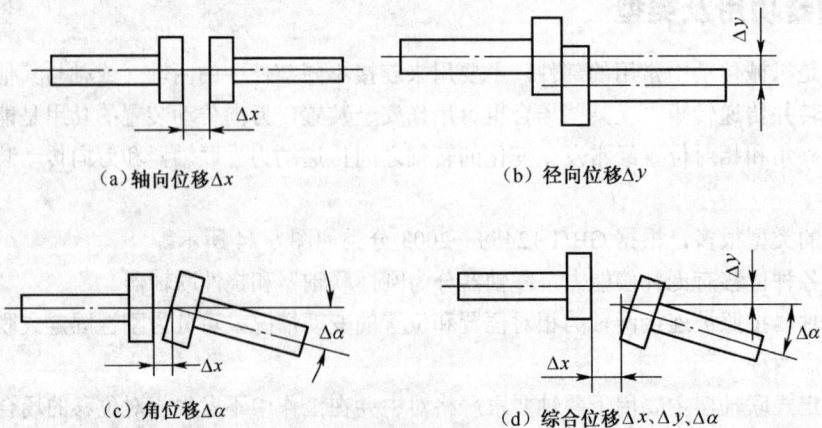

（a）轴向位移Δx　　　　　　　　　　（b）径向位移Δy

（c）角位移$\Delta\alpha$　　　　　　　　　　（d）综合位移Δx、Δy、$\Delta\alpha$

图 6-25　轴线的相对位移

二、万向联轴器的工作原理

万向联轴器又称十字铰链联轴器，其结构如图 6-26 所示。

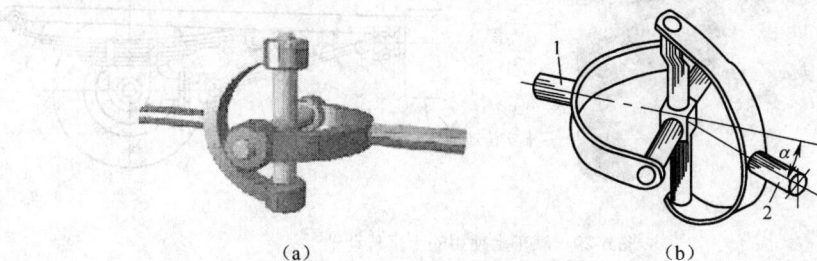

（a）　　　　　　　　　（b）

图 6-26　万向联轴器
1—主动轴；2—从动轴

轴 1 和轴 2 上的叉形接头与中间的十字元件相连接，叉形接头可绕十字元件上的小轴旋转，因此，当一轴固定后，另一轴可以在任意方向偏斜 α 角，角位移可达 40°～45°。

当轴 1 和轴 2 有偏斜时，两轴的瞬时角速度不等，若两轴的角速度分别以 ω_1 和 ω_2 表示，并以轴 1 为主动件时，则 ω_2 将在每一转内从 $\omega_1\cos\alpha$ 到 $\omega_1/\cos\alpha$ 作周期性变化，因而在传动中引起附加动载荷。为了避免这种情况，保证主、从动轴角速度随时都相等，常将万向联轴器成对使用，并应使中间轴的叉面在同一平面内，如图 6-27 所示。

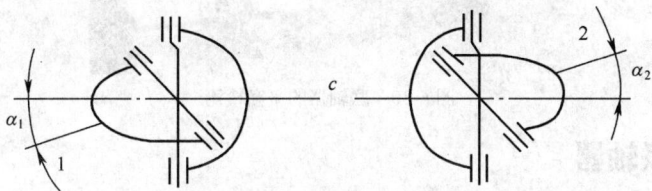

图 6-27　万向联轴器工作原理示意图

十字轴式万向连轴器最大的特点是各向位移补偿能力强，能使不在同一轴线、或者轴线折角较大、或者轴向移动较大的两轴等角速连续回转，并可靠地传递转矩和运动。其结构紧凑，传动效率高，维修保养方便，广泛应用于冶金机械、石油机械、造纸机械、工程机械、起重运输机械以及其他重型机械等。

三、汽车使用的十字接头万向联轴器

万向节与传动轴组合，称为万向节传动装置。万向节即万向接头（见图 6-28），是实现变角度动力传递的机件，用于需要改变传动轴线方向的位置，它是汽车驱动系统的万向传动装置的"关节"部件。

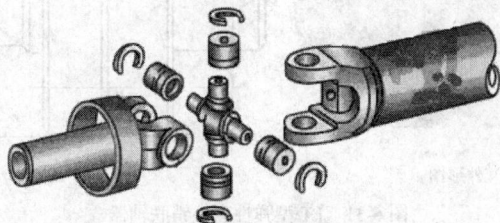

图 6-28　十字轴式万向节（联轴器）三维立体造型

汽车上使用的十字传动轴如图 6-29 所示。

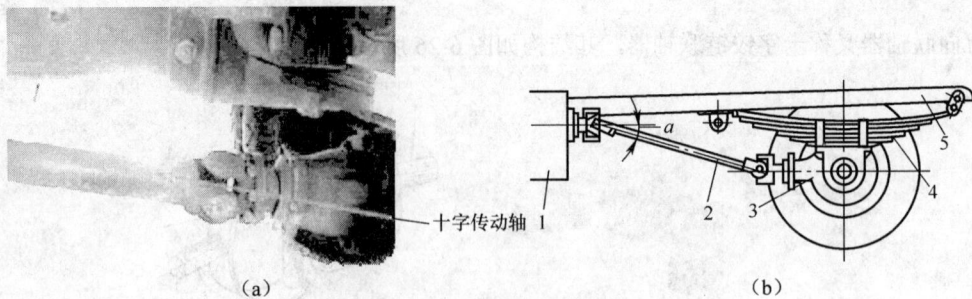

（a）　　　　　　　　　　　　　　　　　　　　（b）

图 6-29　汽车上使用的十字传动轴

1—变速器；2—十字传动轴；3—驱动桥；4—后悬架；5—车架

四、联轴器的平衡测量与检测

现代化的高科技检测设备使产品质量得到了保证，平衡品质测定已成为高精度产品的最后一道工序，测定的结果使产品得到优化，联轴器的平衡检测如图 6-30 所示。

图 6-30　联轴器的平衡检测

五、其他常用联轴器

我国部分联轴器已标准化。联轴器的型号不同，结构有所不同，选用时可参考联轴器使用手册。

LT 型弹性套柱销联轴器已列为国家标准（GB 4323—2002），适用于连接两同轴线的传动轴系，具有一定补偿两轴相对偏移和缓冲、减震能力，如图 6-31 所示。其工作温度为 -20～+70℃，传递公称转矩为 6.3～16 000N·m。

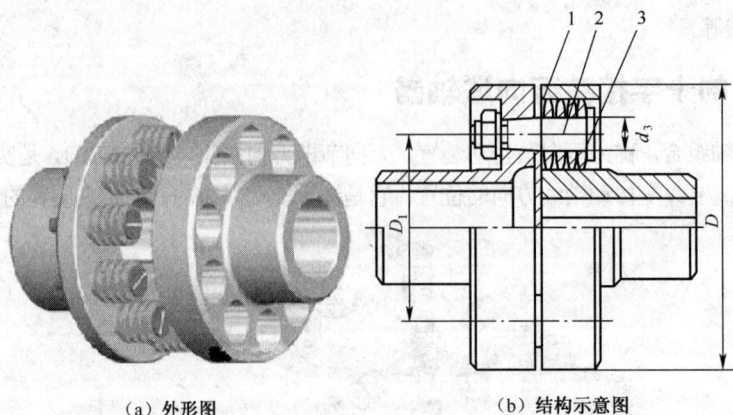

（a）外形图　　　　　　　　　　　　　　（b）结构示意图

图 6-31　LT 型弹性套柱销联轴器

1—挡圈；2—柱销；3—弹性套

（c）弹性套结构示意图　　　　　　　　　（d）柱销结构示意图

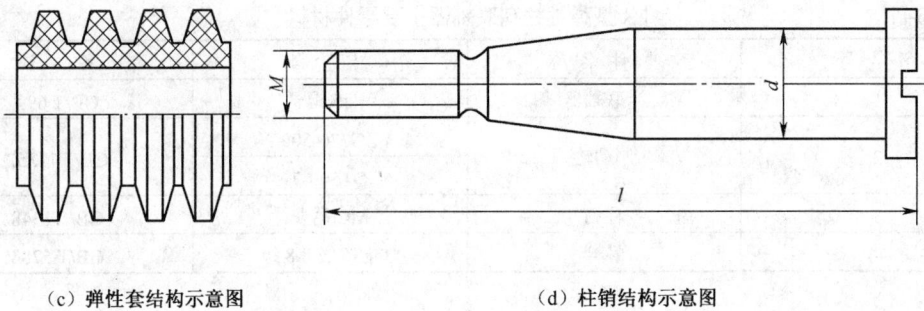

图 6-31　LT 型弹性套柱销联轴器（续）

LT 型弹性套柱销联轴器的弹性套采用热塑性橡胶（TPE）制成，柱销的材料为 35 钢（GB/T 700），挡圈材料为 A3 钢。各种弹性柱销如图 6-32 所示。轴孔型式有圆柱形（Y）、短圆柱形（J）和圆锥形（Z）。轴孔和键槽按国家标准 GB 3852—2008《联轴器轴孔和键槽形式及尺寸》的规定加工，轴孔和键槽采用拉制成型。

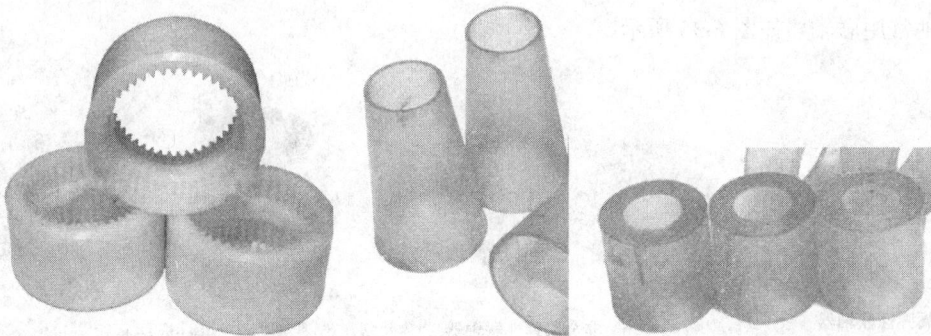

图 6-32　弹性柱销联轴器使用的各种弹性柱销

波纹管联轴器可以补偿径向、角向和轴向偏差，其顺时针和逆时针回转特性完全相同，低惯性，运转平稳，适合于大转矩场合。SD 型波纹管联轴器如图 6-33 所示。

LX 型弹性柱销联轴器已列为国家标准（GB 5014—2003），适用于连接两同轴线的传动轴系，具有补偿两轴相对偏移和一定的缓冲与减震能力，如图 6-34 所示。其工作温度为-20～+70℃；传递公称转矩为 250～180 000N·m。

图 6-33　SD 型波纹管联轴器　　　　　　　图 6-34　LX 型弹性柱销联轴器

LX 型弹性柱销联轴器主要零件材料见表 6-1，许用补偿量见表 6-2。

表 6-1   LX 型弹性柱销联轴器主要零件材料

序　号	零件名称	材　料	备　注
1	半联轴器	45 钢	GB/T 699
2	制动轮	ZG270-500	GB/T 11352
		QT500-7	
3	柱销	MC 尼龙	GB/ T1348
44	螺栓	性能等级 8.8 级	GB/T 5783

表 6-2   LX 型联轴器许用补偿量

项目型号	轴向 Δx/mm	径向 Δy/mm	角向 $\Delta\alpha$
LX1	±0.5	0.15	$\alpha \le 0° 30'$

注：1. 径向补偿量的测量部位在半联轴器最大外圆宽度的 1/2 处；

2. 表中所列补偿量是指由于安装误差、冲击、振动、变形、温度变化等因素形成的两轴相对偏移量，其安装误差必须小于表中数值。

其他常用联轴器如图 6-35 所示。

（a）金属弹性联轴器　　　　　　　（b）非金属弹性联轴器　　　　　　　（c）齿式联轴器

（d）GICL型鼓形齿式联轴器　　　　（e）滑块联轴器　　　　　　　　（f）轮胎联轴器

（g）滚子链联轴器　　　　　　　（h）滚子链联轴器　　　　　　　（i）蛇形弹簧联轴器

图 6-35　其他常用联轴器

（j）键键联结双型弹性膜片联轴器

（k）法兰膜片联轴器

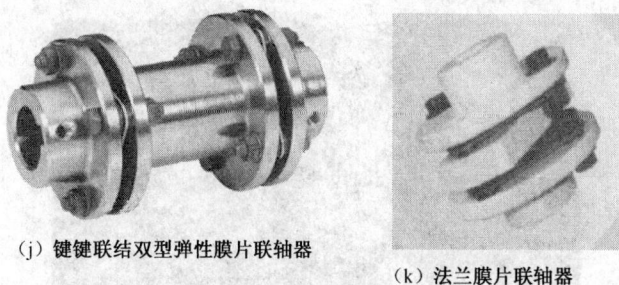

图 6-35　其他常用联轴器（续）

第4节　制动器

一、制动器的功用与类型

制动器因工作原理不同，结构外形各不相同，图 6-36～图 6-38 所示为几种不同结构的制动器。

图 6-36　安全制动器

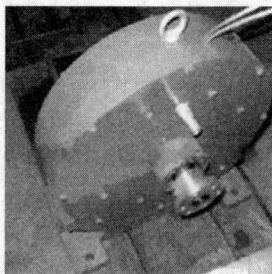

图 6-37　电涡流制动器

图 6-38　自行车制动器

1．制动器的功用

制动器是用来降低机械运转速度或迫使机械停止运转的装置，有时也用作限速装置。

2．制动器的类型

制动器的种类很多，按结构特征分为外抱块式制动器、带式制动器和盘式制动器等。

制动可靠是对制动器的基本要求，同时也应具备操纵灵活、散热好、体积小、寿命长、结构简单、维修方便等特点。

常用的制动器多采用摩擦制动原理，利用摩擦元件之间产生摩擦阻力矩来消耗机械运动部件的动能，以达到制动目的。

制动器通常应装在设备的高速轴上，这样所需要的制动力矩小，有的制动器也装在低速轴上，主要是为了安全制动。

制动器在车辆、矿山、建筑、冶金、起重、电力、铁路、水利、港口、化工等行业广泛采用。电力液压块式制动器的应用如图 6-39 所示。

图 6-39　电力液压块式制动器应用

二、外抱块式制动器

外抱块式制动器的主要特点是结构简单，动作快，工作可靠，瓦块有充分的退距，调整间隙方便，在起重运输机中应用较广，适用于工作频繁及空间较大的场合。

图 6-40 是一种外抱块式制动器简图，其工作原理是通过施加外力带动杠杆，使左、右两侧制动力臂运动，使闸瓦抱住或松开制动轮。

外抱块式制动器所施加外力常用电磁系统、液压系统、电磁液压系统、气压系统或电力液压系统来实现。图 6-41 所示是一种电力液压块式制动器。

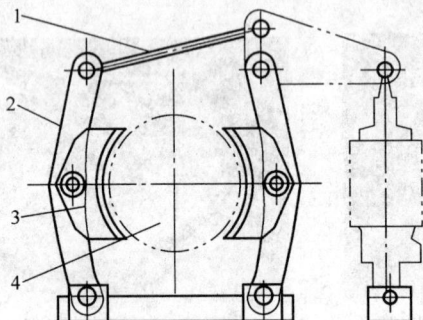

图 6-40　外抱块式制动器
1—杠杆机构；2—制动力臂；3—闸瓦；4—制动轮

图 6-41　电力液压块式制动器

全自动免维护电力液压块式制动器，可广泛用于起重、皮带运输、港口装卸、冶金及建筑机械中各种机械和停车制动。通过增设以下附加装置，可实现某些附加功能。

（1）手动释放装置，释放开闸或闭合闭闸限位开关，可实现制动器是否正常释放或闭合的信号显示。

（2）衬垫磨损极限限位开关，可实现制动衬垫磨损到极限时的信号显示（注意：应用时带自动补偿装置）。

（3）制动衬垫磨损自动补偿装置，可实现衬垫磨损时瓦块退距和制动力矩的无级自动补偿。

（4）采用带下降延时阀的推动器驱动，可实现制动器的延时闭合。

三、液压安全制动器

液压安全紧急制动器，是一种使用在低速轴上的大功率制动装置。它广泛应用于大中型起重机、港口装卸机械起升机构以及臂架俯仰机构低速轴的紧急安全制动，矿用卷扬机、提升机工作制动和紧急安全制动，大中型倾斜式皮带运输机驱动机构的工作制动和紧急安全制动，缆车和索缆起重机驱动机构的安全制动，如图 6-42 所示。

(a)　　　　　　　　　　　　　　　(b)

图 6-42　安全制动器及应用

液压安全制动器的主要特点如下。

（1）日常闭式设计，安全可靠，特制碟簧施力制动，需另配液压驱动释放装置。

（2）动作灵敏，闭合（上闸）时间短。

（3）可配有开闸限位开关和衬垫磨损极限限位开关，可进行联锁保护和故障显示。

（4）高性能无石棉硬质摩擦衬垫，摩擦系数稳定，不损伤制动盘，对水介质和盐雾（海水）不敏感。

（5）合理的密封结构设计和高性能密封件，效果好、寿命长。

（6）安装位置灵活，使用、调整、维护简单。

四、气动盘式制动器

气动盘式制动器广泛应用于中小型驱动机构的停车制动和减速制动以及卷绕机构的张紧制动，如造纸厂卷纸张紧、新闻印刷时新闻纸的张紧控制、铜板（钢丝）卷展开张紧及电线电缆放线、放缆张紧控制等。气动盘式制动器及其应用如图 6-43 所示。

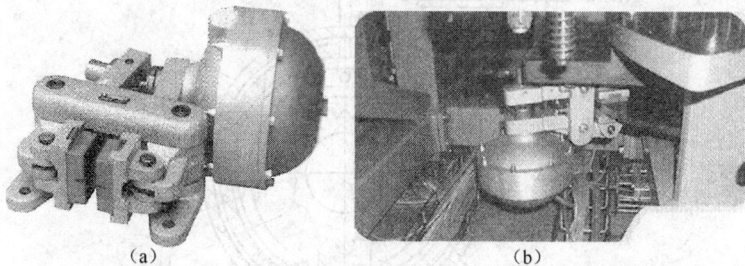

(a)　　　　　　　　　　　　　　　(b)

图 6-43　气动盘式制动器及其应用

气动盘式制动器的主要特点如下。

（1）结构紧凑、体积小、动作灵敏、重量轻、使用方便。

（2）常闭式设计：弹簧制动，气动释放（开闸）。

（3）常开式设计：由气压制动，弹簧释放，制动力可随气压的改变而变化，使用时可根据需要灵活改变。

（4）插装式无石棉衬垫，更换十分方便。

五、汽车制动系

1. 汽车制动系的作用

汽车在行驶过程中，必然出现车速由快到慢，或由慢到停等情况，这时就需要对车轮施加制动阻力，它靠行车制动装置来实现。汽车在停放，尤其是在坡道上停放时，需要防止汽车滑移，要求汽车可靠地驻留原地不动，这需要依靠驻车制动装置来实现。在汽车下坡特别是重型汽车满载下坡时，若完全依靠行车制动装置来保持下坡时的稳定车速，势比使行车制动器磨损大且承受很大的热负荷，驾驶员操作也很紧张，因此常配备各种辅助制动装置，如发动机排气制动。此外，有些车辆为防止制动气压不足故障等造成重大安全事故，设置了安全制动装置，使车辆无法行使。通常，汽车上装有行车制动和驻车制动两种装置，应急制动装置是用独立的管路控制车轮的制动器作为备用系统，其作用是行车制动装置失效时，保证汽车仍能实现减速或停车。图 6-44 所示为汽车制动装置示意图。

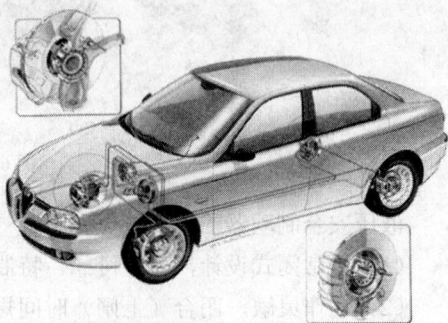

图 6-44 汽车制动装置示意图

2. 制动系工作原理

汽车上常用的制动器都是摩擦制动器，其工作原理是利用与车身或车架相连的非旋转元件和与车轮或传动轴相连的旋转元件之间的相互摩擦而产生制动力矩，来阻止车轮的转动或转动的趋势，并将运动着的汽车的动能转化为摩擦副的热能耗散到大气中。图 6-45 所示为一种简单的液压制动系工作原理示意图。

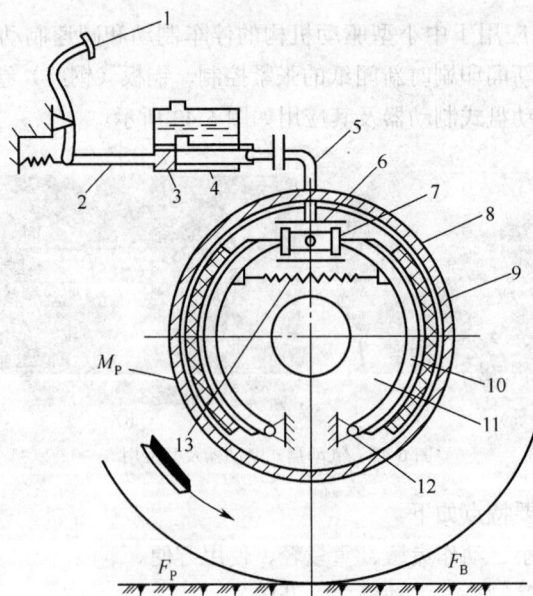

图 6-45 制动系工作原理图

1—制动踏板；2—推杆；3—主缸活塞；4—制动主缸；5—油管；6—制动轮缸；7—轮缸活塞；
8—制动鼓；9—摩擦片；10—制动蹄；11—制动底板；12—支承销；13—制动蹄回位弹簧

3．鼓式制动器

汽车上设置有彼此独立的制动系统，它们起的作用不同，但组成却是相似的，一般由供能装置、控制装置、传动装置、制动器组成。

制动器按其结构形式分为鼓式、盘式和带式制动器等。

鼓式制动器主要由底板、制动鼓、制动蹄、轮缸（制动分泵）、回位弹簧、定位销等零部件组成，如图 6-46 所示。底板安装在车轴的固定位置上，其固定不动，底板上面装有制动蹄、轮缸、回位弹簧、定位销，承受制动时的旋转扭力。

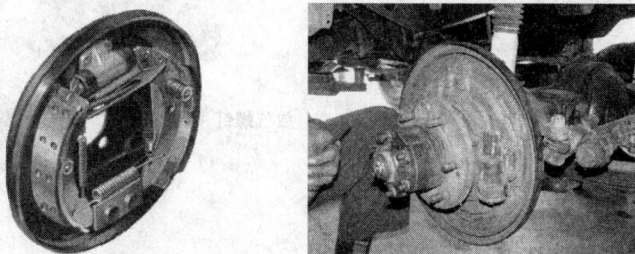

图 6-46 鼓式制动器

制动系不工作时，蹄鼓间有间隙，车轮和制动鼓可自由旋转；制动时，汽车减速，脚踏下制动器踏板通过推杆和主缸活塞，使主缸油液在一定压力下流入轮缸，并通过两轮缸活塞推动使制动蹄绕支承销转动，上端向两边分开而以其摩擦片压紧在制动鼓的内圆面上。不旋转的制动蹄对旋转着的制动鼓产生摩擦力矩，从而产生制动力。当放开制动踏板时回位弹簧即将制动蹄拉回原位，制动力消失。

图 6-47 为 BJ2020S 后轮制动器结构分解图。

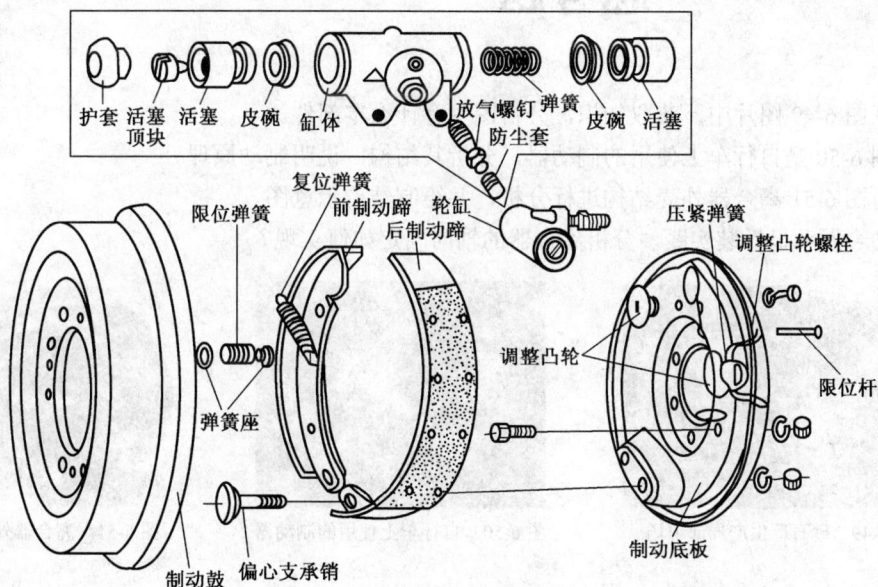

图 6-47 BJ2020S 后轮制动器结构分解图

4．盘式制动器

盘式制动器如图 6-48 所示。制动盘用合金钢制造并固定在车轮上，随车轮转动。分泵在制动器的底板上固定不动。制动钳上的两个摩擦片分别装在制动盘的两侧。制动时，分泵活塞通过油压作用，推动摩擦片压向制动盘产生摩擦制动。这种制动器散热快，重量轻，构造简单，调整方便。有的盘式制动器的制动盘上同时开有散热孔，以便加速通风散热，提高制动效率。

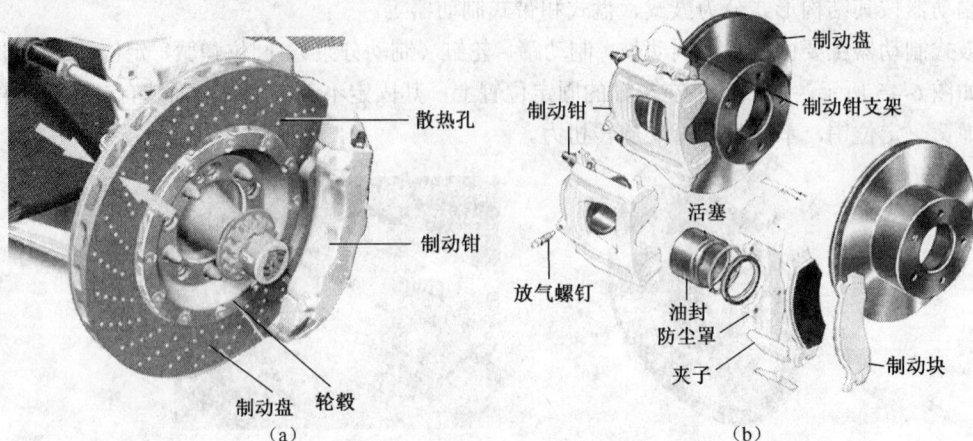

图 6-48　盘式制动器结构示意图防

鼓式制动器由于散热性能差，在制动过程中会聚集大量的热量，制动蹄片和轮鼓在高温影响下较易发生极为复杂的变形，容易产生制动衰退和振抖现象，引起制动效率下降。因此，一般轿车采用混合制动形式，前轮盘式制动，后轮鼓式制动。

思考题

1. 从图 6-49 图片中，获取知识，分析图中有什么零部件。
2. 图 6-50 是自行车上使用的制动器，分析其结构，说明制动原理。
3. 对图 6-51 离合器外壳结构进行分析，并绘制结构示意图。
4. 结合发动机拆装实践，分析离合器的轴向固定如何实现？

图 6-49　砂石厂生产局部现场　　　图 6-50　自行车上使用的制动器　　　图 6-51　离合器外壳

第 7 章

虚拟制造与虚拟装配

　　"科技工程、绿色工程、人文工程"的综合工程理念是 21 世纪人类生存和发展的必然趋势，是人类物质文明发展到一定程度的必然结果。返璞归真是我们科技工作者应该重视的整体生态和谐工程创新设计实践教学理念。

　　虚拟设计，虚拟制造，虚拟装配为认识事物的规律，为生态和谐设计、为绿色设计、绿色制造奠定了基础。

培养目标

1. 了解先进数字化技术理念，培养节能环保意识。
2. 了解先进数字化技术理念，培养成本意识。
3. 培养工艺、设计、装配一体化设计制造理念。

实践与学习目标

1. 观察现实社会能源和环境现状。
2. 参观先进的先进数字化生产设备和数字化生产线。
3. 熟悉先进的数字化设计理念。
4. 熟悉虚拟设计技术在工程中的应用。
5. 掌握现代虚拟制造的功用。
6. 掌握虚拟制造分类。
7. 掌握虚拟装配的分类。
8. 熟悉虚拟装配的应用。

第1节　虚拟制造

随着计算机、自动化及网络技术在制造系统中的应用，信息技术对制造技术发展的作用目前已占到第一位。产品制造过程中的信息投入，已成为决定产品成本的主要因素。信息技术使现代制造的技术含量提高，使传统制造技术发生质的变化。信息技术也促进着设计技术的现代化，加工制造的精密化、快速化，自动化技术的柔性化、智能化，整个制造过程的网络化、全球化。

制造业要在竞争激烈的全球市场求得生存与发展，必须能够更好地满足市场所提出的 TQCS 要求，即要以最短的产品开发周期（Time）、最优质的产品质量（Quality）、最低廉的制造成本（Cost）和最好的技术支持与售后服务（Service）来赢得市场与用户。基于这些因素，并行工程、概念设计、虚拟制造、网络制造等诸多有关先进数字化技术的新概念应运而生。

虚拟设计、虚拟制造、虚拟装配对认识事物的规律有很大的促进作用，是高等教育的发展方向。

一、虚拟制造

1．虚拟制造

虚拟制造（Virtual Manufacture，VM）是计算机技术在现实制造各环节中的具体应用，是指一个在计算机网络及虚拟现实（Virtual Reality，VR）环境中完成的、利用制造系统各层次及不同侧面的数学模型，对包括设计、制造、管理、销售和产品回收等各个环节的产品全生命周期的各种技术方案、技术策略进行评估和优化的综合过程。在虚拟制造工程中渗透绿色制造是时代的必然。

2．现实制造

现实制造（Reality Manufacture，RM）是物质、信息、能量在控制机或人工的协调与控制下，在各个层次上进行相应的决策的过程，实现从产品的投入到产品输出的制造过程。

3．虚拟制造技术

虚拟制造技术（Virtual Manufacturing Technology，VMT）是一种以计算机仿真技术、虚拟制造系统与加工过程建模理论、虚拟现实技术、分布式计算理论、产品数据管理技术等为理论基础，研究如何在计算机网络环境及虚拟现实环境下，利用虚拟制造系统各层次及各环节的数字模型，完成虚拟制造系统整个过程的计算与仿真的技术。

4．虚拟制造的主要内容

虚拟制造主要包括虚拟设计、虚拟加工、虚拟装配等内容。

（1）虚拟设计

虚拟设计是指在设计阶段采用了虚拟现实技术，使设计人员可以随时修改零件的三维形状，更利于产品功能的实现。图 7-1 是虚拟设计的一个曲轴零件。

虚拟设计的目的是利用存储在计算机内部的数字模型——虚拟产品，代替实物模型进行仿真、分析，以提高产

图 7-1　虚拟设计零件

品在效率、成本、质量等多目标中的决策水平，达到对虚拟产品进行全方位优化和一次开发成功。

（2）虚拟加工

虚拟加工是应用计算机仿真技术，对零件的加工方法、工序顺序、工装的选用、工艺参数的选用，装配工艺性、构件的运动性等进行建模仿真，以便提前发现加工或装配时出现的问题，从而优化制造过程，缩短生产装配周期，提高加工效率。虚拟加工是现实加工过程在计算机上的映射，与真实制造过程相比，具有虚拟性、数字化集成性、依赖性。

（3）虚拟装配

如果设计不合理，零部件进行装配时就会出现干涉问题，利用虚拟装配技术可以完全避免干涉。零部件的装配是三维设计系统的一个重要组成部分，将装配技术与虚拟现实技术相结合而形成零部件的虚拟装配技术。图 7-2、图 7-3 所示为虚拟装配图例。

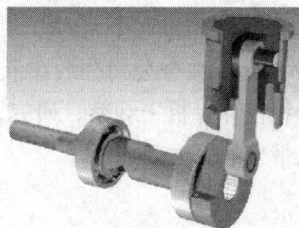

（a）　　　　　　　　　（b）

图 7-2　虚拟装配 1　　　　　　图 7-3　虚拟装配 2

总之，虚拟制造技术是一种软件前沿技术，它填补了 CAD/CAM 技术与生产过程、企业与管理之间的技术鸿沟，把企业的生产管理活动，在产品正式投入生产之前，预先在计算机上进行模拟评价，使可能发生的问题和后果尽早发现。

二、虚拟制造分类

1．虚拟设计制造

虚拟设计制造是以设计为中心的虚拟制造，这类 VM 是将制造信息加入到产品设计和工艺设计中，并在计算机上进行数字化制造，仿真多种制造方案，评估各种生产情景，通过仿真制造来优化产品设计和工艺设计，以便作出正确决策。

2．虚拟生产制造

虚拟生产制造是以生产为中心的虚拟制造，这类 VM 是将仿真能力加入到生产计划模型中，以便快捷化评价生产计划，检验工艺流程、资源需求状况以及生产效率，从而优化制造环境和生产供应计划。

3．虚拟控制制造

虚拟控制制造是以控制为中心的虚拟制造，这类 VM 是将仿真能力加入到控制模型中，提供对实际生产过程的仿真环境，即将机器控制模型用于仿真，其目标是实际生产中的过程优化，改进制造系统。

以上三种虚拟制造分别侧重于制造过程的不同方面，但都以计算机建模、仿真技术作为重要的实现手段，通过对制造过程进行统一建模，用仿真支持设计过程、建模制造过程，以进行成本估算和生产调度。

三、虚拟设计技术的应用

利用计算机进行虚拟产品设计，不但能提高设计效率，而且能尽早发现设计中的问题，从而优化产品的设计。

虚拟制造技术首先在飞机、汽车等领域获得成功的应用。

飞机、汽车的外形设计，其形状是否符合空气动力学原理，内部结构布局是否合理等，可以预先通过虚拟技术来进行合理性的检验。图 7-4 所示为虚拟设计的飞机。

在复杂管道系统设计中，采用虚拟技术，设计者可以"进入其中"进行管道布置，并可检查是否发生干涉。

美国波音公司投资 40 亿美元研制波音 777 喷气式客机，从 1990 年 10 月到 1994 年 6 月仅用了 3 年零 8 个月时

图 7-4　虚拟设计的飞机

间就完成了研制，一次试飞成功，投入运营。波音公司分散在世界各地的技术人员可以从波音 777 客机数以万计的零部件中调出任何一种在计算机上观察、研究、讨论，所有零部件均是三维实体模型。由此可见虚拟产品设计给企业带来的巨大效益。

第2节　虚拟装配

一、虚拟装配

虚拟装配是虚拟制造的重要组成部分，利用虚拟装配，可以验证装配设计和操作的正确与否，以便及早发现装配中的问题，对模型进行修改，并通过可视化显示装配过程。虚拟装配系统允许设计人员考虑可行的装配序列，自动生成装配规划，它包括数值计算、装配工艺规划、工作面布局、装配操作模拟等。

虚拟装配从模型分析方面来讲，它是一种零件模型按约束关系进行重新定位的过程，是有效地分析产品设计合理性的一种手段；从产品装配过程来讲，它是根据产品设计的形状特性、精度特性，真实地模拟产品的装配过程，并允许用户以交互方式控制产品的三维模拟装配过程，以检验产品的可装配性。

通过建立产品数字化装配模型，虚拟装配技术在计算机上创建近乎实际的虚拟环境，可以用虚拟产品代替传统设计中的物理样机，能够方便地对产品的装配过程进行模拟与分析，预估产品的装配性能，及早发现潜在的装配冲突与缺陷，并将这些装配信息反馈给设计人员。

二、虚拟装配的分类

按照实现功能和目的的不同，虚拟装配一般分为三类：以产品设计为中心的虚拟装配、以工艺规划为中心的虚拟装配和以虚拟原型为中心的虚拟装配。

1. 以产品设计为中心的虚拟装配

这种虚拟装配是在产品设计过程中，为了更好地进行与装配有关的设计决策，在虚拟环境下

对计算机数据模型进行装配关系分析的一项计算机辅助设计技术。

其基本任务是从设计原理、方案出发，在各种因素制约下寻求装配结构的最优解，由此拟定装配草图。通过模拟试装和定量分析，找出零部件结构设计中不适合装配或装配性能不好的结构特征，进行设计修改。保证设计产品装配的合理性，降低产品总成本，兼顾环保等社会因素。

2．以工艺规划为中心的虚拟装配

以工艺规划为中心的虚拟装配，针对产品的装配工艺设计问题，采用计算机仿真和虚拟现实技术进行产品的装配工艺设计，从而获得可行且较优的装配工艺方案，指导实际装配生产。

根据涉及范围和层次的不同，它又分为系统级装配规划和作业级装配规划。前者是装配生产的总体规划，是装配生产的纲领性文件。后者主要指装配作业与过程规划，主要包括装配顺序的规划、装配路径的规划、工艺路线的制定、操作空间的干涉验证、工艺卡片和文档的生成等内容。

工艺规划为中心的虚拟装配，以操作仿真的高逼真度为特色，主要体现在虚拟装配实施对象、操作过程以及所用的工装工具，均与生产实际情况高度吻合，因而可以生动直观地反映产品装配的真实过程，使仿真结果具有高可信度。

3．以虚拟原型为中心的虚拟装配

虚拟原型是利用计算机仿真系统在一定程度上实现产品的外形、功能和性能模拟，以产生与物理样机具有可比性的效果来检验和评价产品特性。

传统的虚拟装配系统都是以理想的刚性零件为基础，虚拟装配和虚拟原型技术相结合，可以有效分析零件制造和装配过程中的受力变形对产品装配性能的影响，为产品形状精度分析、公差优化设计提供可视化手段。

以虚拟原型为中心的虚拟装配主要研究内容包括考虑切削力、变形和残余应力的零件制造过程建模、有限元分析与仿真、配合公差与零件变形以及计算结果可视化等方面。

三、虚拟装配的构成

虚拟装配由两个部分组成，即虚拟现实软件内容和虚拟现实外设设备。这两部分协同工作，缺一不可。

1．虚拟现实软件内容

一般由各种 VR 软件组成，首先在三维软件中根据虚拟现实的内容制作相应的三维模型，然后再把这些三维模型导入到 VR 软件中，同时需要硬件设备来支撑这些软件程序。

2．虚拟现实外设设备

虚拟现实技术的特征之一就是人机之间的交互性。为了实现人机之间信息的充分交换，必须设计特殊输入和演示设备，以影响各种操作和指令，提供反馈信息，实现真正生动的交互效果。主要包括：VR 系列虚拟现实工作站、立体投影、立体眼镜或头盔显示器、三维空间跟踪定位器、数据手套、3D 立体显示器、三维空间交互球、多通道环幕系统、建模软件等。

第3节　虚拟装配的工艺化教学展望

机械系统的虚拟制造包括虚拟设计制造、虚拟加工制造、虚拟控制制造、虚拟装配等内容。

它是一种新型的基于集成化产品和过程开发策略的产品设计、开发和评估手段，它集计算机仿真方法论、现代管理、系统工程、模型技术、网络技术于一体，为产品的全寿命周期设计和评估提供分布式集成化环境，从而降低了成本、缩短了开发周期。

以发动机作为实践教学的内容，利用虚拟技术、虚拟制造技术对整台发动机进行虚拟设计、虚拟制造、虚拟装配。学生可以在发动机拆装之前，在教师进行发动机结构讲解时，即可对虚拟发动机的原理和结构进行详细的多次虚拟观察，对发动机零部件结构进行多次虚拟构形分析，在计算机上对虚拟发动机进行拆卸和组装训练，直到对发动机的结构和拆装顺序熟悉后，再对实体发动机进行拆装，这样可以提高拆装效果和学习效果；同时在发动机实践教学课程中，学生可以在计算机上进行发动机的个性化设计以及在网络上进行并行设计等教学内容。图 7-5 所示为虚拟结构设计，图 7-6 所示为虚拟零件制造。图 7-7 所示为虚拟模具制造。

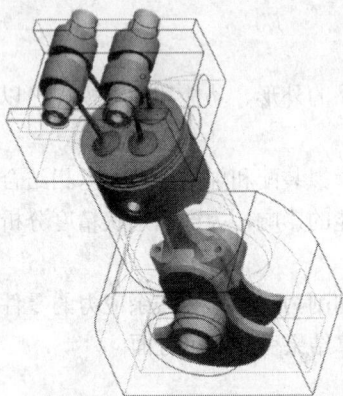

图 7-5　虚拟结构设计

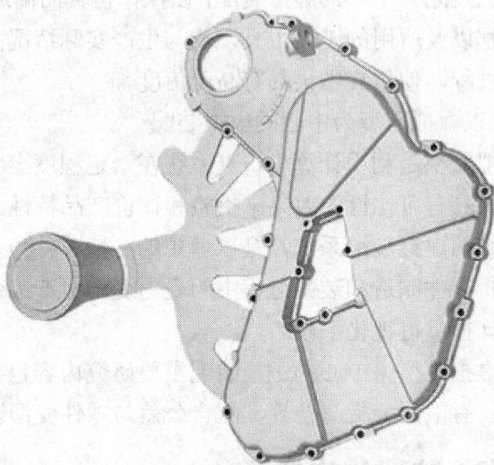

图 7-6　虚拟零件制造

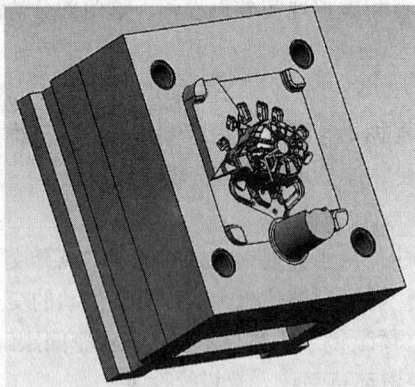

图 7-7　虚拟模具制造

将虚拟技术引进发动机拆装实践教学课程，使发动机实践拆装课具有以下特点。

1．提高拆装效率和提高虚拟构形分析能力

利用虚拟样机技术对整台发动机进行模拟仿真，对发动机的零部件反复进行虚拟观察，分析结构，反复对发动机进行虚拟拆卸和组装，记住拆装顺序后，再对实物进行拆装，这样可以提高拆装效率和学习效果，提高虚拟构形分析能力。

2. 及时纠错，减少发动机的损坏

由于一台发动机由几百个零件组成，零件之间都有规定的连接顺序，在发动机拆装过程中，学生经常搞错拆装顺序，在实践教学中，利用虚拟样机帮助学生记忆拆装顺序和各零件之间的相对位置关系，使发动机拆装的损坏降到最低。

3. 拆装具有可重复性

发动机结构复杂，零件部件数量多，知识量大，但由于学时少，学生想多次拆装，掌握更多的知识点，这是不可能的，利用虚拟样机可以多次重复拆装，强化知识点。

4. 具有可视化动态效果

在虚拟样机中，可以清楚地看到发动机的运转情况、发动机的工作原理，进一步提高教学效果。

5. 参数校验

在虚拟样机中，可对公差配合及运行干涉进行校验。学生可以选择各种公差进行模拟装配，虚拟体验公差不同时零部件的装配效果，是否具有运动干涉。从而对公差有了一定的虚拟理性认识。这样可以不必实际加工不同尺寸公差的零件，进行实际装配来了解和体验公差与运动精度之间的关系，培养学生严谨的科学作风。

6. 节省材料

用虚拟样机设计制造技术，可以将设计错误在正式制造前，通过计算机虚拟制造仿真技术提前发现，这样节省了材料、加工工时，提高了生产效率。

7. 网络化教学及远程教育

虚拟技术的应用，使实验课适用于非在校生的学习，通过网络化教学，教师可随时指导学生进行虚拟拆装实验。这样，资源可异地共享，提高资源的利用率，加速信息的流通。

通过"虚拟设计实验室"、"虚拟拆装实验室"、"虚拟制造实验室"的开发。利用虚拟技术培养学生全面的虚拟工程意识成为可能。

思考题

1. 对离合器进行三维数字化虚拟造型设计。
2. 对离合器进行三维数字化虚拟装配设计。

附录一　联接与紧固

一、螺纹

附表1　　　　　　普通螺纹基本尺寸（GB/T 196—2003 摘录）　　　　（单位：mm）

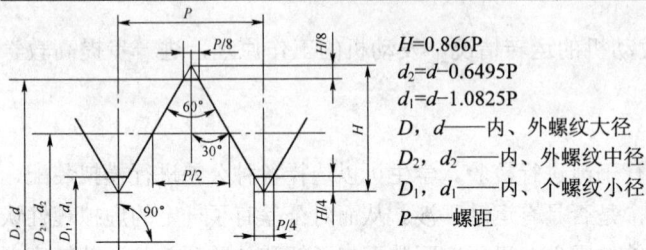

$H=0.866P$

$d_2=d-0.6495P$

$d_1=d-1.0825P$

D, d——内、外螺纹大径

D_2, d_2——内、外螺纹中径

D_1, d_1——内、个螺纹小径

P——螺距

标记示例（参考）：

M20-6H（公称直径20mm，粗牙右旋内螺纹，中径和大径的公差带均为6H）

M20-6g（公称直径20mm，粗牙右旋外螺纹，中径和大径的公差带均为6g）

M20-6H/6g（上述规格的螺纹副）

M20×2LH-5g6g-S（公称直径20mm，螺距2mm，细牙左旋外螺纹，中径、大径的公差带分别为5g、6g，短旋合长度）

公称直径 D, d 第一系列	第二系列	螺距 P	中径 D_2, d_2	小径 D_1, d_1	公称直径 D, d 第一系列	第二系列	螺距 P	中径 D_2, d_2	小径 D_1, d_1	公称直径 D, d 第一系列	第二系列	螺距 P	中径 D_2, d_2	小径 D_1, d_1
3		0.5	2.675	2.459	18		1.5	17.026	16.376		39	2	37.701	36.835
		0.35	2.773	2.621			1	17.350	16.917			1.5	38.026	37.376
	3.5	(0.6)	3.110	2.850	20		2.5	18.376	17.294	42		4.5	39.077	37.129
		0.35	3.273	3.121			2	18.701	17.835			3	40.051	38.752
4		0.7	3.545	3.242			1.5	19.026	18.376			2	40.701	39.835
		0.5	3.675	3.459			1	19.350	18.917			1.5	41.026	40.376
	4.5	(0.75)	4.013	3.688		22	2.5	20.376	19.294		45	4.5	42.077	40.129
		0.5	4.175	3.959			2	20.701	19.835			3	43.051	41.752
5		0.8	4.480	4.134			1.5	21.026	20.376			2	43.701	42.835
		0.5	4.675	4.459			1	21.350	20.917			1.5	44.026	43.376
6		1	5.350	4.917	24		3	22.051	20.752	48		5	44.752	42.587
		0.75	5.513	4.188			2	22.701	21.835			3	46.051	44.752
8		1.25	7.188	6.647			1.5	23.026	22.376			2	46.701	45.835
		1	7.350	6.917			1	23.350	22.917			1.5	47.026	46.376
		0.75	7.513	7.188		27	3	25.051	23.752	52		5	48.752	46.587
10		1.5	9.026	8.376			2	25.701	24.835			3	50.051	48.752
		1.25	9.188	8.647			1.5	26.026	25.376			2	50.701	49.835
		1	9.350	8.917			1	26.350	25.917			1.5	51.026	50.376
		0.75	9.513	9.188	30		3.5	27.727	26.211		56	5.5	52.428	50.046
12		1.76	10.863	10.106			2	28.701	27.835			4	53.402	51.671
		1.5	11.026	10.376			1.5	29.026	28.376			3	54.051	53.752
		1.25	11.188	10.647			1	29.350	28.917			2	54.701	53.835
		1	11.350	10.917		33	3.5	30.727	29.211			1.5	55.026	54.376
	14	2	12.701	11.835			2	31.701	30.835		60	(5.5)	56.728	54.046
		1.5	13.026	12.376			1.5	32.026	31.376			4	57.402	55.670
		1	13.350	12.917	36		4	33.402	31.670			3	58.051	56.752
16		2	14.701	13.835			3	34.051	32.752			2	58.701	57.835
		1.5	15.026	14.376			2	34.701	33.835			1.5	59.026	58.376
		1	15.350	14.917			1.5	35.026	34.376	64		6	60.103	57.505
	18	2.5	16.376	15.294		39	4	36.402	34.670			4	61.402	59.670
		2	16.701	15.835			3	37.051	35.752			3	62.051	60.752

注：1. "螺距 P"栏中第一个数值为粗牙螺距，其余为细牙螺距。
　　2. 优先选用第一系列，其次是第二系列，第三系列（表中未列出）尽可能不用。
　　3. 括号内尺寸尽可能不用。

附表2　　梯形螺纹牙型（GB/T 5793.1—2005 摘录）　　（单位：mm）

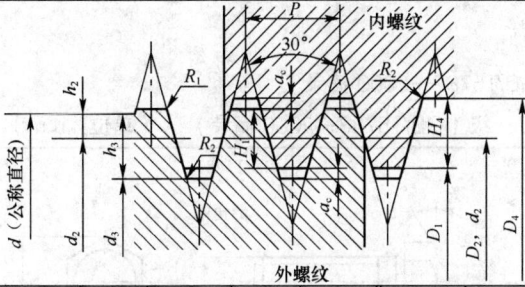

标记示例：

Tr40×7-7H（梯形内螺纹，公称直径 d=40mm，螺距 P=7mm，精度等级 7H）

Tr40×14（P7）LH-7e（多线左旋梯形外螺纹，公称直径 d=40mm，导程=14mm，螺距 P=7mm，精度等级 7e）

Tr40×7-7H/7e（梯形螺旋副，公称直径 d=40mm，螺距 P=7mm，内螺纹精度等级 7H，外螺纹精度等级 7e）

螺距 P	a_c	H_4=h_3	R_{1max}	R_{2max}	螺距 P	a_c	H_4=h_3	R_{1max}	R_{2max}	螺距 P	a_c	H_4=h_3	R_{1max}	R_{2max}
1.5	0.15	0.9	0.075	0.15	9		5			24		13		
2	0.25	1.25	0.125	0.25	10	0.5	5.5	0.25	0.5	28		15		
3		1.76			12		6.5			32		17		
4		2.25			14		8			36	1	19	0.5	1
5		2.75			16		9			40		21		
6	0.5	3.5	0.25	0.5	18	1	10	0.5	1	44		23		
7		4			20		11							
8		4.5			22		12							

附表3　　梯形螺纹直径与螺距系列（GB/T 5796.2—2005 摘录）　　（单位：mm）

公称直径 d 第一系列	公称直径 d 第二系列	螺距 P	第一系列	第二系列	螺距 P	第一系列	第二系列	螺距 P	第一系列	第二系列	螺距 P
8		1.5	28	26	8，5，3	52	50	12，8，3		110	20，12，4
10	9	2，1.5		30	10，6，3		55	14，9，3	120	130	22，14，6
	11	3，2	32		10，6，3	60		14，9，3	140		240，14，6
12		3，2	36	34		70	65	16，10，4		150	24，16，6
16	14	3，2		38	10，7，3	80	75	16，10，4	160		28，16，6
	18	4，2	40	42			85	18，12，4		170	28，16，6
20		4，2	44		12，7，3	90	95	18，12，4	180		28，18，8
24	22	8，5，3	48	46	12，8，3	100		20，12，4		190	32，18，8

注：优先选用第一系列的直径，黑体字为对应直径优先选用项用的螺距。

附表4　　梯形螺纹基本尺寸（GB/T5796.3—2005 摘录）　　（单位：mm）

螺距 P	外螺纹小径 d_3	内、外螺纹中径 D_2, d_2	内螺纹大径 D_4	内螺纹 D_1	螺距 P	外螺纹小径 d_3	内、外螺纹中径 D_2, d_2	内螺纹大径 D_4	内螺纹 D_1
1.5	d-1.8	d-0.75	d+0.3	d-1.5	8	d-9	d-4	d+1	d-8
2	d-2.5	d-1	d+0.5	d-2	9	d-10	d-4.5	d+1	d-9
3	d-3.5	d-1.5	d+0.5	d-3	10	d-11	d-5	d+1	d-10
4	d-4.5	d-2	d+0.5	d-4	12	d-13	d-6	d+1	d-12
5	d-5.5	d-2.5	d+0.5	d-5	14	d-16	d-7	d+2	d-14
6	d-7	d-3	d+1	d-6	16	d-18	d-8	d+2	d-16
7	d-8	d-3.5	d+1	d-7	18	d-20	d-9	d+2	d-18

注：1. d——设计牙型上的外螺纹大径（公称直径）。

2. 表中所列数值的计算公式：d_3=d-2h_3；D_2, d_2=d-0.5P；D_4=d+2a_c；D_1=d-P。

二、螺栓、螺柱、螺钉

附表 5　　六角头螺栓——A 和 B 级（GB/T5782—2000 摘录）、

六角头螺栓—全螺纹——A 和 B 级（GB/T5783—2000 摘录）　　（单位：mm）

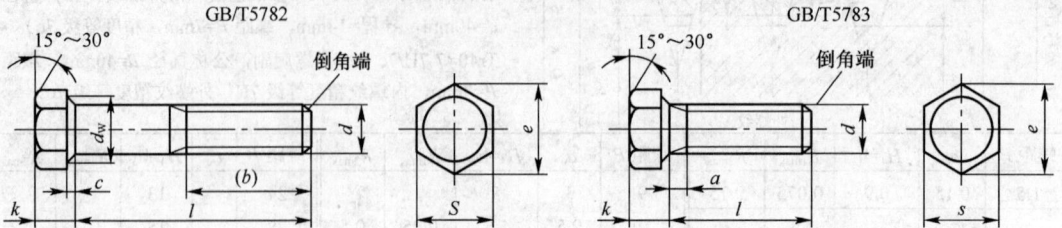

标记示例：

螺纹规格 d=M12，公称长度 l=80mm，性能
等级为 9.8 级，表面氧化，A 级的六角头螺栓：
螺栓　GB/T 5782　　M12×80

标记示例：

螺纹规格 d=M12，公称长度 l=80mm，性能
等级为 9.8 级，表面氧化，全螺纹，A 级的六角头螺栓：
螺栓　GB/T 5783　　M12×80

螺纹规格 d			M3	M4	M5	M6	M8	M10	M12	M16	M20	M24	M30	M36
b 参考	l≤125		12	14	16	18	22	26	30	38	46	54	66	78
	125<l≤200		—	—	—	—	28	32	36	44	52	60	72	84
	l>200		—	—	—	—	—	—	57	65	73	85	97
a	max		1.5	2.1	2.4	3	3.75	4.5	5.25	6	7.5	9	10.5	12
c	max		0.4	0.4	0.5	0.5	0.6	0.6	0.6	0.8	0.8	0.8	0.8	0.8
d_w	min	A	4.57	5.88	6.88	8.88	11.63	14.63	16.63	22.49	28.19	33.61	—	—
		B	—	—	6.75	8.74	11.47	14.47	16.47	22	27.7	33.25	42.75	51.11
e	min	A	6.01	7.66	8.79	11.05	14.38	17.77	20.03	26.75	33.53	39.98	—	—
		B	5.88	7.50	8.63	10.89	14.20	17.59	19.85	26.17	32.95	39.55	50.85	60.79
k	公称		2	2.8	3.5	4	5.3	6.4	7.5	10	12.5	15	18.7	22.5
r	min		0.1	0.2	0.2	0.25	0.4	0.4	0.6	0.6	0.8	0.8	1	1
s	公称		5.5	7	8	10	12	16	18	24	30	36	46	55
L 范围（GB/T 5782）			20～30	25～40	25～50	30～60	35～80	40～100	45～120	55～160	65～200	80～240	90～30	110～360
L 范围（全螺纹）（GB/T 5783 A 级）			6～30	8～40	10～50	12～60	16～80	20～100	25～100	35～100	40～100	40～100	40～100	
l 系列			6，8，10，12，16，20～70（5 进位），80～160（10 进位），180～360（20 进位）											

技术条件	材料	力学性能等级	螺纹公差	公差产品等级	表面处理
	钢	5.6，8.8，9.8，10.9	6g	A 级用于 d≤24 和 l≤10d 或 l≤150 B 级用于 d>24 或 l>10d 或 l>150	氧化
	不锈钢	A2—70、A4—70			简单处理
	有色金属	Cu2、Cu3、A14 等			简单处理

注：1. A、B 为产品等级，C 级产品螺纹公差为 8g，规格为 M5～M64，性能等级为 3.6、4.6 和 4.8 级，详见 GB/T
5780—2000，GB/T 5781—2000。

2. 非优选的螺纹规格未列入

3. 表面处理中，电镀按 GB/T 5267，非电角锌粉覆盖层按 IS010683，其他按协议。

附表 6　　　　六角头铰制孔用螺栓——A 和 B 级（GB/T 27—1988 摘录）　　（单位：mm）

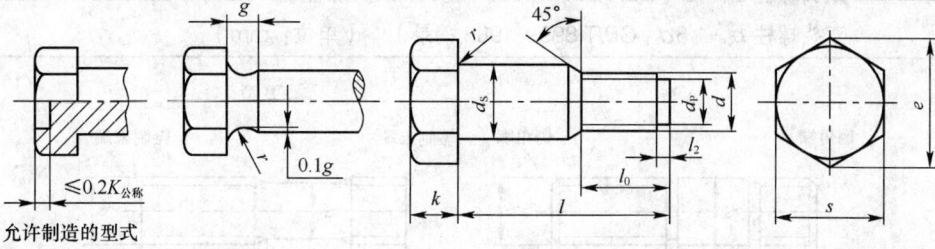

允许制造的型式

标记示例：

螺纹规格 d=M12，d_s 尺寸按表规定，公称长度 l=80mm，性能等级为 8.8 级，表面氧化处理，A 级的六角头铰制孔用螺栓：螺栓　GB/T 27　M12×80

当 d_s 按 m6 制造时应标记为：螺栓　GB/T 27　M12×m6×80

螺纹规格 d		M6	M8	M10	M12	(M14)	M16	(M18)	M20	(M22)	M24	(M27)	M30	M36
d_s(h9)	max	7	9	11	13	14	17	19	21	23	25	28	31	38
s	max	10	13	16	18	21	24	27	30	34	36	41	46	55
k	公称	4	5	6	7	8	9	10	11	12	13	15	17	20
r	min	0.25	0.4	0.4	0.6	0.6	0.6	0.6	0.8	0.8	0.8	1	1	1
d_p		4	5.5	7	8.5	10	12	13	15	17	18	21	23	28
l_2		1.5		2		3			4			5		6
e_{min}	A	11.05	14.38	17.77	20.03	23.35	26.75	30.14	33.53	37.72	39.98	—	—	—
	B	10.89	14.20	17.59	19.85	22.78	26.17	29.56	32.95	37.29	39.55	45.2	50.85	60.79
g		2.5				3.5				5				
l_0		12	15	18	22	25	28	30	32	35	38	42	50	55
l 范围		25~65	25~80	30~120	35~180	40~180	45~200	50~200	55~200	60~200	65~200	75~200	80~230	90~300
l 系列		25，(28)，30，(32)，35，(38)，40，45，50，(50)，60，(65)，70，(75)，80，85，90，(95)，100~260（10 进位），280，300												

注：1. 公差技术条件见相关技术手册。
　　2. 括号内为非优选的螺纹规格，尽可能不采用。

附表 7　　　　　　　内六角圆柱头螺钉（GB/T 70.1—2000 摘录）　　　　（单位：mm）

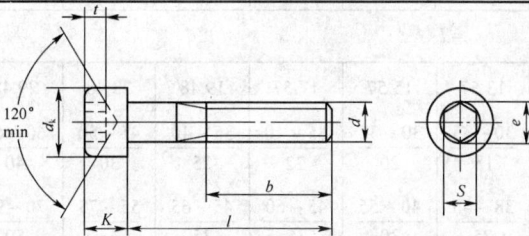

标记示例：

螺纹规格 d=M8，公称长度 l=20mm，性能等级为 8.8 级，表面氧化的内六角圆柱头螺钉：
螺栓　GB/T 70.1　M8×20

螺纹规格 d	M5	M6	M8	M10	M12	M16	M20	M24	M30	M36
b（参考）	22	24	28	32	36	44	52	60	72	84
d_k（max）	8.5	10	13	16	18	24	30	36	45	54
e（min）	4.58	5.72	6.86	9.15	11.43	16	19.44	21.73	25.15	30.85
K（max）	5	6	8	10	12	16	20	24	30	36
S（公称）	4	5	6	8	10	14	17	19	22	27
t（min）	2.5	3	4	5	6	8	10	12	15.5	19
l 范围（公称）	8~50	10~60	12~80	16~100	20~120	25~160	30~200	40~200	45~200	55~200
制成全螺纹时 l≤	25	30	35	40	45	55	65	80	90	110
l 系列（公称）	8，10，12，16，20~70（5 进位），70~160（10 进位），180，200									

注：非优选的螺纹规格未列入。

附表8　双头螺柱 $b_m=1d$（GB/T 897—1988 摘录）、双头螺柱 $b_m=1.25d$（GB/T 898—1988 摘录）、双头螺柱 $b_m=1.5d$（GB/T 899—1988 摘录）　（单位：mm）

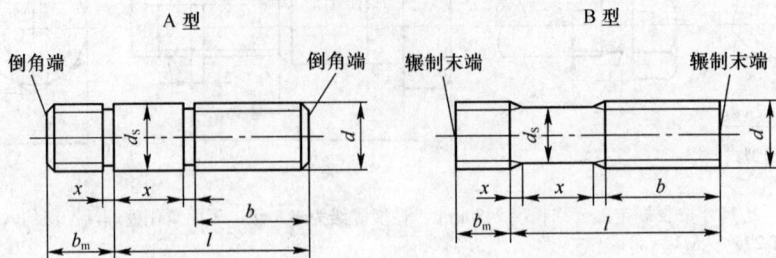

$x\leqslant1.5P$，P 为粗牙螺纹螺距，$d_2\approx$ 螺纹中径（B 型）

标记示例：

两端均为粗牙普通螺纹，$d=10$mm，$l=50$mm，性能等级为 4.8，不经表面处理，B 型、$b_m=1.25d$ 的双头螺柱：

螺柱　　GB/T 898　　　M10×50

旋入机体一端为粗牙普通螺纹，旋螺母一端为螺距 $P=1$mm 的细牙普通螺纹，$d=10$mm，$l=50$mm，性能等级为 4.8 级，不经表面处理，A 型、$b_m=1.25d$ 的双头螺柱：

螺柱　　GB/T 898　　　AM10-M10×1×50

旋入机体一端为过渡配合螺纹的第一种配合，旋螺母一端为粗牙普通螺纹，$d=10$mm，$l=50$mm，性能等级为 8.8 级，镀锌钝化，B 型、$b_m=1.25d$ 的双头螺柱：

螺柱　　GB/T 898　　　GM10-M10×50-8.8-Z_n•D

螺纹规格 d		M5	M6	M8	M10	M12	（M14）	M16	（M18）	M20	M24	M30
b_m（公称）	GB/T 897	5	6	8	10	12	14	16	18	20	24	30
	GB/T 898	6	8	10	12	15	18	20	22	25	30	38
	GB/T 899	8	10	12	15	18	21	24	27	30	36	45
d_s	max						=d					
	min	4.7	5.7	7.64	9.64	11.57	13.57	15.57	17.57	19.48	23.48	29.48
$\dfrac{l(公称)}{b}$		$\dfrac{16\sim22}{10}$	$\dfrac{20\sim22}{10}$	$\dfrac{20\sim22}{12}$	$\dfrac{25\sim28}{14}$	$\dfrac{25\sim30}{16}$	$\dfrac{30\sim35}{18}$	$\dfrac{30\sim38}{20}$	$\dfrac{35\sim40}{22}$	$\dfrac{35\sim40}{25}$	$\dfrac{45\sim50}{30}$	$\dfrac{60\sim65}{40}$
		$\dfrac{25\sim50}{16}$	$\dfrac{25\sim30}{14}$	$\dfrac{25\sim30}{16}$	$\dfrac{30\sim38}{16}$	$\dfrac{32\sim40}{20}$	$\dfrac{38\sim45}{25}$	$\dfrac{40\sim55}{30}$	$\dfrac{45\sim60}{35}$	$\dfrac{45\sim65}{35}$	$\dfrac{55\sim75}{45}$	$\dfrac{70\sim90}{50}$
		$\dfrac{32\sim75}{18}$	$\dfrac{32\sim90}{22}$	$\dfrac{40\sim120}{26}$	$\dfrac{45\sim120}{30}$	$\dfrac{50\sim120}{34}$	$\dfrac{60\sim120}{38}$	$\dfrac{65\sim120}{42}$	$\dfrac{70\sim120}{46}$	$\dfrac{80\sim120}{54}$	$\dfrac{90\sim120}{66}$	
					$\dfrac{130}{32}$	$\dfrac{45\sim180}{36}$	$\dfrac{130\sim180}{40}$	$\dfrac{130\sim200}{44}$	$\dfrac{130\sim200}{48}$	$\dfrac{130\sim200}{52}$	$\dfrac{130\sim200}{60}$	$\dfrac{130\sim200}{72}$
												$\dfrac{210\sim250}{85}$
l 范围		16～50	20～75	20～90	25～130	25～180	30～180	30～200	35～200	35～200	45～200	60～250
l 系列		16,（18），20,（22），25,（28），30,（32），35,（38），40～100（5 进位），110～260（10 进位），280，300										

注：括号内为非优选的螺纹规格尽可能不采用。

附表 9　　　　　　　　　十字槽盘头螺钉（GB/T 818—2000 摘录）、
　　　　　　　　　　　　十字槽沉头螺钉（GB/T 819.1—2000 摘录）　　　　（单位：mm）

GB/T818—2000

Z 型

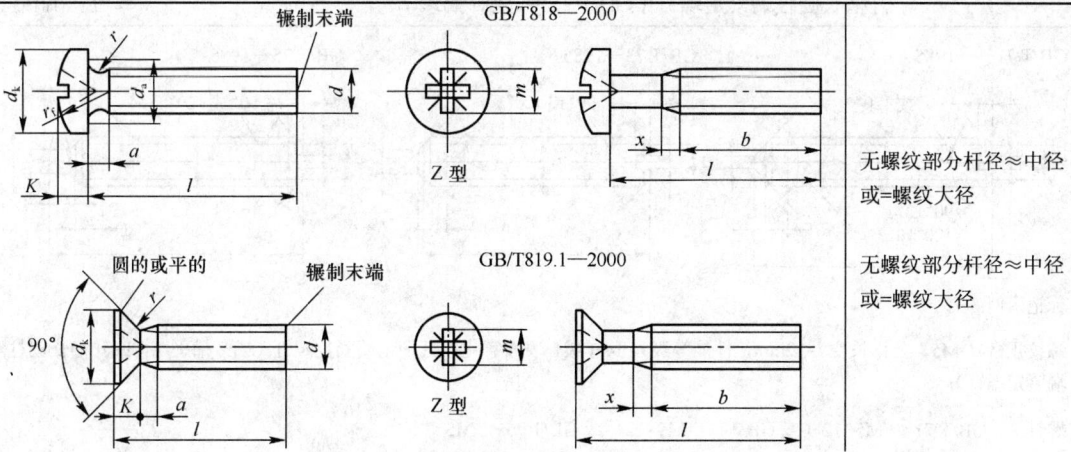

无螺纹部分杆径≈中径
或=螺纹大径

GB/T819.1—2000

Z 型

无螺纹部分杆径≈中径
或=螺纹大径

辗制末端

圆的或平的

辗制末端

标记示例：

螺纹规格 d=M5，公称长度 l=20mm，性能等级为 4.8 级，不经表面处理的十字槽盘头螺钉（或十字槽沉头螺钉）：

螺钉　GB/T 818　　M5×20（或 GB/T 819.1　　M5×20）

螺纹规格 d			M1.6	M2	M2.5	M3	M4	M5	M6	M8	M10
螺距 P			0.35	0.4	0.45	0.5	0.7	0.8	1	1.25	1.5
a		max	0.7	0.8	0.9	1	1.4	1.6	2	2.5	3
b		min	25	25	25	25	38	38	38	38	37
x		max	0.9	1	1.1	1.25	1.75	2	2.5	3.2	3.8
十字槽盘头螺钉	d_a	max	2.1	2.6	3.1	3.6	4.7	5.7	6.8	9.2	11.2
	d_k	max	3.2	4	5	5.6	8	9.5	12	16	20
	K	max	1.3	1.6	2.1	2.4	3.1	3.7	4.6	6	7.5
	r	min	0.1	0.1	0.1	0.1	0.2	0.2	0.25	0.4	0.4
	r_l	≈	2.5	3.2	4	5	6.5	8	10	13	16
	m	参考	1.7	1.9	2.6	2.9	4.4	4.6	6.8	8.8	10
	l 商品规格范围		3~16	3~20	3~25	4~30	5~40	6~45	8~60	10~60	12~60
十字槽沉头螺钉	d_k	max	3	3.8	4.7	5.5	8.4	9.3	11.3	15.8	18.3
	K	max	1	1.2	1.5	1.65	2.7	2.7	3.3	4.65	5
	r	max	0.4	0.5	0.6	0.8	1	1.3	1.5	2	2.5
	m	参考	1.8	2	3	3.2	4.6	5.1	6.8	9	10
	l 商品规格范围		3~16	3~20	3~25	4~30	5~40	6~50	8~60	10~60	12~60
公称长度 l 的系列			3，4，5，6，8，10，12，（14），16，20~60（5 进位）								

技术条件	材料	力学性能等级	螺纹公差	公差产品等级	表面处理
	钢	4.8	6g	A	不经处理 电镀或协议

注：1. 括号内非优选的螺纹规格尽可能不采用。

　　2. 对十字槽盘头螺钉，d≤M3、l≤25mm 或 d＞M4、l≤40mm 时，制出全螺纹（b=l-a）；

　　　对十字槽沉头螺钉，d≤M3、l≤30mm 或 d≤M4、l≤45mm 时，制出全螺纹 [b=l-（K+a）]。

　　3. GB/T 818 材料可选不锈钢或有色金属。

附表 10　　开槽锥端紧定螺钉（GB/T 71—1985 摘录）、开槽平端紧定螺钉（GB/T 73—1985 摘录）、开槽长圆柱端紧定螺钉（GB/T 75—1985 摘录）　　　　　　（单位：mm）

GB/T 71——1985　　　　　　GB/T 73—1985　　　　　　GB/T 75—1985

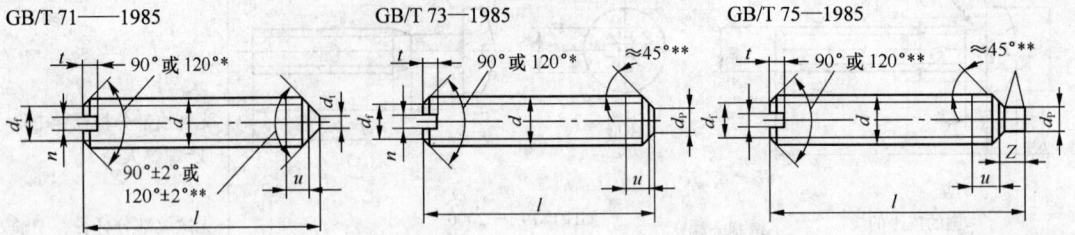

标记示例：

螺纹规格 *d*=M5，公称长度 *l*=12mm，性能等级为 14H 级，表面氧化的开槽锥端紧定螺钉（或开槽平端，或开槽长圆柱端紧定螺钉）：

螺钉　　GB/T 71　　M5×12（或 GB/T75　　M5×12，或 GB/T 75　　M5×12）

螺纹规格 *d*		M3	M4	M5	M6	M8	M10	M12
螺距 *P*		0.5	0.7	0.8	1	1.25	1.5	1.75
$d_1 \approx$		螺纹小径						
d_1	max	0.3	0.4	0.5	1.5	2	2.5	3
d_F	max	2	2.5	3.5	4	5.5	7	8.5
n	公称	0.6	0.6	0.8	1	1.2	1.6	2
t	min	0.8	1.12	1.28	1.6	2	2.4	2.8
Z	max	1.75	2.25	2.75	3.25	4.3	5.3	6.3
不完整螺纹的长度 *u*		≤2P						
l 范围（商品规格）	GB/T 71	4～16	6～20	8～25	8～30	10～40	12～50	14～60
	GB/T 73	3～15	4～20	5～25	6～30	8～40	10～50	12～60
	GB/T 75	5～16	6～20	8～25	8～30	10～40	12～50	14～60
短螺钉	GB/T 73	3	4	5	6	—	—	—
	GB/T 75	5	6	8	8，10	10，12，14	12，14，16	14，16，20
公称长度 *l* 的系列		3，4，5，6，8，10，12，（14），16，20，25，30，35，40，45，50，（55）；60						

技术条件	材料	力学性能等级	螺纹公差	公差产品等级	表面处理
	钢	14H，22H	6g	A	氧化或镀锌钝化

注：1. 括号内为非优选的螺纹规格，尽可能不采用。
　　2. 表图中标有*者，公称长度在表中 *l* 范围内的短螺钉应制成 120°；标有**者，90° 或 120° 和 45° 仅适用于螺纹小径以内的末端部分。

附表 11　　　　　　　　吊环螺钉（GB/T 825—1988 摘录）　　　　　（单位：mm）

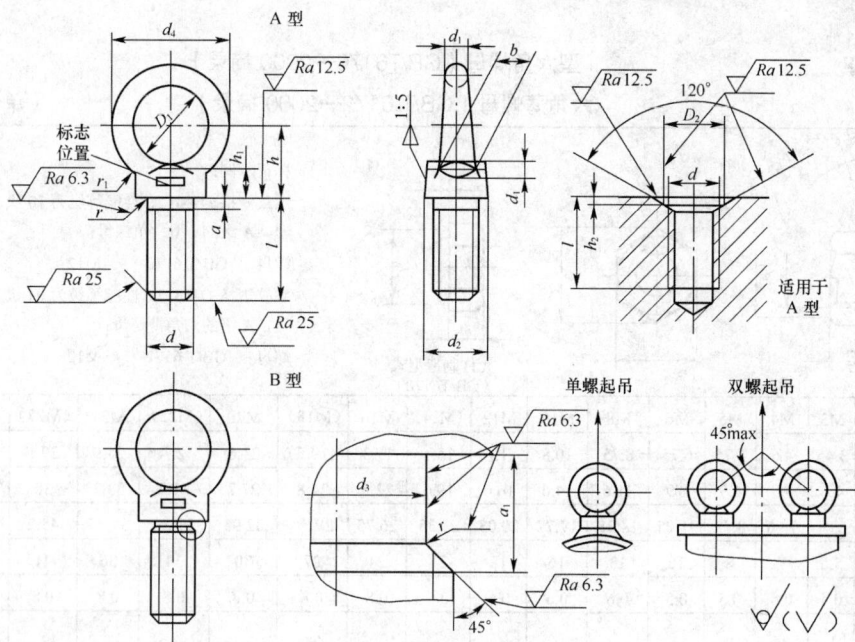

标记示例：

规格为 20mm，材料为 20 钢，经正火处理，不经表面处理的 A 型吊环螺钉：

螺钉　GB/T 825　　M20

	螺纹规格 d		M8	M10	M12	M16	M20	M24	M30	M36	M42	M48
d_1		max	9.1	11.1	13.1	15.2	17.4	21.4	25.7	30	34.4	40.7
		min	7.6	9.6	11.6	13.6	15.6	19.6	23.5	27.5	31.2	37.1
D_1	公称		20	24	28	34	40	48	56	67	80	95
d_2		max	21.1	25.1	29.1	35.2	41.4	49.4	57.7	69	82.4	97.7
		min	19.6	23.6	27.6	33.6	39.6	47.6	55.5	66.5	79.2	94.1
h_1		max	7	9	11	13	15.1	19.1	23.2	27.4	31.7	36.9
		min	5.6	7.6	9.6	11.6	13.5	17.5	21.4	25.4	29.2	34.1
l	公称		16	20	22	28	35	40	45	55	65	70
d_4	参考		36	44	52	62	72	88	104	123	144	171
h			18	22	26	31	36	44	53	63	74	87
r_1			4	4	6	6	8	12	15	18	20	22
r	max		1	1	1	1	1	2	2	3	3	3
a_1		min	3.75	4.5	5.25	6	7.5	9	10.5	12	13.5	15
d_3	公称（max）		6	7.7	9.4	13	16.4	19.6	25	30.8	35.6	41
a	max		2.5	3	3.5	4	5	6	7	8	9	10
b			10	12	14	16	19	24	28	32	38	46
D_2	公称（min）		13	15	17	22	28	32	38	45	53	60
h_2			2.5	3	3.5	4.5	5	7	8	9.5	10.5	11.5
	公称（min）											
最大起吊质量/t	单螺钉起吊	（见上图）	0.16	0.25	0.4	0.63	1	1.6	2.5	4	6.3	8
	双螺钉起吊		0.08	0.125	0.2	0.32	0.5	0.8	1.25	2	3.2	4

注：1．M8～M36 为商品规格。

　　2．最大起吊质量是指平稳起吊时的质量。

三、螺母、垫圈

附表 12 　　I 型六角螺母（GB/T6170—2000 摘录）、
六角薄螺母（GB/T 6172—2000 摘录）　　（单位：mm）

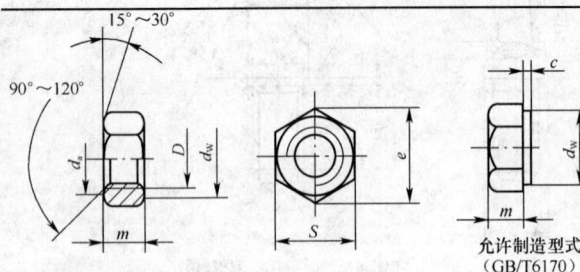

标记示例：
螺纹规格 D=M12，性能等级为 10 级，不经表面处理，A 级的 I 型六角螺母：
螺母　GB/T 6170　　M12
螺纹规格 D=M12，性能等级为 04 级，不经表面处理，A 级的六角薄螺母：
螺母　GB/T 6172　　M12

螺纹规格 D		M3	M4	M5	M6	M8	M10	M12	(M14)	M16	(M18)	M20	(M22)	M24	(M27)	M30	M36
d_a	max	3.45	4.6	5.75	6.75	8.75	10.8	13	15.1	17.3	19.5	21.6	2.7	25.9	29.1	32.4	38.9
d_w	min	4.6	5.9	6.9	8.9	11.6	14.6	16.6	19.6	22.5	24.8	27.7	31.4	33.2	38	42.7	51.1
e	min	6.01	7.66	8.79	11.05	14.38	17.77	20.03	23.35	26.75	29.56	32.95	37.29	39.55	45.2	50.85	60.79
S	max	5.5	7	8	10	13	16	18	21	24	27	30	34	36	41	46	55
c	max	0.4	0.4	0.5	0.5	0.6	0.6	0.6	0.6	0.8	0.8	0.8	0.8	0.8	0.8	0.8	0.8
m max	六角螺母	2.4	3.2	4.7	5.2	6.8	8.4	10.8	12.8	14.8	15.8	18	19.4	21.5	23.8	25.6	31
	薄螺母	1.8	2.2	2.7	3.2	4	5	6	7	8	9	10	11	12	13.5	15	18

技术条件	材料	力学性能等级	螺纹公差	表面处理	公差产品等级
	钢	6，8，10	6H	不经处理电镀或协议	A 级用于 D≤M16 B 级用于 D>M16

注：括号内为非优选规格，尽可能不采用。

附表 13 　　标准型弹簧垫圈（GB/T 93—1987 摘录）、
轻型弹簧垫圈（GB/T 859—1987 摘录）　　（单位：mm）

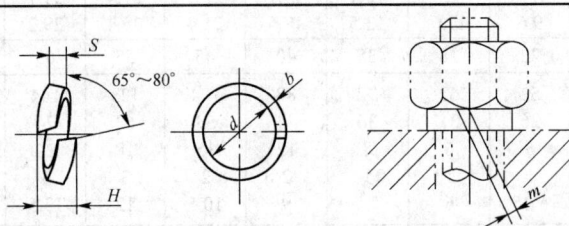

标记示例：
规格 16mm，材料为 65Mn，表面氧化的标准型（或轻型）弹簧垫圈：
垫圈　GB/T 93　　16
（或 GB/T 859　　16）

规格（螺纹大径）			3	4	5	6	8	10	12	(14)	16	(18)	20	(22)	24	(27)	30	(33)	36
GB/T 93	S、(b)	公称	0.8	1.1	1.3	1.6	2.1	2.6	3.1	3.6	4.1	4.5	5.0	5.5	6.0	6.8	7.5	8.5	9
	H	min	1.6	2.2	2.6	3.4	4.2	5.2	6.2	7.2	8.2	9	10	11	12	13.6	15	17	18
		max	2	2.75	3.25	4	5.25	6.4	7.75	9	10.25	11.25	12.5	13.75	15	17	18.75	21.25	22.5
	m	≤	0.4	0.55	0.65	0.8	1.05	1.3	1.55	1.8	2.05	2.25	2.5	2.75	3	3.4	3.75	4.25	4.5
GB/T 858	S	公称	0.6	0.8	1.1	1.3	1.6	2	2.5	3	3.2	3.6	4	4.5	5	5.5	6	—	—
	b	公称	1	1.2	1.5	2	2.5	3	3.5	4	4.5	5	5.5	6	7	8	9	—	—
	H	min	1.2	1.6	2.2	2.6	3.2	4	5	6	6.4	7.2	8	9	10	11	12	—	—
		max	1.5	2	2.75	3.25	4	5	6.25	7.5	8	9	10	11.25	12.5	13.75	15	—	—
	m	≤	0.3	0.4	0.55	0.65	0.8	1	1.25	1.5	1.6	1.8	2.0	2.25	2.5	2.75	3.0	—	—

注：括号内为非优选规格，尽可能不采用。

附表 14　　小垫圈—A 级（GB/T848—2002 摘录）、平垫圈—A 级（GB/T97.1—2002 摘录）、
平垫圈倒角型—A 级（GB/T97.2—2002 摘录）　　　　　　　　（单位：mm）

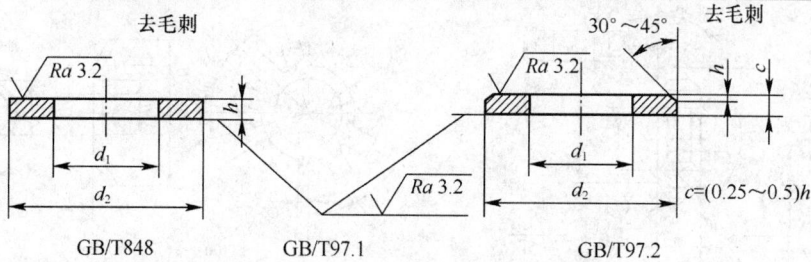

GB/T848　　　　GB/T97.1　　　　　GB/T97.2

小系列（或标准系列），公称尺寸 d=8mm，性能等级为 140HV 级（200HV 级标记中可缺省），不经表面处理的小垫圈
（或平垫圈，或倒角型平垫圈）的标记示例：
垫圈　GB/T848　8　140HV（或 GB/T97.1　8　140HV，或 GB/T97.2　8　140HV）

公称规格（优选尺寸）（螺纹大径 d）		1.6	2	2.5	3	4	5	6	8	10	12	14	16	20	24	30	36
d_1	GB/T 848	1.7	2.2	2.7	3.2	4.3	5.3	6.4	8.4	10.5	13	15	17	21	25	31	37
	GB/T 97.1																
	GB/T 97.2	—	—	—	—	—											
d_2	GB/T 848	3.5	4.5	5	6	8	9	11	15	18	20	24	28	34	39	50	60
	GB/T 97.1	4	5	6	7	9	10	12	16	20	24	28	30	37	44	56	66
	GB/T 97.2																
h	GB/T 848	0.3	0.3	0.5	0.5	0.5	1	1.6	1.6	1.6	2	2.5	2.5	3	4	4	5
	GB/T 97.1					0.8											
	GB/T 97.2									2	2.5		3				

附表 15　　　　　　　　外舌止动垫圈（GB/T 856—1988 摘录）　　　　　（单位：mm）

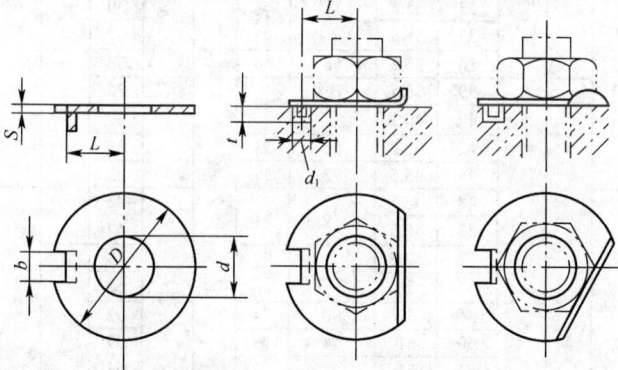

标记示例：
规格为 10mm，材料为 Q235-A，经退
火，不经表面处理的外舌止动垫圈；
垫圈子　　GB/T 856　10

规格（螺纹大径）		3	4	5	6	8	10	12	(14)	16	(18)	20	(22)	24	(27)	30	36
d	min	3.2	4.2	5.3	6.4	8.4	10.5	13	15	17	19	21	23	25	28	31	37
D	max	12	14	17	19	22	26	32	32	40	45	45	50	50	58	63	75
b	max	2.5	2.5	3.5	3.5	3.5	4.5	4.5	4.5	5.5	6	6	7	7	8	8	11
L		4.5	55	7	7.5	8.5	10	12	12	15	18	18	20	20	23	25	32
S		0.4	0.4	0.5	0.5	0.5	1	1	1	1	1	1	1	1	1.5	1.5	1.5
d_1		3	4	4	5	5	5	5	6	7	7	8	8	8	9	9	12
t		3	3	4	4	5	6	6	6	7	7	7	7	10	10	10	10

注：括号内为非优选规格，尽可能不采用。

附表16　　圆螺母（GB/ 812—1988 摘录）和圆螺母用止动垫圈（GB/T 858—1988 摘录）　　（单位：mm）

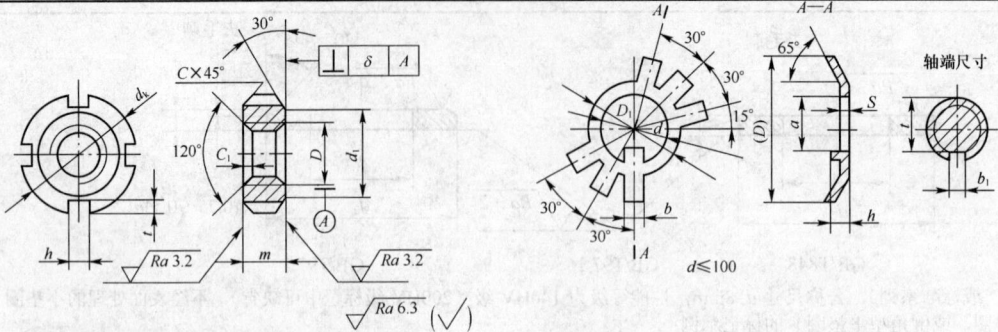

标记示例：螺母 GB/T 812 M16×1.5
（螺纹规格 D=M16×1.5，材料为 45 钢，槽或全部热处理硬度 35～45HRC，表面氧化的圆螺母）

标记标例：垫圈 GB/T 858 16
（规格为 16mm，材料为 Q235，经退火，表面氧化的圆螺母用止动垫圈）

圆螺母

螺纹规格 D×P	d_k	d_1	m	h max	h min	t max	t min	C	C_1
M10×1	22	16	8	4.3	4	2.6	2	0.5	0.5
M12×1.25	25	19							
M14×1.5	28	20							
M16×1.5	30	22							
M18×1.5	32	24							
M20×1.5	35	27							
M22×1.5	38	30		5.3	5	3.1	2.5		
M24×1.5	42	34							
M25×1.5	42	34							
M27×1.5	45	37							
M30×1.5	48	40							
M33×1.5	52	43	10	6.3	6	3.9	3	1	
M35×1.5	52	43							
M36×1.5	55	46							
M39×1.5	58	49							
M40×1.5	58	49							
M42×1.5	62	53							
M45×1.5	68	59							
M45×1.5	72	61		8.36	8	4.25	3.5		
M50×1.5	72	61							
M52×1.5	78	67							
M55×2	78	67	12					1.5	1
M56×2	85	74							
M60×2	90	79							
M64×2	95	84							
M65×2	95	84							
M68×2	100	88							
M72×2	105	93	15	10.36	10	4.75	4		
M75×2	105	93							
M76×2	110	98							
M80×2	115	103							
M85×2	120	108							
M90×2	125	112	18	12.43	12	5.75	5		
M95×2	130	117							
M100×2	135	122							

圆螺母用止动垫圈

螺纹规格	d	D(参考)	D_1	S	b	a	h	轴端 b_1	轴端 t
10	10.5	25	16	1	3.8	8	4	3	7
12	12.5	28	19			9			8
14	14.5	32	20			11			10
16	16.5	34	22			13			12
18	18.5	35	24			15			14
20	20.5	38	27		4.8	17	5	4	16
22	22.5	42	30			19			18
24	24.5	45	34			21			20
25	25.5					22			—
27	27.5	48	37			24			23
30	30.5	52	40			27			26
33	33.5	56	43		5.7	30	6	5	29
35	35.5					32			—
36	36.5	60	46			33			32
39	39.5	62	49			36			35
40	40.5					37			—
42	42.5	66	53			39			38
45	45.5	72	59			42			41
48	48.5	76	61			45			44
50	50.5					47			—
52	52.5	82	67	1.5	7.7	49	8	6	48
55	56					52			—
56	57	90	74			53			52
60	61	94	79			57			56
64	65	100	84			61			60
65	66					62			—
68	69	105	88			65			64
72	73	110	93			69			68
75	76					71			—
76	77	115	98		9.6	75	10	7	70
80	81	120	103			76			74
85	86	125	108			81			79
90	91	130	112	2	11.6	86	12		84
95	96	135	117			91			89
100	101	140	122			96			94

注：1. 圆螺母槽数 $n=4$。
2. 轴端尺寸不属于 GB/T 858，供参考。
3. 用于滚动轴承锁紧也可按 GB/T 9160.1—2006 和 GB/T 9160.2—2006。

四、挡圈

附表 17　　　　　　　　　螺钉紧固轴端挡圈（GB/T 891—1986 摘录）、

螺栓紧固轴端挡圈（GB/T 892—1986 摘录）　　　（单位：mm）

挡圈 GB/T891　　　　　　　　　　　　　　　挡圈 GB/T892

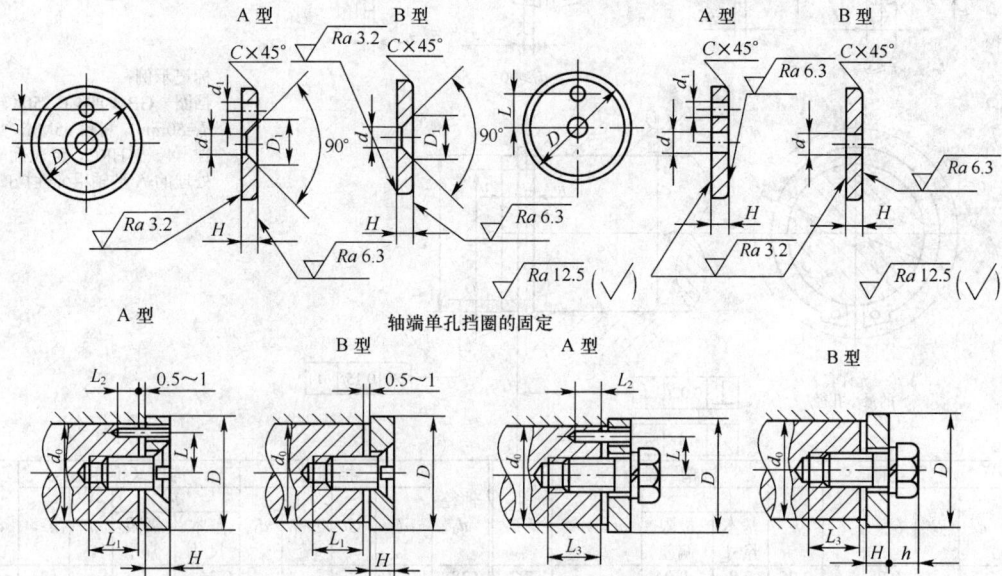

轴端单孔挡圈的固定

标记示例：

挡圈　GB/T 891　45（公称直径 D=45mm，材料为 Q235—A、不经表面处理的 A 型螺钉紧固轴端挡圈）

挡圈　GB/T 891　B45（公称直径 D=45mm，材料为 Q235—A、不经表面处理的 B 型螺钉紧固轴端挡圈）

轴径 $d_0 \leqslant$	公称直径 D	H	L	d	d_1	C	螺钉坚固轴端挡圈					安装尺寸（参考）			
							B_1	螺钉 GB/T 819.1	圆柱销 GB/T 119.1	螺栓 GB/T 5783	圆柱销 GB/T 119.1	垫圈 GB/T 93	L_1	L_2	L_3	h
14	20	4	—													
16	22	4	—													
18	25	4	—	5.5	2.1	0.5	11	M5×12	A2×10	M5×16	A2×10	5	14	6	16	4.8
20	28	4	7.5													
22	30	4	7.5													
25	32	5	10													
28	35	5	10													
30	38	5	10	6.6	3.2	1	13	M6×16	A3×12	M6×20	A3×12	6	18	7	20	5.6
32	40	5	12													
35	45	5	12													
40	50	5	12													
45	55	6	16													
50	60	6	16													
55	65	6	16	9	4.2	1.5	17	M8×20	A4×14	M8×25	A4×14	8	22	8	24	7.4
60	70	6	20													
65	75	6	20													
70	80	6	20													

注：1. 当挡圈装在带螺纹孔的轴端时，坚固用螺钉允许加长。

　　2. "轴端单孔挡圈的固定"不属于 GB/T 891、GB/T 892，供参考。

附表 18 轴用弹性挡圈—A 型（GB/T 894.1—1986 摘录） （单位：mm）

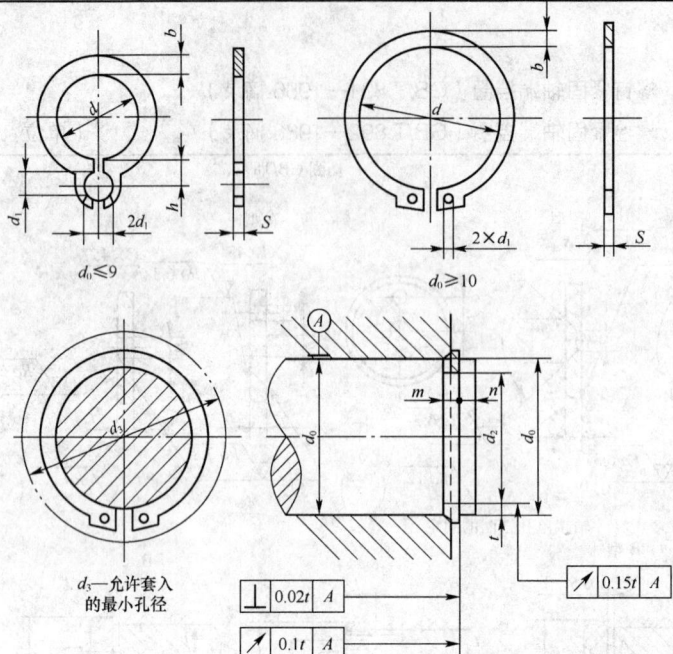

$d_0 \leqslant 9$　　　　$d_0 \geqslant 10$

d_3—允许套入的最小孔径

⊥ 0.02t A　　　↗ 0.1t A　　　↗ 0.15t A

标记示例：

挡圈 GB/T 894.1　50（轴径 d_0=50mm，材料 65Mn，热处理 44～51HRC，经表面氧化处理的 A 型轴用弹性挡圈）

轴径 d_0	d	S	$b\approx$	d_1	h	d_2 基本尺寸	d_2 极限偏差	m	$n\geqslant$	孔 $d_3\geqslant$
3	2.7	0.4	0.8	1	0.95	2.8	−0.04	0.5	0.3	7.2
4	3.7	0.4	0.88	1	1.1	3.8	0	0.5	0.3	8.8
5	4.7	0.4	1.12	1	1.25	4.8	−0.04	0.5	0.5	10.7
6	5.6	0.6	1.32	1.2	1.35	5.7	−0.048	0.7	0.5	12.2
7	6.5	0.6	1.32	1.2	1.55	6.7	−0.048	0.7	0.5	13.8
8	7.4	0.8	1.32	1.2	1.60	7.6		0.9	0.6	15.2
9	8.4	0.8	1.44	1.2	1.65	8.6	−0.058	0.9	0.6	16.4
10	9.3	0.8	1.44	1.2	—	9.6		0.9	0.6	17.6
11	10.2	1	1.52	1.5	—	10.5		1.1	0.6	18.6
12	11	1	1.72	1.5	—	11.5		1.1	0.8	19.6
13	11.9	1	1.88	1.5	—	12.4		1.1	0.8	20.8
14	12.9	1	1.88	1.5	—	13.4	0	1.1	0.9	22
15	13.8	1	2.00	1.7	—	14.3	−0.11	1.1	0.9	23.2
16	14.7	1	2.32	1.7	—	15.2		1.1	1.1	24.4
17	15.7	1	2.32	1.7	—	16.2		1.1	1.2	25.6
18	16.5	1	2.48	1.7	—	17		1.1	1.2	27
19	17.5	1	2.48	1.7	—	18		1.1	1.2	28
20	18.5	1	2.68	1.7	—	19	0	1.1	1.5	29
21	19.5	1	2.68	1.7	—	20		1.1	1.5	31
22	20.5	1	2.68	1.7	—	21	−0.13	1.1	1.5	32
24	22.2	1	2.68	2	—	22.9		1.1	1.5	34
25	23.2	1	3.32	2	—	23.9		1.1	1.7	35
26	24.2	1	3.32	2	—	24.9	0	1.1	1.7	36
28	25.9	1.2	3.60	2	—	26.6	−0.21	1.3	1.7	38.4
29	26.9	1.2	3.72	2	—	27.6		1.3	2.1	39.8
30	27.9	1.2	3.92	2	—	28.6		1.3	2.1	42
32	29.6	1.2	3.92	2	—	30.3		1.3	2.1	44
34	31.5	1.2	4.32	2	—	32.3		1.3	2.6	46
35	32.2	1.5	4.32	2.5	—	33	0	1.7	2.6	48
36	33.2	1.5	4.52	2.5	—	34	−0.25	1.7	3	49
37	34.2	1.5	4.52	2.5	—	35		1.7	3	50
38	35.2	1.5	5.0	2.5		36		1.7	2	51
40	36.5	1.5	5.0	2.5		37.5		1.7	2	53
42	38.5	1.5	5.0	2.5		39.5	0	1.7	3.8	56
45	41.5	1.5	5.0	2.5		42.5	−0.25	1.7	3.8	59.4
48	44.5	1.5	5.0	2.5		45.5		1.7	3.8	62.8
50	45.8	2	5.0	2.5		47		1.7	3.8	64.8
52	47.8	2	5.48	2.5		49		2.2	3.8	67
55	50.8	2	5.48	2.5		52		2.2	3.8	70.4
56	51.8	2	5.48	2.5		53		2.2	4.5	71.7
58	53.8	2	5.48	2.5		55		2.2	4.5	73.6
60	55.8	2	6.12	2.5		57		2.2	4.5	75.8
62	57.8	2	6.12	2.5		59		2.2	4.5	79
63	58.8	2	6.12	2.5		60	0	2.2	4.5	79.6
65	60.8	2	6.12	2.5		62	−0.30	2.2	4.5	81.6
68	63.5	2	6.12	3		65		2.2	4.5	85
70	65.5	2	6.32	3		67		2.2	4.5	87.2
72	67.5	2	6.32	3		69		2.2	4.5	89.4
75	70.5	2	6.32	3		72		2.7	4.5	92.8
78	73.5	2.5	6.32	3		75		2.7	4.5	96.2
80	76.5	2.5	7.0	3		76.5		2.7	5.3	98.2
82	78.5	2.5	7.0	3		78.5		2.7	5.3	101
85	79.5	2.5	7.0	3		81.5		2.7	5.3	104
88	82.5	2.5	7.0	3		84.5	0	2.7	5.3	107.3
90	84.5	2.5	7.6	3		86.5	−0.35	2.7	5.3	110
95	89.5	2.5	9.2	3		91.5		2.7	5.3	115
100	94.5	2.5	9.2	3		96.5		2.7	5.3	121
105	98	2.5	10.7	3		101		3.5	5.3	132
110	103	3	11.3	3		106	0	3.5	6	136
115	108	3	12	4		111	−0.54	3.5	6	142
120	113	3	12	4		116		3.5	6	145
125	118	3	12.5	4		121	−0.63	3.5	6	151

注：1. 尺寸 m 的极限偏差：当 $d_0 \leqslant 100$ 时为 $^{+0.14}_{0}$；当 $d_0 > 100$ 时为 $^{+0.18}_{0}$。

　　2. 便于查阅有关资料，此表形位公差使用旧国标。

附表 19　　　　　孔用弹性挡圈—A 型（GB/T 893.1—1986 摘当）　　　　　（单位：mm）

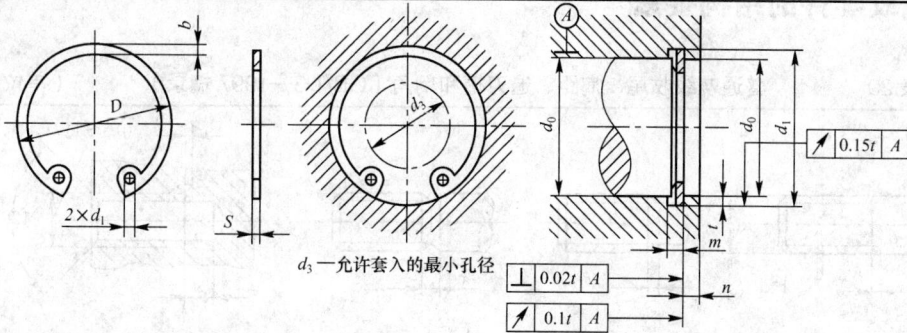

d3—允许套入的最小孔径

⊥ | 0.02t | A　　∥ | 0.1t | A　　↗ | 0.1t | A　　↗ | 0.15t | A

标记示例：
挡圈　GB/T 893.1　50
（孔径 $d_0=50$mm，材料 65Mn，热处理硬度 44～51HRC，以表面氧化处理的 A 型孔用弹性挡圈）

孔径 d_0	D	S	b≈	d_1	沟槽（推荐）d_2 基本尺寸	d_2 极限偏差	m	n≥	轴 d_3≥
8	8.7	0.6	1	1	8.4	+0.09 / 0	0.7		2
9	9.8		1.2		9.4				3
10	10.8				10.4			0.6	4
11	11.8	0.8	1.7	1.5	11.4		0.9		5
12	13				12.5				6
13	14.1				13.6	+0.11 / 0		0.9	7
14	15.1				14.6				8
15	16.2		2.1	1.7	15.7				9
16	17.3				16.8			1.2	10
17	18.3				17.8				11
18	19.5	1			19		1.1		12
19	20.5				20	+0.13 / 0			13
20	21.5				21			1.5	14
21	22.5		2.5		22				15
22	23.5				23				16
24	25.9		2		25.2				17
25	26.9		2.8		26.2	+0.21 / 0		1.8	18
26	27.9				27.2				19
28	30.1	1.2			29.4		1.3		20
30	32.1		3.2		31.4			2.1	21
31	33.4				32.7				22
32	34.4				33.7				23
34	36.5				35.7			2.6	24
35	37.8		3.6	2.5	37				25
36	38.8				38				26
37	39.8	1.5			39	+0.25 / 0	1.7	3	27
38	40.8				40				28
40	43.5		4		42.5				29
42	45.5				44.5			3.8	30
45	48.5		4.7	3	47.5				31
47	50.5				49.5				32
48	51.5	1.5			50.5		1.7	3.8	33
50	54.2		4.7		53				36
52	56.2	2			55				38
55	59.2				58				40
56	60.2				59				41
58	62.2		5.2		61	+0.30 / 0			43
60	64.2				63		2.2		44
62	66.2				65				45
63	67.2				66				46
65	69.2				68				48
68	72.5		5.7	3	71			4.5	50
70	74.5				73				53
72	76.5				75				55
75	79.5		6.3		78				56
78	82.5				81				60
80	85.5	2.5			83.5				63
82	87.5		6.8		85.5		2.7		65
85	90.5				88.5				68
88	93.5		7.3		91.5	+0.35 / 0			70
90	95.5				93.5			5.3	72
92	97.5				95.5				73
95	100.5				98.5				75
98	103.5		7.7		101.5				78
100	105.5				103.5				80
102	108	3	8.1		106				82
105	112				109				83
108	115		8.8		112	+0.54 / 0	3.2	6	86
110	117			4	114				88
112	119				116				89
115	122		9.3		119				90
120	128				124	+0.63			95

注：1. 尺寸 m 的极限偏差：当 $d_0 \leq 100$ 时为 $^{+0.14}_{0}$；当 $d_0 > 100$ 时为 $^{+0.18}_{0}$。
　　2. 便于查阅有关资料，此表形位公差使用旧国标。

五、螺纹零件的结构要素

附表 20　　普通螺纹收尾、肩距、退刀槽和倒角（GB/T 3—1997 摘录）　　（单位：mm）

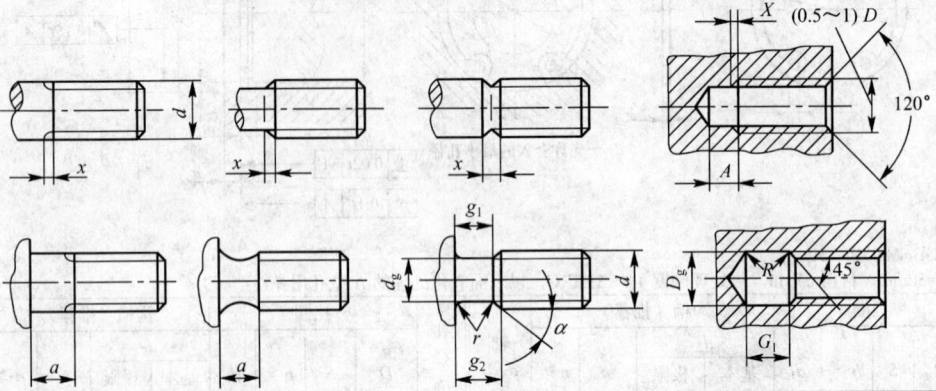

外螺纹

螺距 P	收尾 x max 一般	收尾 x max 短的	肩距 a max 一般	肩距 a max 长的	肩距 a max 短的	退刀槽 g_2 max	退刀槽 g_1 min	退刀槽 $r\approx$	退刀槽 d_g
0.5	1.25	0.7	1.5	2	1	1.5	0.8	0.2	d−0.8
0.7	1.75	0.9	2.1	2.8	1.4	2.1	1.1	0.4	d−1.1
0.8	2	1	2.4	3.2	1.6	2.4	1.3		d−1.3
1	2.5	1.25	3	4	2	3	1.6		d−1.6
1.25	3.2	1.6	4	5	2.5	3.75	2		d−2
1.5	3.8	1.9	4.5	6	3	4.5	2.5	0.8	d−2.3
1.75	4.3	2.2	5.3	7	3.5	5.25	3	1	d−2.6
2	5	2.5	6	8	4	6	3.4		d−3
2.5	6.3	3.2	7.5	10	5	7.5	4.4	1.2	d−3.6
3	7.5	3.8	9	12	6	9	5.2	1.6	d−4.4
3.5	9	4.5	10.5	14	7	10.5	6.2		d−5
4	10	5	12	16	8	12	8	2	d−5.7
4.5	11	5.5	13.5	18	9	13.5	8	2.5	d−6.4
5	12.5	6.3	15	20	10	15	9		d−7
5.5	14	7	16.5	22	11	17.5	11	3.2	d−7.7
6	15	7.5	18	24	12	18	11		d−8.3

内螺纹

螺距 P	收尾 X max 一般	收尾 X max 短的	肩距 A max 一般	肩距 A max 长的	退刀槽 C_1 一般	退刀槽 C_1 窄的	R	D_s
0.5	2	1	3	4	2	1	0.5	
0.7	2.8	1.4	3.5	5.6	2.8	1.4	0.4	d+0.3
0.8	3.2	1.6	4	6.4	3.2	1.6		
1	4	2	5	8	4	2	0.5	
1.25	5	2.5	6	10	5	2.5	0.6	
1.5	6	3	7	12	6	3	0.8	
1.75	7	3.5	9	14	7	3.5	0.9	
2	8	4	10	46	8	4	1	
2.5	10	5	12	18	10	5	1.2	
3	12	6	14	22	12	6	1.5	d+0.5
3.5	14	7	16	24	14	7	1.8	
4	16	8	18	26	16	8	2	
4.5	18	9	21	29	18	9	2.2	
5	20	10	23	32	20	10	2.5	
5.5	22	11	25	35	22	11	2.8	
6	24	12	28	38	24	12	3	

注：1. 外螺纹始端端面的倒角一般为 45°，也可采用 60° 或 30°。当螺纹按 60° 或 30° 倒角时，倒角深度应大于或等于螺纹牙型高度。

　　2. 应优先选用"一般"长度的收尾和肩距；"短"收尾和"短"肩距仅用于结构受限制的螺纹件。

附表21　　　　　　普通粗牙螺纹的余留长度、钻孔余留深度　　　　（单位：mm）

螺纹直径 d	余留长度			末端长度 a
	内螺纹 l_1	外螺纹 l	钻孔 l_2	
6	2	3.5	6	1.5～2.5
8	2.5	4	8	
10	3	4.5	9	2～3
12	3.5	5.5	11	
14	4	6	12	
16				
18	5	7	15	2.5～4
20				
22				
24	6	8	18	3～5
27				
30	7	9	21	
36	8	10	24	4～7
42	9	11	27	

注：拧入深度 L 由设计者决定（见表6-55）。钻孔深度 $L_2=L+l_2$，螺孔深度 $L_1=L+l_1$。

附表22　　　　　粗牙螺栓、螺钉的拧入深度和螺纹孔尺寸（参考）　　　　（单位：mm）

d	d_0	用于钢或青铜		用于铸铁		用于铝	
		h	L	h	L	h	L
6	5	8	6	12	10	15	12
8	6.8	10	8	15	12	20	16
10	8.5	12	10	18	15	24	20
12	10.2	15	12	22	18	28	24
16	14	20	16	28	24	36	32
20	17.5	25	20	35	30	45	40
24	21	30	24	42	35	55	48
30	26.5	36	30	50	45	70	60
36	32	45	36	65	55	80	72
42	37.5	50	42	75	65	95	85

注：h 为内螺纹通孔长度；L 为双头螺栓或螺钉拧入深度；d_0 为攻螺纹前钻孔直径。

附表 23   扳手空间   （单位：mm）

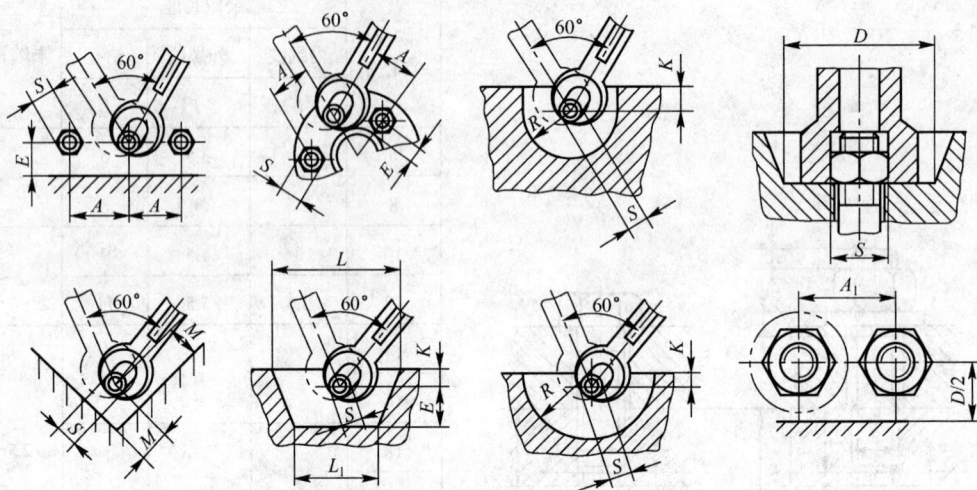

螺纹直径 d	S	A	A₁	E=K	M	L	L₁	R	D
6	10	26	18	8	15	46	38	20	24
7	11	28	20	10	16	50	40	22	25
8	13	32	24	11	18	55	44	25	28
10	16	38	28	13	22	62	50	32	30
12	18	42	—	14	24	70	55	32	—
14	21	48	36	15	26	80	65	36	40
16	24	55	38	16	30	85	70	42	—
18	27	62	45	19	32	95	75	46	52
20	30	68	48	20	35	105	85	50	56
22	34	76	55	24	40	120	95	58	60
24	36	80	58	24	42	125	100	60	70
27	41	90	65	26	46	135	110	65	76
30	46	100	72	30	50	155	125	75	82
33	50	108	76	32	55	165	130	80	88
36	55	118	85	36	66	180	145	88	95
39	60	125	90	38	65	190	155	92	100
42	65	135	96	42	70	205	165	100	106
45	70	145	105	45	75	220	175	105	112
48	75	160	115	48	80	235	185	115	126
52	80	170	120	48	84	245	195	125	132
56	85	180	126	52	90	260	205	130	138

六、键、花键

附表 24　　平键键槽的剖面尺寸（GB/T 1095—2003 摘录）、

普通型平键（GB/T 1096—2003 摘录）　　（单位：mm）

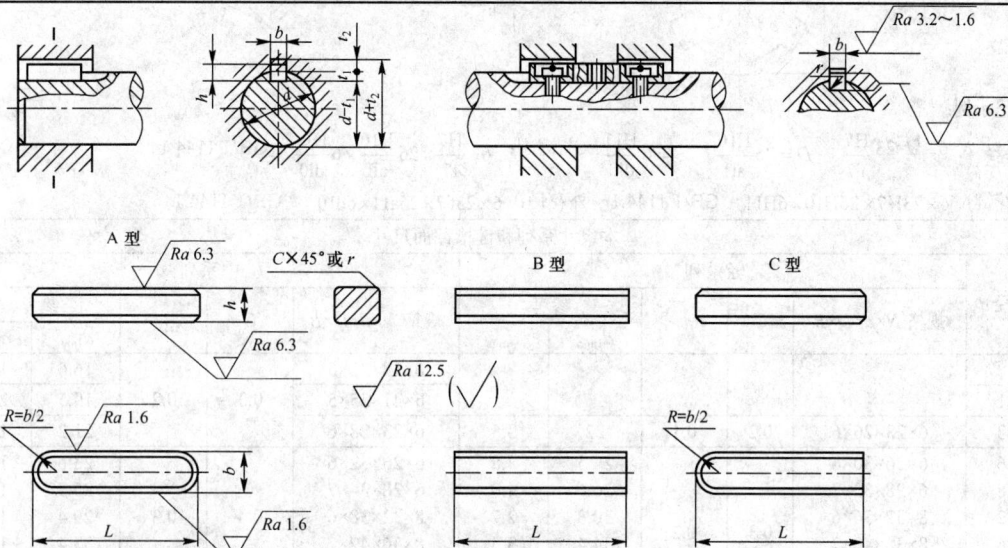

标记示例：键 16×100　GB/T 1096　[圆头普通平键（A 型），b=16mm，h=10mm，L=100mm]
　　　　　键 B16×100　GB/T 1096　[平头普通平键（B 型），b=16mm，h=10mm，L=100mm]
　　　　　键 C16×100　GB/T 1096　[单圆头普通平键（C 型），b=16mm，h=10mm，L=100mm]

轴参考公称直径 d	键 尺寸 $b×h$	键槽										
		宽度 b					深度				半径 r	
		公称 尺寸 b	极限偏差				轴 t_1		毂 t_2			
			松联接		正常联接		紧密联接					
			轴 H9	毂 D10	轴 N9	毂 JS9	轴和毂 P9	公称 尺寸	极限 偏差	公称 尺寸	极限 偏差	最小	最大

轴参考公称直径 d	键尺寸 $b×h$	公称尺寸 b	轴 H9	毂 D10	轴 N9	毂 JS9	轴和毂 P9	轴 t_1 公称尺寸	轴 t_1 极限偏差	毂 t_2 公称尺寸	毂 t_2 极限偏差	r 最小	r 最大
自 6~8	2×2	2	+0.025 0	+0.060 +0.020	−0.004 −0.029	±0.0125	−0.006 −0.031	1.2		1		0.08	0.16
>8~10	3×3	3						1.8	+0.1 0	1.4	+0.1 0		
>10~12	4×4	4	+0.030 0	+0.078 +0.030	0 −0.030	±0.015	−0.012 −0.042	2.5		1.8			
>12~17	5×5	5						3.0		2.3			
>17~22	6×6	6						3.5		2.8		0.16	0.25
>22~30	8×7	8	+0.036 0	+0.098 +0.040	0 −0.036	±0.018	−0.015 −0.051	4.0		3.3			
>30~38	10×8	10						5.0		3.3			
>38~44	12×8	12						5.0		3.3			
>44~50	14×9	14	+0.043 0	+0.120 +0.050	0 −0.043	±0.0215	−0.018 −0.061	5.5		3.8		0.25	0.40
>50~58	16×10	16						6.0	+0.2 0	4.3	+0.2 0		
>58~65	18×11	18						7.0		4.4			
>65~75	20×12	20						7.5		4.9			
>75~85	22×14	22	+0.052 0	+0.149 +0.065	0 −0.052	±0.026	−0.022 −0.074	9.0		5.4		0.40	0.60
>85~95	24×14	25						9.0		5.4			
>95~110	28×16	28						10.0		6.4			

键 的 长 度 系 列	6，8，10，12，14，16，18，20，22，25，28，32，36，40，45，50，56，63，70，80，90，100，110，125，140，160，180，200，220，250，280，320，360

注：1. 在工作图中，轴槽深用 t_1 或 $d−t_1$ 标注，轮毂槽深用 $d+t_2$ 标注。
　　2. $d−t_1$ 和 $d+t_2$ 两组合尺寸的极限偏差按相应的 t_1 和 t_2 极限偏差选妈，但 $d−t_2$ 极限偏差值应取负号。
　　3. 键尺寸的极限偏差：b 为 h8，h 为 h11，L 为 h14。

附表 25　　　　矩形花键尺寸、公差（GB/T 1144.1—2001 摘录）　（单位：mm）

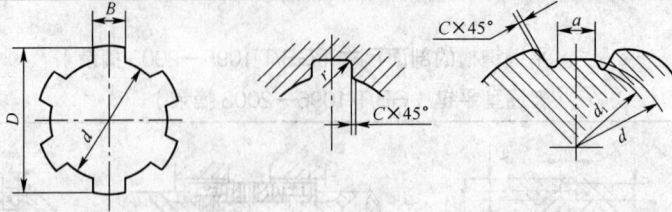

标记示例：

花键：$N=6$；$d=23\dfrac{H7}{f7}$；$D=26\dfrac{H10}{a11}$；$B=6\dfrac{H11}{d10}$　花键副：$6\times\dfrac{H7}{f7}\times26\dfrac{H10}{a11}\times6\dfrac{H11}{d10}$　GB/T 1144.1

内花键：$6\times23H7\times26H10\times6H11$　GB/T 1144.1　外花键：$6\times23f7\times26a11\times6d10$　GB/T 1144.1

基本尺寸系列和键槽截面尺寸

小径 d	轻系列					中系列				
	规格 $N\times d\times D\times B$	C	r	参考		规格 $N\times d\times D\times B$	C	r	参考	
				d_{1min}	a_{min}				d_{1min}	a_{min}
18						$6\times18\times22\times5$			16.6	1.0
21						$6\times21\times25\times5$	0.3	0.2	19.5	2.0
23	$6\times23\times26\times6$	0.2	0.1	22	3.5	$6\times23\times28\times6$			21.2	1.2
26	$6\times26\times30\times6$			24.5	3.8	$6\times26\times32\times6$			23.6	1.2
28	$6\times28\times32\times7$			26.6	4.0	$6\times28\times34\times7$			25.3	1.4
32	$8\times32\times36\times6$			30.3	2.7	$8\times32\times38\times6$	0.4	0.3	29.4	1.0
36	$8\times36\times40\times7$	0.3	0.2	34.4	3.5	$8\times36\times42\times7$			33.4	1.0
42	$8\times42\times46\times8$			40.5	5.0	$8\times42\times48\times8$			39.4	2.5
46	$8\times46\times50\times9$			44.6	5.7	$8\times46\times54\times9$			42.6	1.4
52	$8\times52\times58\times10$			49.6	4.8	$8\times52\times60\times10$	0.5	0.4	48.6	2.5
56	$8\times56\times62\times10$			53.5	6.5	$8\times56\times65\times10$			52.0	2.5
62	$8\times62\times68\times12$			59.7	7.3	$8\times62\times72\times12$			57.7	2.4
72	$10\times72\times78\times12$	0.4	0.3	69.6	5.4	$10\times72\times82\times12$			67.4	1.0
82	$10\times82\times88\times12$			79.3	8.5	$10\times82\times92\times12$	0.6	0.5	77.0	2.9
92	$10\times92\times98\times14$			89.6	9.9	$10\times92\times102\times14$			87.3	4.5
102	$10\times102\times108\times16$			99.6	11.3	$10\times102\times112\times16$			97.7	6.2

内、外花键的尺寸公差

内　花　键				外　花　键			装配型式
d	D	B		d	D	B	
		拉削后不热处理	拉削后热处理				
一般用公差带							
H7	H10	H9	H11	f7	d10		滑动
				g7	a11	f9	紧滑动
				h7		h10	固定
精密传动用公差带							
H5				f5		d8	滑动
				g5		f7	紧滑动
	H10	H7、H9		h5	a11	h8	固定
				f6		d8	滑动
H6				g6		f7	紧滑动
				h6		d8	固定

注：1. N——键数，D——径，B——键宽，d_1 和 a 值仅适用于展成法加工。

　　2. 精密传动用的内花键，当需要控制键侧配合隙时，槽宽可选用 H7，一般情况下可选用 H9。

　　3. d 为 H6 和 H7 的内花键，允许与高一级的外花键配合。

七、销

附表 26	圆柱销不淬硬钢和奥氏体不锈钢（GB/T 119.1—2000 摘录）、
	圆柱销淬硬钢和马氏体不锈钢（GB/T 119.2—2000 摘录）
	圆锥销（GB/T 117—2000 摘录）　　　　　（单位：mm）

GB/T 119.1　　GB/T 117
GB/T 119.2　　A 型（磨削）锥面表面粗糙度 Ra=0.8μm
　　　　　　　B 型（切削或冷镦）锥面表面粗糙度 Ra=3.2μm

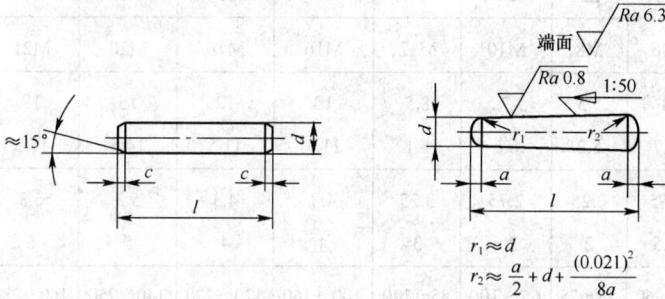

$$r_1 \approx d$$
$$r_2 \approx \frac{a}{2} + d + \frac{(0.021)^2}{8a}$$

标记示例：

公称直径 d=8mm，长度 l=30mm，材料为钢，不经淬火，不经表面处理的圆柱销（或普通淬火、125～245HV30 表面氧化处理的 A 型圆柱销，或材料为 35 钢，热处理硬度 28～38HRC，表面氧化处理的 A 型圆锥销）：

销　GB/T 119.1　8×30　（或销 GB/T 119.2　A8×30 或销 GB/T 117　A8×30）

公称直径 $d^{①}$		3	4	5	6	8	10	12	16	20	25
圆柱销	$c\approx$	0.5	0.63	0.8	1.2	1.6	2.0	2.5	3.0	3.5	4.0
	l（公称）	8～30	8～40	10～50	12～60	14～80	18～95	22～140	26～180	35～200	50～200
圆锥销	d　min	2.96	3.95	4.95	5.95	7.94	9.94	11.93	15.93	19.92	24.92
	max	3	4	5	6	8	10	12	16	20	25
	$a\approx$	0.4	0.5	0.63	0.8	1.0	1.2	1.6	2.0	2.5	3.0
	l（公称）	12～45	14～55	18～60	22～90	22～120	26～160	32～180	40～200	45～200	50～200
l（公称）的系列		12～32（2 进位），35～100（5 进位），100～200（20 进位）									

注：① d 公差为 m6 时，表面粗糙度 $Ra \leqslant 0.8$μm；d 公差为 h8 时，$Ra \leqslant 1.6$μm。
　　GB/T 119.1 材料硬度范围：钢 125～245HV30，奥氏体不锈钢 210～280HV30。
　　GB/T 119.2 材料硬度范围：钢（A 型）550～650HV30，马氏体不锈钢淬火并回火 460～560HV30。

附表 27	螺尾锥销（GB/T 881—2000 摘录）　　　　（单位：mm）

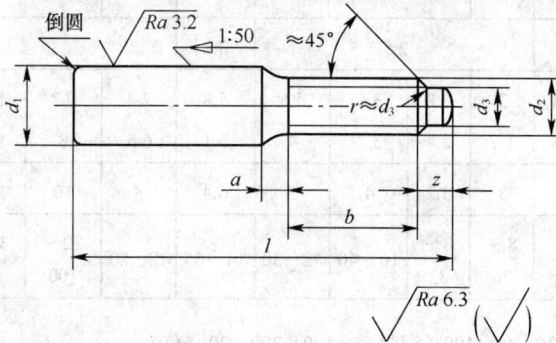

标记示例：
公称直径 d_1=8mm，长度 l=60mm，材料为 35 钢，热处理硬度 28～38HRC，表面氧化处理的螺尾锥销：
销　GB/T 881　8×60

续表

		5	6	8	10	12	16	20	25	30	40	50
	公称	5	6	8	10	12	16	20	25	30	40	50
d_1	min	4.952	5.952	7.942	9.942	11.930	15.930	19.916	24.916	29.916	39.90	49.90
	max	5	6	8	10	12	16	20	25	30	40	50
a	max	2.4	3	4	4.5	5.3	6	6	7.5	9	10.5	12
b	max	15.6	20	24.5	27	30.5	39	39	45	52	65	78
	min	14	18	22	24	27	35	35	40	46	58	70
d_2		M5	M6	M8	M10	M12	M16	M16	M20	M21	M30	M36
d_3	max	3.5	4	5.5	7	8.5	12	12	15	18	23	28
	min	3.25	3.7	5.2	6.6	8.1	11.5	11.5	14.5	17.5	22.5	27.5
z	max	1.5	1.75	2.25	2.75	3.25	4.3	4.3	5.3	6.3	7.5	9.4
	min	1.25	1.5	2	2.5	3	4	4	5	6	7	9
l	公称	40～50	45～60	55～75	65～100	85～140	100～160	120～220	140～250	160～280	190～360	220～400
l 的系列		40～75（5进位），85，100，120，140，160，190，220，280，320，360，400										

附表 28　　　　　　　开口销（GB/T 91—2000 摘录）　　　　　　（单位：mm）

允许制造的形式

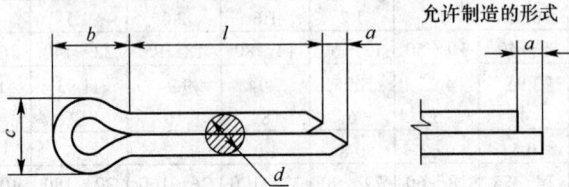

标记示例：

公称直径 d=5mm，长度 l=50mm，材料为 Q215 或 Q235，不经表面处理的开口销：

销　GB/T 91　5×50

公称直径 d		0.6	0.8	1	1.2	1.6	2	2.5	3.2	4	5	6.3	8	10	13
a	max	1.6					2.5		3.2		4			6.3		
c	max	1	1.4	1.8	2	2.8	3.6	4.6	5.8	7.4	9.2	11.8	15	19	24.8
	min	0.9	1.2	1.6	1.7	2.4	3.2	4	5.1	6.5	8	10.3	13.2	16.6	21.7
$b\approx$		2	2.4	3	3	3.2	4	5	6.4	8	10	12.6	16	20	26
l（公称）		4～12	5～16	6～20	8～26	8～32	10～40	12～50	14～65	18～80	22～100	30～120	40～160	45～200	70～200
l（公称）的系列		6～32（2进位），36，40～100（5进位），100～200（20进位）													

注：销孔的公称直径等于销的公称直径 d。

附表 29　　　　内螺纹圆柱销　不淬硬钢和奥氏体不锈钢（GB/T 120.1—2000 摘录）

内螺纹圆柱销　淬硬钢和马氏体不锈钢（GB/T 120.2—2000 摘录）

内螺纹圆锥销（GB/T 118—2000 摘录）

GB/T 120.1

GB/T 118

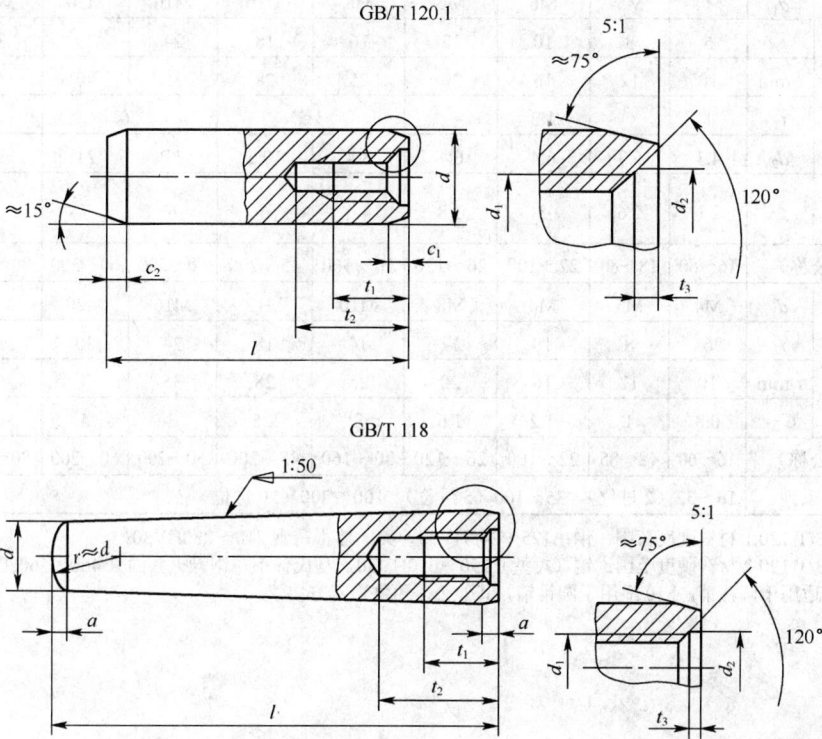

GB/T 120.2（其余尺寸见 GB/T 120.1）

A 型—球面圆柱端，适用于普通　　　　　　　　　　　　　　　　　　　B 型—平端，适用于表面
　　淬火钢和马氏体不锈钢　　　　　　　　　　　　　　　　　　　　　　　淬火钢

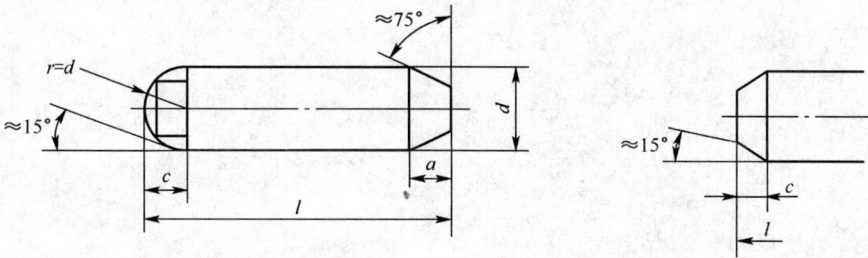

标记示例：

公称直径 d=6mm、公差为 m6、公称长度 l=35mm、材料为钢、不经淬火、不经表面处理的内螺纹圆柱销（或普通淬火
（A 型）、表面氧化处理的内螺纹圆柱销，或材料为 35 钢、热处理硬度 28～38HRC、表面氧化处理的 A 型内螺纹圆锥销）
的标记：销 GB/T 120.1　6×35（或销 GB/T 120.2　6×35—A，销 GB/T 118　6×35）

续表

公称直径 d m6/h10[①]			6	8	10	12	16	20	25	30	40	50
c_1、$a\approx$			0.8	1	1.2	1.6	2	2.5	3	4	5	6.3
内螺纹圆柱销	GB/T 120.1	$c_2\approx$	1.2	1.6	2	2.5	3	3.5	4	5	6.3	8
		d_1	M4	M5	M6	M6	M8	M10	M16	M20	M20	M24
		t_1	6	8	10	12	16	18	24	30	30	36
		$t_2$min	10	12	16	20	25	28	35	40	40	50
		t_3	1		1.2			1.5		20		2.5
		d_2	4.3	5.3	6.4	6.4	8.4	10.5	17	21	21	25
	GB/T 120.2	C	2.1	2.6	3	3.8	4.6	6	6	7	8	10
	l（公称）		16～60	18～80	22～100	26～120	30～160	45～200	50～200	60～200	80～200	100～200
内螺纹圆锥销	GB/T 118	d_1	M4	M5	M6	M8	M10	M12	M16	M20	M20	M24
		t_1	6	8	10	12	16	18	24	30	30	36
		$t_2$min	10	12	16	20	25	28	35	40	40	50
		$C\approx$	0.8	1	1.2	1.6	2	2.5	3	4	5	6.3
	l（公称）		16～60	18～85	22～100	26～120	30～160	45～200	50～200	60～200	80～200	120～200
l（公称）的系列			16～32（2 进位），35～100（5 进位），100～200（20 进位）									

注：GB/T 120.1 材料硬度范围：钢：125～245HV30，奥氏体不锈钢 210～280HV30；

GB/T 120.2 材料硬度范围：钢（A 型）550～650HV30，马氏体不锈钢淬火并回火 460～560HV30。

① m6 适用于圆柱销，h10 适用于圆锥销。其他公差由供需双方协议。

附录二 联 轴 器

附表30　联轴器轴孔和键槽的形式、代号及系列尺寸（GB/T 3852—1997 摘录）

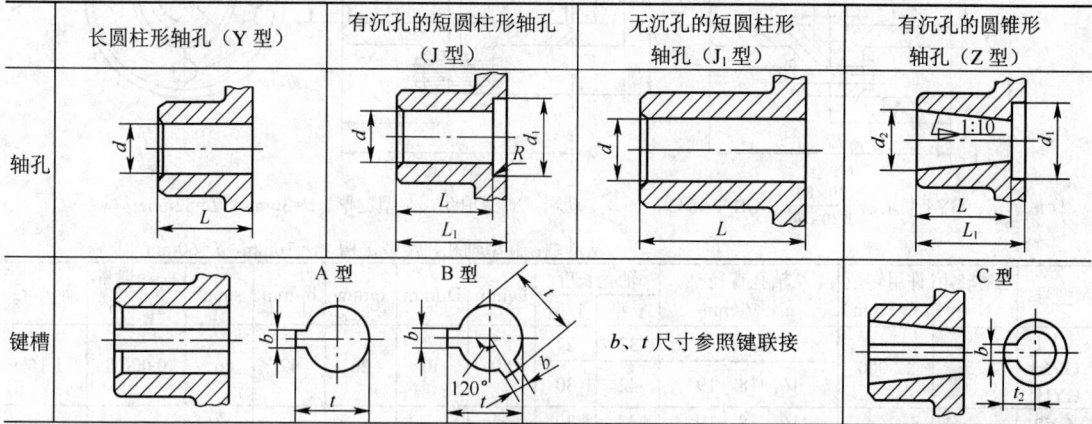

轴孔和 C 型键槽尺寸　　　　　　　　　　　　　　（单位：mm）

直径 d,d_2	轴孔长度 L (Y型)	轴孔长度 L (J, J₁, Z型)	L₁	沉孔 d₁	沉孔 R	C型键槽 b	t₂ 公称尺寸	t₂ 极限偏差
16	42	30	42		1.5	3	8.7	
18	42	30	42		1.5	3	10.1	
19	52	38	52	38	1.5	4	10.6	
20	52	38	52	38	1.5	4	10.9	
22	52	38	52	38	1.5	4	11.9	
24	52	38	52	38	1.5	4	13.4	±0.1
25	62	44	62	48	1.5	5	13.7	
28	62	44	62	48	1.5	5	15.2	
30	82	60	82	55	1.5	6	15.8	
32	82	60	82	55	1.5	6	17.3	
35	82	60	82	55	1.5	6	18.3	
38	82	60	82	55	1.5	6	20.3	
40	112	84	112	65	2	10	21.2	
42	112	84	112	65	2	10	22.2	
45	112	84	112	80	2	10	23.7	±0.2
48	112	84	112	80	2	12	25.2	
50	112	84	112	95	2	12	26.2	
55	112	84	112	95	2.5	14	29.2	
56	112	84	112	95	2.5	14	29.7	
60	142	107	142	105	2.5	16	31.7	
63	142	107	142	105	2.5	16	32.2	
65	142	107	142	105	2.5	16	34.2	
70	142	107	142	105	2.5	16	36.8	
71	142	107	142	120	2.5	18	37.3	
75	142	107	142	120	2.5	18	39.3	
80	172	132	172	140	3	20	41.6	±0.2
85	172	132	172	140	3	20	44.1	
90	172	132	172	160	3	22	47.1	
95	172	132	172	160	3	22	49.6	
100	212	167	212	180	3	25	51.3	
110	212	167	212	180	3	25	56.3	
120	212	167	212	210	3	25	62.3	
125	212	167	212	210	3	28	64.8	
130	252	202	252	235	4	28	66.4	

轴孔与轴伸的配合、键槽宽度 b 的极限偏差

d, d_2/mm	圆柱形轴孔与轴伸的配合	圆锥形轴孔的直径偏差	键槽宽度 b 的极限偏差
6～30	H7/j6	JS10	P9
>30～50	H7/k6	（圆锥角度及圆锥形状	（或 JS9，D10）
>50	H7/m6	公差应小于直径公差）	

根据使用要求也可选用 H7/r6 或 H7/n6

注：1. 无沉孔的圆锥形轴孔（Z₁型）和 B₁型、D 型键槽尺寸，详见 GB/T 3852。
　　2. Y 型限用于圆柱形轴伸的电动机端。

附表 31　　　　　　　凸缘联轴器（GB/T 5843—2003 摘录）

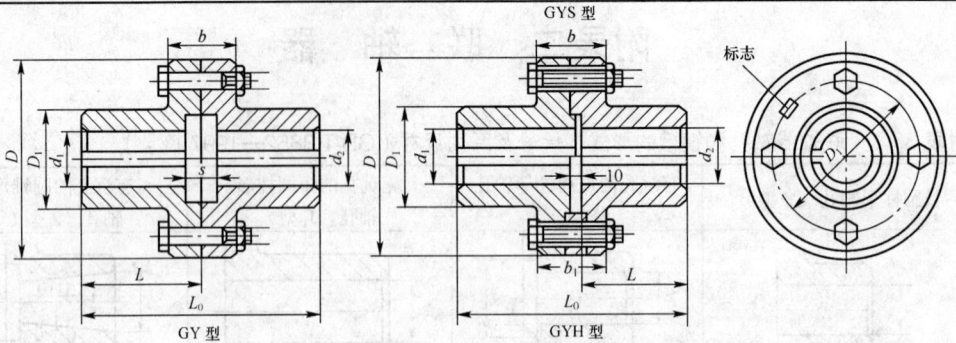

标记示例：GY4 联轴器 $\dfrac{30\times82}{J_1\,30\times60}$ GB/T 5843　　主动端：Y 型轴孔，A 型键槽，$d=30\text{mm}$，$L=82\text{mm}$

从动端：J_1 型轴孔，A 型键槽，$d=30\text{mm}$，$L=60\text{mm}$

型号	公称转矩 /(N·m)	许用转矩 /(r·min)	轴孔直径 d_1，d_2/mm	轴孔长度 Y 型	轴孔长度 J_1 型	D/mm	D_1/mm	b/mm	b_1/mm	s/mm	转动惯量 /(kg·m²)	质量/kg
GY1			12，14	32	27							
GYS1	25	12 000	16，18，19	42	30	80	30	26	42	6	0.000 8	1.16
GYH1												
GY2			16，18，19	42	30							
GYS2	63	10 000	20，22，24	52	38	90	40	28	44	6	0.001 5	1.72
GYH2			25	62	44							
GY3			20，22，24	52	38							
GYS3	112	9 500	25，28	62	44	100	45	30	46	6	0.002 5	2.38
GYH3												
GY4			25，28	62	44							
GYS4	224	9 000	30，32，35	82	60	105	55	32	48	6	0.003	3.15
GYH4												
GY5			30，32，35，38	82	60							
GYS5	400	8 000	40，42	112	84	120	68	36	52	8	0.007	5.43
GYH5												
GY6			38	82	84							
GYS6	900	6 800	40，42，45，48，50	112	60	140	80	40	56	8	0.015	7.59
GYH6												
GY7			48，50，55，56	112	84							
GYS7	1 600	6 000	60，63	142	107	160	100	40	56	8	0.031	13.1
GYH7												
GY8			60，63，65，70，71，75	142	107							
GYS8	3 150	4 800	80	172	132	200	130	50	68	10	0.103	27.5
GYH8												
GY9			75	142	107							
GYS9	6 300	3 600	80，85，90，95	172	132	260	160	66	84	10	0.319	47.8
GYH9			100	212	167							
GY10			90，95	172	132							
GYS10	10 000	3 200	100，110，120，125	212	167	300	200	72	90	10	0.720	82.0
GYH10												
GY11			120，125	212	167							
GYS11	25 000	2 500	130，140，150	212	202	380	260	80	98	10	2.278	162.2
GYH11			160	252	242							
GY12			150	252	202							
GYS12	50 000	2 000	160，170，180	302	242	460	320	92	112	12	5.923	285.6
GYH12			190，200	352	282							

注：1. 质量、转动惯量按 GY 型 Y/J_1 组合和最小轴孔直径计算。

　　2. 本联轴器不具备径向、轴向和角向的补偿性能，刚性好，传递转矩大，结构简单，工作可靠，维护简便，适用于两轴对中精度良好的一般轴系传动。

附表32　　　　　GICL型鼓形齿式联轴器（JB/T 8854.2—2001摘录）

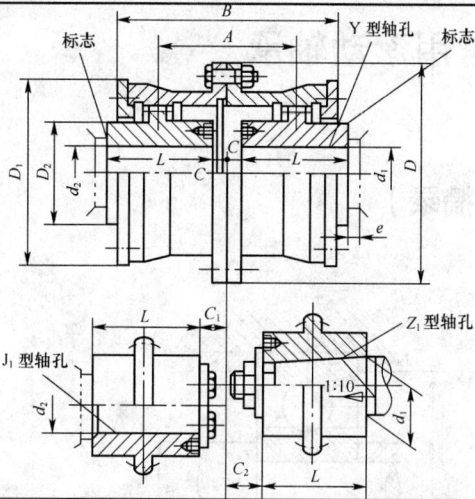

标记示例：

GICL4 联轴器 $\dfrac{50\times112}{J_1B45\times84}$ JB/T 8854.2

主动端：Y型轴孔，A型键槽，d_1=50mm，L=112mm
从动端：J_1型轴孔，B型键槽，d_2=45mm，L=84mm

型号	公称转矩 /r·min⁻¹	许用转速 /r·min⁻¹	轴孔直径 d_1, d_2, d_3	轴孔长度L Y型	轴孔长度L J_1, Z_1型	D	D_1	D_2	B	A	C	C_1	C_2	e	转动惯量 /kg·m²	质量/kg
												mm				
GICL1	800	7 100	16, 18, 19	42	—	125	95	60	115	75	20	—	—	30	0.009	5.9
			20, 22, 24	52	38						10	—	24			
			25, 28	62	44						2.5	—	19			
			30, 32, 35, 38	82	60							15	22			
GICL2	1 400	6 300	25, 28	62	44	144	120	75	135	88	10.5	—	29	30	0.02	9.7
			30, 32, 35, 38	82	60						2.5	12.5	30			
			40, 42, 45, 48	112	84							13.5	28			
GICL3	2 800	5 900	30, 32, 35, 38	82	60	174	140	95	155	106	24.5	25		30	0.047	17.2
			40, 42, 45, 48, 50, 55, 56	112	84						3	17	28			
			60	142	107								35			
GICL4	5 000	5 400	32, 35, 38	82	60	196	165	115	178	125	14	37	32	30	0.091	24.9
			40, 42, 45, 48, 50, 55, 56	112	84						3	17	28			
			60, 63, 65, 70	142	107								35			
GICL5	8 000	5 000	40, 42, 45, 48, 50, 55, 56	112	84	224	183	130	198	142		25	38	30	0.167	38
			60, 63, 65, 70, 71, 75	142	107						3	20	35			
			80	172	132							22	43			
GICL6	11 200	4 800	48, 50, 55, 56	112	84	241	200	145	218	160	6	35	35	30	0.267	48.2
			60, 63, 65, 70, 71, 75	142	107						4	20	35			
			80, 85, 90	172	132							22	43			
GICL7	15 000	4 500	60, 63, 65, 70, 71, 75	142	107	260	230	160	244	180		35	35	30	0.453	68.9
			80, 85, 90, 95	172	132						4	22	43			
			100	212	167								48			
GICL8	21 200	4 000	65, 70, 71, 75	142	107	282	245	175	264	193		35	35	30	0.646	83.3
			80, 85, 90, 95	172	132						5	22	43			
			100, 110	212	167								48			

注：1. J_1型轴孔根据需要也可以不使用轴端挡圈。

　　2. 本联轴器具有良好的补偿两轴综合位移的能力，外形尺寸小，承载能力高，能在高转速下可靠地工作，适用于重型机械及长轴的联接，但不宜用于立轴的联接。

附录三 常用滚动轴承

一、深沟球轴承（GB/T 276—1994 摘录）

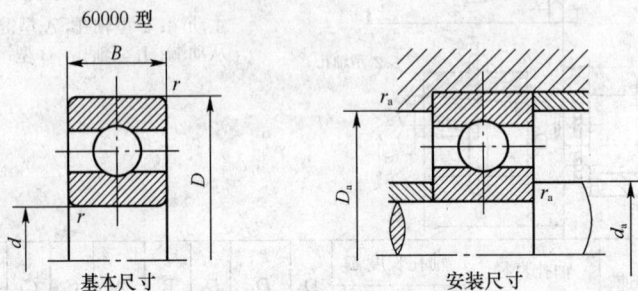

60000 型

基本尺寸　　　　安装尺寸

标记示例

内径 d=20 的 60000 型深沟球轴承，尺寸系列为（0）2，组合代号为 62：

滚动轴承　6204 GB/T 276

附表 33　　　　　　　　　　深沟球轴承尺寸

轴承代号	基本尺寸/mm				安装尺寸/mm		
	d	D	B	r_a min	d_a min	D_a max	r_{as} max
（0）1 尺寸系列							
6000	10	26	8	0.3	12.4	23.6	0.3
6001	12	28	8	0.3	14.4	25.6	0.3
6002	15	32	9	0.3	17.4	29.6	0.3
6003	17	35	10	0.3	19.4	32.6	0.3
6004	20	42	12	0.6	25	37	0.6
6005	25	47	12	0.6	30	42	0.6
6006	30	55	13	1	36	49	1
6007	35	62	14	1	41	56	1
6008	40	68	15	1	46	62	1
6009	45	75	16	1	51	69	1
6010	50	80	16	1	56	74	1
6011	55	90	18	1.1	62	83	1
6012	60	95	18	1.1	67	88	1
6013	65	100	18	1.1	72	93	1
6014	70	110	20	1.1	77	103	1
6015	75	115	20	1.1	82	108	1
6016	80	125	22	1.1	87	118	1
6017	85	130	22	1.1	92	123	1
6018	90	140	24	1.5	99	131	1.5
6019	95	145	24	1.5	104	136	1.5
6020	100	150	24	1.5	109	141	1.5

二、圆锥滚子轴承（GB/T 297—1994 摘录）

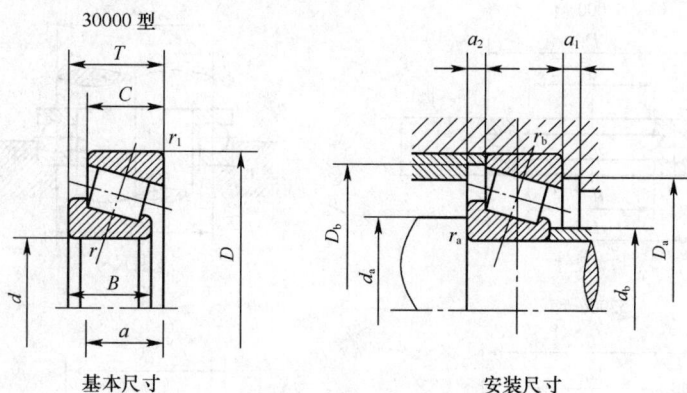

30000 型

基本尺寸　　　　　安装尺寸

标记示例

内径 d=20mm，尺寸系列代号为 02 的圆锥滚子轴承：

滚动轴承 30204　　GB/T 297

附表 34　　　　　　　　　　圆锥滚子轴承尺寸

轴承代号	基本尺寸/mm								安装尺寸/mm								
	d	D	T	B	C	r_a min	r_{1a} min	a ≈	d_a min	d_b max	D_a min	D_a max	D_b min	a_1 min	a_2 min	r_{as} max	r_{bs} max
02 尺寸系列																	
30203	17	40	13.25	12	11	1	1	9.9	23	23	34	34	37	2	2.5	1	1
30204	20	47	15.25	14	12	1	1	11.2	26	27	40	41	43	2	3.5	1	1
30205	25	52	16.25	15	13	1	1	12.5	31	31	44	46	48	2	3.5	1	1
30206	30	62	17.25	16	14	1	1	13.8	36	37	53	59	58	2	3.5	1	1
30207	35	72	18.25	17	15	1.5	1.5	15.3	42	44	62	65	67	3	3.5	1.5	1.5
30208	40	80	19.75	18	16	1.5	1.5	16.9	47	49	69	73	75	3	4	1.5	1.5
30209	45	85	20.75	19	16	1.5	1.5	18.6	52	53	74	78	80	3	5	1.5	1.5
30210	50	90	21.75	20	17	1.5	1.5	20	57	58	79	83	86	3	5	1.5	1.5
30211	55	100	22.75	21	18	2	1.5	21	64	64	88	91	95	4	5	2	1.5
30212	60	110	23.75	22	19	2	1.5	22.3	69	69	96	101	103	4	5	2	1.5
30213	65	120	24.75	23	20	2	1.5	23.8	74	77	106	111	114	4	5	2	1.5
30214	70	125	26.25	24	21	2	1.5	25.8	79	81	110	116	119	4	5.5	2	1.5
30215	75	130	27.25	25	22	2	1.5	27.4	84	85	115	121	125	4	5.5	2	1.5
30216	80	140	28.25	26	22	2.5	2	28.1	90	90	124	130	133	4	6	2.1	2
30217	85	150	30.5	28	24	2.5	2	30.3	95	96	132	140	142	5	6.5	2.1	2
30218	90	160	32.5	30	26	2.5	2	32.3	100	102	140	150	151	5	6.5	2.1	2
30219	95	170	34.5	32	27	3	2.5	34.2	107	108	149	158	160	5	7.5	2.5	2.1
30220	100	180	37	34	29	3	2.5	36.4	112	114	157	168	169	5	8	2.5	2.1

三、推力球轴承（GB/T 301—1995 摘录）

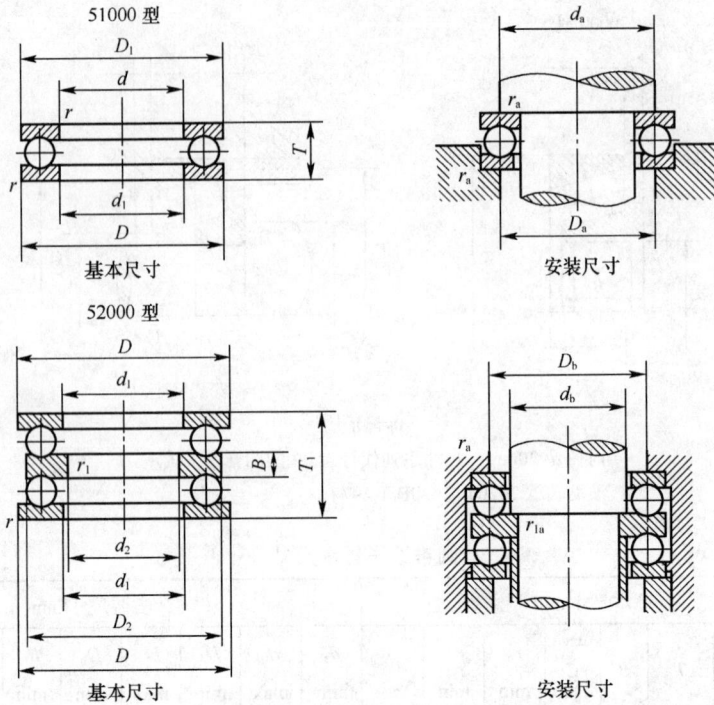

51000 型

基本尺寸 安装尺寸

52000 型

基本尺寸 安装尺寸

标记示例

内径 d=20mm，51000 型推力球轴承，12 尺寸系列：

滚动轴承 51204　　GB/T 301

附表 35　　　　　　　　　　　　　　　　推力球轴承尺寸

轴承代号		基 本 尺 寸										安 装 尺 寸					
		d	d_2	D	T	T_1	d_1 min	D_1 max	D_2 max	B	r_a min	r_{1a} min	d_a min	D_a max	D_b min	d_b max	r_{as} max	r_{1as} max
12（51000 型）、22（52000 型）尺寸系列																	
51200	—	10	—	26	11	—	12	26	—		0.6	—	20	16	—		0.6	—
51201	—	12	—	28	—	14	28	—	—		0.6	—	22	18	—	—	0.6	—
51202	52202	15	10	32	22	17	32	32	5		0.6	0.3	25	22	15	15	0.6	0.3
51203	—	17	—	35	—	19	35	—	—		0.6	—	28	24	—	—	0.6	—
51204	52204	20	15	40	26	22	40	40	6		0.6	0.3	32	28	20	20	0.6	0.3
51205	52205	25	20	47	15	28	27	47	47	7	0.6	0.3	38	34	25	0.6	0.3
51206	52206	30	25	52	16	29	32	52	52	7	0.6	0.3	43	39	30	0.6	0.3
51207	52207	35	30	62	18	34	37	62	62	8	1	0.3	51	46	35	1	0.3
51208	52208	40	30	68	19	36	42	68	68	9	1	0.6	57	51	40	1	0.6
51209	52209	45	35	73	20	37	47	73	73	9	1	0.6	62	56	45	1	0.6
51210	52210	50	40	78	22	39	52	78	78	9	1	0.6	67	61	50	1	0.6
51211	52211	55	45	90	25	45	57	90	90	10	1	0.6	76	69	55	1	0.6
51212	52212	60	50	95	26	46	62	95	95	10	1	0.6	81	74	60	1	0.6
51213	52213	65	55	100	27	47	67	100		10	1	0.6	86	79	79	65	1	0.6
51214	52214	70	55	105	27	47	72	105		10	1	1	91	84	84	70	1	1
51215	52215	75	60	110	27	47	77	110		10	1	1	96	89	89	75	1	1
51216	52216	80	65	115	28	48	82	115		10	1	1	101	94	94	80	1	1

四、滚动轴承座（GB/T 7813—1998 摘录）

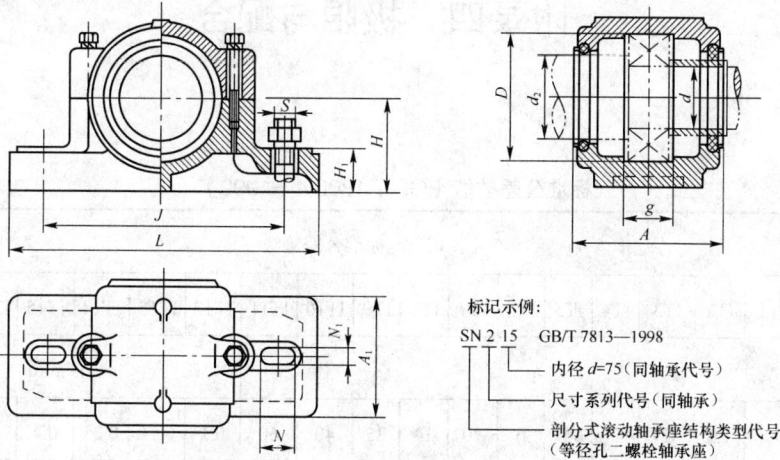

标记示例：

SN 2 15　GB/T 7813—1998

- 内径 d=75（同轴承代号）
- 尺寸系列代号（同轴承）
- 剖分式滚动轴承座结构类型代号（等径孔二螺栓轴承座）

附表 36
mm

型号	d	d_2	D	g	A max	A_1	H	H_1 max	L	J	S 螺栓	N_1	N	质量 ≈/kg
SN205	25	30	52	25	72	46	40			165	130				1.3
SN206	30	35	62	30	82	52	50	22	185	150	M12	15	20	1.8
SN207	35	45	72	33	85								2.1
SN208	40	50	80	33	92									2.6
SN209	45	55	85	31		60	60	25	205	170	M12	15	20	2.8
SN210	50	60	90	33	100									3.1
SN211	55	65	100	33	105	70	70	28	255	210				4.3
SN212	60	70	110	38	115			30						5.0
SN213	65	75	120	43	120				275	230	M16	18	23	6.3
SN214	70	80	125	44	120	80	80	30						6.1
SN215	75	85	130	41	125				280					7.0
SN216	80	90	140	43	135	90	95	32	315	260				9.3
SN217	85	95	150	46	140				320		M20	22	27	9.8
SN218	90	100	160	62.4	145	100	100	35	345	290				12.3
SN220	100	115	180	70.3	165	110	112	40	380	320	M24	26	32	16.5
SN305	25	30	62	34	82	52	50	22	185	150				1.9
SN306	30	35	72	37	85						M12	15	20	2.1
SN307	35	45	80	41	92	60	60	25	205	170				3.0
SN308	40	50	90	43	100									3.3
SN309	45	55	100	46	105	70	70	28	255	210				4.6
SN310	50	60	110	50	115			30			M16	18	23	5.1
SN311	55	65	120	53	120	80	80	30	275	230				6.5
SN312	60	70	130	56	125				280					7.3
SN313	65	75	140	58	135	90	95	32	315	260				9.7
SN314	70	80	150	61	140				320		M20	22	27	11.0
SN315	75	85	160	65	145	100	100	35	345	290				14.0
SN316	80	90	170	68	150		112							13.8
SN317	85	95	180	70	165	110	112	40	380	320	M24	26	32	15.8

附录四 极限与配合

附表 37　　　　　　　标准公差数值（GB/T 1800.4—1999）

基本尺寸/mm		标准公差等级																
		IT1	IT2	IT3	IT4	IT5	IT6	IT7	IT8	IT9	IT10	IT11	IT12	IT13	IT14	IT15	IT16	IT17	IT18
大于	至	μm											mm						
—	3	0.8	1.2	2	3	4	6	10	14	25	40	60	0.1	0.14	0.25	0.4	0.6	1	1.4
3	6	1	1.5	2.5	4	5	8	12	18	30	48	75	0.12	0.18	0.3	0.48	0.75	1.2	1.8
6	10	1	1.5	2.5	4	6	9	15	22	36	58	90	0.15	0.22	0.36	0.58	0.9	1.5	2.2
10	18	1.2	2	3	5	8	11	18	27	43	70	110	0.18	0.27	0.43	0.7	1.1	1.8	2.7
18	30	1.5	2.5	4	6	9	13	21	33	52	84	130	0.21	0.33	0.52	0.84	1.3	2.1	3.3
30	50	1.5	2.5	4	7	11	16	25	39	62	100	160	0.25	0.39	0.62	1	1.6	2.5	3.9
50	80	2	3	5	8	13	19	30	46	74	120	190	0.3	0.46	0.74	1.2	1.9	3	4.6
80	120	2.5	4	6	10	15	22	35	54	84	140	220	0.35	0.54	0.87	1.4	2.2	3.5	5.4
120	180	3.5	5	8	12	18	25	40	63	100	160	250	0.4	0.63	1	1.6	2.5	4	6.3
180	250	4.5	7	10	14	20	29	46	72	115	185	290	0.46	0.72	1.15	1.85	2.9	4.6	7.2
250	315	6	8	12	16	23	32	52	81	130	210	320	0.52	0.81	1.3	2.1	3.2	5.2	8.1
315	400	7	9	13	18	25	36	57	89	140	230	360	0.57	0.89	1.4	2.3	3.6	5.7	8.9
400	500	8	10	15	20	27	40	63	97	155	250	400	0.63	0.97	1.55	2.5	4	6.3	9.7
500	630	9	11	16	22	32	44	70	110	175	280	440	0.7	1.1	1.75	2.8	4.4	7	11
630	800	10	13	18	25	36	50	80	125	200	320	500	0.8	1.25	2	3.2	5	8	12.5
800	1000	11	15	21	28	40	56	90	140	230	360	560	0.9	1.4	2.3	3.6	5.6	9	14
1000	1250	13	18	24	33	47	66	105	165	260	420	660	1.05	1.65	2.6	4.2	6.6	10.5	16.5
1250	1600	15	21	29	39	55	78	125	195	310	500	780	1.25	1.95	3.1	5	7.8	12.5	19.5

附表38　　　　　　　　　轴的基本偏差数值（GB/T 1800.4—1999）　　　　　　　μm

基本尺寸/mm		上偏差 es												下偏差 ei				
		所有标准公差等级												IT5和IT6	IT7	IT8	IT4至IT7	≤IT3 >IT7
大于	至	a	b	c	cd	d	e	ef	f	fg	g	h	js	j			k	
—	3	−270	−140	−60	−34	−20	−14	−10	−6	−4	−2	0		−2	−4	−6	0	0
3	6	−270	−140	−70	−46	−30	−20	−14	−10	−6	−4	0		−2	−4		+1	0
6	10	−280	−150	−80	−56	−40	−25	−18	−13	−8	−5	0		−2	−5		+1	0
10	14	−290	−150	−95		−50	−32		−16		−6	0		−3	−6		+1	0
14	18	−290	−150	−95		−50	−32		−16		−6	0		−3	−6		+1	0
18	24	−300	−160	−110		−65	−40		−20		−7	0		−4	−8		+2	0
24	30	−300	−160	−110		−65	−40		−20		−7	0		−4	−8		+2	0
30	40	−310	−170	−120		−80	−50		−25		−9	0		−5	−10		+2	0
40	50	−320	−180	−130		−80	−50		−25		−9	0		−5	−10		+2	0
50	65	−340	−190	−140		−100	−60		−30		−10	0		−7	−12		+2	0
65	80	−360	−200	−150		−100	−60		−30		−10	0		−7	−12		+2	0
80	100	−380	−220	−170		−120	−72		−36		−12	0	偏差 $=\pm\dfrac{ITn}{2}$，式中 ITn 是 IT 值数	−9	−15		+3	0
100	120	−410	−240	−180		−120	−72		−36		−12	0		−9	−15		+3	0
120	140	−460	−260	−200		−145	−85		−43		−14	0		−11	−18		+3	0
140	160	−520	−280	−210		−145	−85		−43		−14	0		−11	−18		+3	0
160	180	−580	−310	−230		−145	−85		−43		−14	0		−11	−18		+3	0
180	200	−660	−340	−240		−170	−100		−50		−15	0		−13	−21		+4	0
200	225	−740	−380	−260		−170	−100		−50		−15	0		−13	−21		+4	0
225	250	−820	−420	−280		−170	−100		−50		−15	0		−13	−21		+4	0
250	280	−920	−480	−300		−190	−110		−56		−17	0		−16	−26		+4	0
280	315	−1050	−540	−330		−190	−110		−56		−17	0		−16	−26		+4	0
315	355	−1200	−600	−360		−210	−125		−62		−18	0		−18	−28		+4	0
355	400	−1350	−680	−400		−210	−125		−62		−18	0		−18	−28		+4	0
400	450	−1500	−760	−440		−230	−135		−68		−20	0		−20	−32		+5	0
450	500	−1650	−840	−480		−230	−135		−68		−20	0		−20	−32		+5	0

续表

| 基本尺寸/mm | | 下偏差 ei 所有标准公差等级 | | | | | | | | | | | | | |
大于	至	m	n	p	r	s	t	u	v	x	y	z	za	zb	zc
—	3	+2	+4	+6	+10	+14		+18		+20		+26	+32	+40	+60
3	6	+4	+8	+12	+15	+19		+23		+28		+35	+42	+50	+80
6	10	+6	+10	+15	+19	+23		+28		+34		+42	+52	+67	+97
10	14	+7	+12	+18	+23	+28		+33		+40		+50	+64	+90	+130
14	18	+7	+12	+18	+23	+28		+33	+39	+45		+60	+77	+108	+150
18	24	+8	+15	+22	+28	+35		+41	+47	+54	+63	+73	+98	+136	+188
24	30	+8	+15	+22	+28	+35	+41	+48	+55	+64	+75	+88	+118	+160	+218
30	40	+9	+17	+26	+34	+43	+48	+60	+68	+80	+94	+112	+148	+200	+274
40	50	+9	+17	+26	+34	+43	+54	+70	+81	+97	+114	+136	+180	+242	+325
50	65	+11	+20	+32	+41	+53	+66	+87	+102	+122	+14	+172	+226	+300	+405
65	80	+11	+20	+32	+43	+59	+75	+102	+120	+146	+174	+210	+274	+360	+480
80	100	+13	+23	+37	+51	+71	+91	+124	+146	+178	+214	+258	+335	+445	+585
100	120	+13	+23	+37	+54	+79	+104	+144	+172	+210	+254	+310	+400	+525	+690
120	140	+15	+27	+43	+63	+92	+122	+170	+202	+248	+300	+365	+470	+620	+800
140	160	+15	+27	+43	+65	+100	+134	+190	+228	+280	+340	+415	+535	+700	+900
160	180	+15	+27	+43	+68	+108	+146	+210	+252	+310	+380	+465	+600	+780	+1000
180	200	+17	+31	+50	+77	+122	+166	+236	+284	+350	+425	+520	+670	+880	+1150
200	225	+17	+31	+50	+80	+130	+180	+258	+310	+385	+470	+575	+740	+960	+1250
225	250	+17	+31	+50	+84	+140	+196	+284	+340	+425	+520	+640	+820	+1050	+1350
250	280	+20	+34	+56	+94	+158	+218	+315	+385	+475	+580	+710	+920	+1200	+1550
280	315	+20	+34	+56	+98	+170	+240	+350	+425	+525	+650	+790	+1000	+1300	+1700
315	355	+21	+37	+62	+108	+190	+268	+390	+475	+590	+730	+900	+1150	+1500	+1900
355	400	+21	+37	+62	+114	+208	+294	+435	+530	+660	+820	+1000	+1300	+1650	+2100
400	450	+23	+40	+68	+126	+232	+330	+490	+595	+740	+920	+1100	+1450	+1850	+2400
450	500	+23	+40	+68	+132	+252	+360	+540	+660	+820	+1000	+1250	+1600	+2100	+2600

注：1. 基本尺寸小于或等于 1mm 时，基本偏差 a 和 b 均不采用。

2. 公差带 js7 至 js11，若 ITn 值数是奇数，则取偏差 $= \pm \dfrac{\text{IT}n - 1}{2}$。

附表39　　　　　　　　　　孔的基本偏差数值（GB/T 1800.4—1999）　　　　　　　　μm

基本尺寸/mm 大于	至	下偏差 EI（所有标准公差等级） A	B	C	CD	D	E	EF	F	FG	G	H	JS	上偏差 ES J IT6	J IT7	J IT8	K ≤IT8	K >IT8	M ≤IT8	M >IT8	N ≤IT8	N >IT8
—	3	+270	+140	+60	+34	+20	+14	+10	+6	+4	+2	0		+2	+4	+6	0	0	−2	−2	−4	−4
3	6	+270	+140	+70	+46	+30	+20	+14	+10	+6	+4	0		+5	+6	+10	−1+Δ		−4+Δ	−4	−8+Δ	0
6	10	+280	+150	+80	+56	+40	+25	+18	+13	+8	+5	0		+5	+8	+12	−1+Δ		−6+Δ	−6	−10+Δ	0
10	14	+290	+150	+95		+50	+32		+16		+6	0		+6	+10	+15	−1+Δ		−7+Δ	−7	−12+Δ	0
14	18	+290	+150	+95		+50	+32		+16		+6	0		+6	+10	+15	−1+Δ		−7+Δ	−7	−12+Δ	0
18	24	+300	+160	+110		+65	+40		+20		+7	0		+8	+12	+20	−2+Δ		−8+Δ	−8	−15+Δ	0
24	30	+300	+160	+110		+65	+40		+20		+7	0		+8	+12	+20	−2+Δ		−8+Δ	−8	−15+Δ	0
30	40	+310	+170	+120		+80	+50		+25		+9	0		+10	+14	+24	−2+Δ		−9+Δ	−9	−17+Δ	0
40	50	+320	+180	+130		+80	+50		+25		+9	0		+10	+14	+24	−2+Δ		−9+Δ	−9	−17+Δ	0
50	65	+340	+190	+140		+100	+60		+30		+10	0		+13	+18	+28	−2+Δ		−11+Δ	−11	−20+Δ	0
65	80	+360	+200	+150		+100	+60		+30		+10	0		+13	+18	+28	−2+Δ		−11+Δ	−11	−20+Δ	0
80	100	+380	+220	+170		+120	+72		+36		+12	0	偏差=±ITn/2，式中 ITn 是IT值数	+16	+22	+34	−3+Δ		−13+Δ	−13	−23+Δ	0
100	120	+410	+240	+180		+120	+72		+36		+12	0		+16	+22	+34	−3+Δ		−13+Δ	−13	−23+Δ	0
120	140	+460	+260	+200		+145	+85		+43		+14	0		+18	+26	+41	−3+Δ		−15+Δ	−15	−27+Δ	0
140	160	+520	+280	+210		+145	+85		+43		+14	0		+18	+26	+41	−3+Δ		−15+Δ	−15	−27+Δ	0
160	180	+580	+310	+230		+145	+85		+43		+14	0		+18	+26	+41	−3+Δ		−15+Δ	−15	−27+Δ	0
180	200	+660	+340	+240		+170	+100		+50		+15	0		+22	+30	+47	−4+Δ		−17+Δ	−17	−31+Δ	0
200	225	+740	+380	+260		+170	+100		+50		+15	0		+22	+30	+47	−4+Δ		−17+Δ	−17	−31+Δ	0
225	250	+820	+420	+280		+170	+100		+50		+15	0		+22	+30	+47	−4+Δ		−17+Δ	−17	−31+Δ	0
250	280	+920	+480	+300		+190	+110		+56		+17	0		+25	+36	+55	−4+Δ		−20+Δ	−20	−34+Δ	0
280	315	+1050	+540	+330		+190	+110		+56		+17	0		+25	+36	+55	−4+Δ		−20+Δ	−20	−34+Δ	0
315	355	+1200	+600	+360		+210	+125		+62		+18	0		+29	+39	+60	−4+Δ		−21+Δ	−21	−37+Δ	0
355	400	+1350	+680	+400		+210	+125		+62		+18	0		+29	+39	+60	−4+Δ		−21+Δ	−21	−37+Δ	0
400	450	+1500	+760	+440		+230	+135		+68		+20	0		+33	+43	+66	−5+Δ		−23+Δ	−23	−40+Δ	0
450	500	+1650	+840	+480		+230	+135		+68		+20	0		+33	+43	+66	−5+Δ		−23+Δ	−23	−40+Δ	0

基本尺寸/mm		上偏差 ES													Δ值					
		≤IT7	标准公差等级大于 IT7												标准公差等级					
大于	至	P至ZC	P	R	S	T	U	V	X	Y	Z	ZA	AB	ZC	IT3	IT4	IT5	IT6	IT7	IT8
—	3		−6	−10	−14		−18		−20		−26	−32	−40	−40	−60	0	0	0	0	0
3	6		−12	−15	−19		−23		−28		−35	−42	−50	−80	1	1.5	1	3	4	6
6	10		−15	−19	−23		−28		−34		−42	−52	−67	−97	1	1.5	2	3	6	7
10	14		−18	−23	−28		−33		−40		−50	−64	−90	−130	1	2	3	3	7	9
14	18		−18	−23	−28		−33	−39	−45		−60	−77	−108	−150	1	2	3	3	7	9
18	24		−22	−28	−35		−41	−47	−54	−63	−73	−98	−136	−188	1.5	2	3	4	8	12
24	30		−22	−28	−35	−41	−48	−55	−64	−75	−88	−118	−160	−218	1.5	2	3	4	8	12
30	40		−26	−34	−43	−48	−60	−68	−80	−94	−112	−148	−200	−274	1.5	3	4	5	9	14
40	50		−26	−34	−43	−54	−70	−81	−97	−114	−136	−180	−242	−325	1.5	3	4	5	9	14
50	65		−32	−41	−53	−66	−87	−102	−122	−144	−172	−226	−300	−405	2	3	5	6	11	16
65	80		−32	−43	−59	−75	−102	−120	−146	−174	−210	−274	−360	−480	2	3	5	6	11	16
80	100		−37	−51	−71	−91	−124	−146	−178	−214	−258	−335	−445	−585	2	4	5	7	13	19
100	120		−37	−54	−79	−104	−144	−172	−210	−254	−310	−400	−525	−690	2	4	5	7	13	19
120	140		−43	−63	−92	−122	−170	−202	−248	−300	−365	−470	−620	−800	3	4	6	7	15	23
140	160		−43	−65	−100	−134	−190	−228	−280	−340	−415	−535	−700	−900	3	4	6	7	15	23
160	180		−43	−68	−108	−146	−210	−252	−310	−380	−465	−600	−780	−1000	3	4	6	7	15	23
180	200		−50	−77	−122	−166	−236	−284	−350	−425	−520	−670	−880	−1150	3	4	6	9	17	26
200	225		−50	−80	−130	−180	−258	−310	−385	−470	−575	−740	−960	−1250	3	4	6	9	17	26
225	250		−50	−84	−140	−196	−284	−340	−425	−520	−640	−820	−1050	−1350	3	4	6	9	17	26
250	280		−56	−94	−158	−218	−315	−385	−475	−580	−710	−920	−1200	−1550	4	4	7	9	20	29
280	315		−56	−98	−170	−240	−350	−425	−525	−650	−790	−1000	−1300	−1700	4	4	7	9	20	29
315	355		−62	−108	−190	−268	−390	−475	−590	−730	−900	−1150	−1500	−1900	4	5	7	11	21	32
355	400		−62	−114	−208	−294	−435	−530	−660	−820	−1000	−1300	−1650	−2100	4	5	7	11	21	32
400	450		−68	−126	−232	−330	−490	−595	−740	−920	−1100	−1450	−1850	−2400	5	5	7	13	23	34
450	500		−68	−132	−252	−360	−540	−660	−820	−1000	−1250	−1600	−2100	−2600	5	5	7	13	23	34

注：1. 基本尺寸小于或等于1mm时，基本偏差 A 和 B 及大于 IT8 的 N 均不采用。

2. 公差带 JS7 至 JS11，若 ITn 值数是奇数，则取偏差 $=\pm\dfrac{\mathrm{IT}n-1}{2}$。

3. 对小于或等于 IT8 的 K、M、N 和小于或等于 IT7 的 P 至 ZC，所需Δ值从表内右侧选取，例如：18～30mm 段的 K7，Δ=8μm，所以 ES=−2+8=+6μm；18～30mm 段的 S6，Δ=4μm，所以 ES=−35+4=−31μm。

4. 特殊情况：250～315mm 段的 M6，ES=−9μm（代替−11μm）。

附表 40　　　　　　　　　　优先配合轴的极限偏差　　　　　　　　　　μm

基本尺寸/mm 大于	至	c11	d9	f7	g6	h6	h7	h9	h11	k6	n6	p6	s6	u6
—	3	−60 −120	−20 −45	−6 −16	−2 −8	0 −6	0 −10	0 −25	0 −60	+6 0	+10 +4	+12 +6	+20 +14	+24 +18
3	6	−70 −145	−30 −60	−10 −22	−4 −12	0 −8	0 −12	0 −30	0 −75	+9 +1	+16 +8	+20 +12	+27 +19	+31 +23
6	10	−80 −170	−40 −76	−13 −28	−5 −14	0 −9	0 −15	0 −36	0 −90	+10 +1	+19 +10	+24 +15	+32 +23	+37 +28
10	14	−95 −205	−50 −93	−16 −34	−6 −17	0 −11	0 −18	0 −43	0 −110	+12 +1	+23 +12	+29 +18	+39 +28	+44 +33
14	18	−95 −205	−50 −93	−16 −34	−6 −17	0 −11	0 −18	0 −43	0 −110	+12 +1	+23 +12	+29 +18	+39 +28	+44 +33
18	24	−110 −240	−65 −117	−20 −41	−7 −20	0 −13	0 −21	0 −52	0 −130	+15 +2	+28 +15	+35 +22	+48 +35	+54 +41
24	30	−110 −240	−65 −117	−20 −41	−7 −20	0 −13	0 −21	0 −52	0 −130	+15 +2	+28 +15	+35 +22	+48 +35	+61 +48
30	40	−120 −280	−80 −142	−25 −50	−9 −25	0 −16	0 −25	0 −62	0 −160	+18 +2	+33 +17	+42 +26	+59 +43	+76 +60
40	50	−130 −290	−80 −142	−25 −50	−9 −25	0 −16	0 −25	0 −62	0 −160	+18 +2	+33 +17	+42 +26	+59 +43	+86 +70
50	65	−140 −330	−100 −174	−30 −60	−10 −29	0 −19	0 −30	0 −74	0 −190	+21 +2	+39 +20	+51 +32	+72 +53	+106 +87
65	80	−150 −340	−100 −174	−30 −60	−10 −29	0 −19	0 −30	0 −74	0 −190	+21 +2	+39 +20	+51 +32	+78 +59	+121 +102
80	100	−170 −390	−120 −207	−36 −71	−12 −34	0 −22	0 −35	0 −87	0 −220	+25 +3	+45 +23	+59 +37	+93 +71	+146 +124
100	120	−180 −400	−120 −207	−36 −71	−12 −34	0 −22	0 −35	0 −87	0 −220	+25 +3	+45 +23	+59 +37	+101 +79	+166 +144
120	140	−200 −450	−145 −245	−43 −83	−14 −39	0 −25	0 −40	0 −100	0 −250	+28 +3	+52 +27	+68 +43	+117 +92	+195 +170
140	160	−210 −460	−145 −245	−43 −83	−14 −39	0 −25	0 −40	0 −100	0 −250	+28 +3	+52 +27	+68 +43	+125 +100	+215 +190
160	180	−230 −480	−145 −245	−43 −83	−14 −39	0 −25	0 −40	0 −100	0 −250	+28 +3	+52 +27	+68 +43	+133 +108	+235 +210
180	200	−240 −530	−170 −285	−50 −96	−15 −44	0 −29	0 −46	0 −115	0 −290	+33 +4	+60 +31	+79 +50	+151 +122	+265 +236
200	225	−260 −550	−170 −285	−50 −96	−15 −44	0 −29	0 −46	0 −115	0 −290	+33 +4	+60 +31	+79 +50	+159 +130	+287 +257
225	250	−280 −570	−170 −285	−50 −96	−15 −44	0 −29	0 −46	0 −115	0 −290	+33 +4	+60 +31	+79 +50	+169 +140	+313 +284
250	280	−300 −620	−190 −320	−56 −108	−17 −49	0 −32	0 −52	0 −130	0 −320	+36 +4	+66 +34	+88 +56	+190 +158	+347 +315
280	315	−330 −650	−190 −320	−56 −108	−17 −49	0 −32	0 −52	0 −130	0 −320	+36 +4	+66 +34	+88 +56	+202 +170	+382 +350
315	355	−360 −720	−210 −350	−62 −119	−18 −54	0 −36	0 −57	0 −140	0 −360	+40 +4	+73 +37	+98 +62	+226 +190	+426 +390
355	400	−400 −760	−210 −350	−62 −119	−18 −54	0 −36	0 −57	0 −140	0 −360	+40 +4	+73 +37	+98 +62	+244 +208	+471 +435
400	450	−440 −840	−230 −385	−68 −131	−20 −60	0 −40	0 −63	0 −155	0 −400	+45 +5	+80 +40	+108 +68	+272 +232	+530 +490
450	500	−480 −880	−230 −385	−68 −131	−20 −60	0 −40	0 −63	0 −155	0 −400	+45 +5	+80 +40	+108 +68	+292 +252	+580 +540

附表41　　　　　　　　　　优先配合孔的极限偏差　　　　　　　　　μm

基本尺寸/mm 大于	至	C 11	D 9	F 8	G 7	H 7	H 8	H 9	H 11	K 7	N 7	P 7	S 7	U 7
—	3	+120 / +60	+45 / +20	+20 / +6	+12 / +2	+10 / 0	+14 / 0	+25 / 0	+60 / 0	0 / −10	−4 / −14	−6 / −16	−14 / −24	−18 / −28
3	6	+145 / +70	+60 / +30	+28 / +10	+16 / +4	+12 / 0	+18 / 0	+30 / 0	+75 / 0	+9 / −9	−4 / −16	−8 / −20	−15 / −27	−19 / −31
6	10	+170 / +80	+76 / +40	+35 / +13	+20 / +5	+15 / 0	+22 / 0	+36 / 0	+90 / 0	+5 / −10	−4 / −19	−9 / −24	−17 / −32	−22 / −37
10	14	+205 / +95	+93 / +50	+43 / +16	+27 / +6	+18 / 0	+27 / 0	+43 / 0	+110 / 0	+6 / −12	−5 / −23	−11 / −29	−21 / −39	−26 / −44
14	18	+205 / +95	+93 / +50	+43 / +16	+27 / +6	+18 / 0	+27 / 0	+43 / 0	+110 / 0	+6 / −12	−5 / −23	−11 / −29	−21 / −39	−26 / −44
18	24	+240 / +110	+117 / +65	+53 / +20	+28 / +7	+21 / 0	+33 / 0	+52 / 0	+130 / 0	+6 / −15	−7 / −28	−14 / −35	−27 / −48	−33 / −54
24	30	+240 / +110	+117 / +65	+53 / +20	+28 / +7	+21 / 0	+33 / 0	+52 / 0	+130 / 0	+6 / −15	−7 / −28	−14 / −35	−27 / −48	−40 / −61
30	40	+280 / +120	+142 / +80	+64 / +25	+34 / +9	+25 / 0	+39 / 0	+62 / 0	+160 / 0	+7 / −18	−8 / −33	−17 / −42	−34 / −59	−51 / −76
40	50	+290 / +130	+142 / +80	+64 / +25	+34 / +9	+25 / 0	+39 / 0	+62 / 0	+160 / 0	+7 / −18	−8 / −33	−17 / −42	−34 / −59	−61 / −86
50	65	+330 / +140	+174 / +100	+76 / +30	+40 / +10	+30 / 0	+46 / 0	+74 / 0	+190 / 0	+9 / −21	−9 / −39	−21 / −51	−42 / −72	−76 / −106
65	80	+340 / +150	+174 / +100	+76 / +30	+40 / +10	+30 / 0	+46 / 0	+74 / 0	+190 / 0	+9 / −21	−9 / −39	−21 / −51	−48 / −78	−91 / −121
80	100	+390 / +170	+207 / +120	+90 / +36	+47 / +12	+35 / 0	+54 / 0	+87 / 0	+220 / 0	+10 / −25	−10 / −45	−24 / −59	−58 / −93	−111 / −146
100	120	+400 / +180	+207 / +120	+90 / +36	+47 / +12	+35 / 0	+54 / 0	+87 / 0	+220 / 0	+10 / −25	−10 / −45	−24 / −59	−66 / −101	−131 / −166
120	140	+450 / +200	+245 / +145	+106 / +43	+54 / +14	+40 / 0	+63 / 0	+100 / 0	+250 / 0	+12 / −28	−12 / −52	−28 / −68	−77 / −117	−155 / −195
140	160	+460 / +210	+245 / +145	+106 / +43	+54 / +14	+40 / 0	+63 / 0	+100 / 0	+250 / 0	+12 / −28	−12 / −52	−28 / −68	−85 / −125	−175 / −215
160	180	+480 / +230	+245 / +145	+106 / +43	+54 / +14	+40 / 0	+63 / 0	+100 / 0	+250 / 0	+12 / −28	−12 / −52	−28 / −68	−93 / −133	−195 / −235
180	200	+530 / +240	+285 / +170	+122 / +50	+61 / +15	+46 / 0	+72 / 0	+115 / 0	+290 / 0	+13 / −33	−14 / −60	−33 / −79	−105 / −151	−219 / −265
200	225	+550 / +260	+285 / +170	+122 / +50	+61 / +15	+46 / 0	+72 / 0	+115 / 0	+290 / 0	+13 / −33	−14 / −60	−33 / −79	−113 / −159	−241 / −287
225	250	+570 / +280	+285 / +170	+122 / +50	+61 / +15	+46 / 0	+72 / 0	+115 / 0	+290 / 0	+13 / −33	−14 / −60	−33 / −79	−123 / −169	−267 / −313
250	280	+620 / +300	+320 / +190	+137 / +56	+69 / +17	+52 / 0	+81 / 0	+130 / 0	+320 / 0	+16 / −36	−14 / −66	−36 / −88	−138 / −190	−295 / −347
280	315	+650 / +330	+320 / +190	+137 / +56	+69 / +17	+52 / 0	+81 / 0	+130 / 0	+320 / 0	+16 / −36	−14 / −66	−36 / −88	−150 / −202	−330 / −382
315	355	+720 / +360	+350 / +210	+151 / +62	+75 / +18	+57 / 0	+89 / 0	+140 / 0	+360 / 0	+17 / −40	−16 / −73	−41 / −98	−169 / −226	−369 / −426
355	400	+760 / +360	+350 / +210	+151 / +62	+75 / +18	+57 / 0	+89 / 0	+140 / 0	+360 / 0	+17 / −40	−16 / −73	−41 / −98	−187 / −244	−414 / −471
400	450	+840 / +440	+385 / +230	+165 / +68	+83 / +20	+63 / 0	+97 / 0	+155 / 0	+400 / 0	+18 / −45	−17 / −80	−45 / −108	−209 / −279	−467 / −530
450	500	+880 / +480	+385 / +230	+165 / +68	+83 / +20	+63 / 0	+97 / 0	+155 / 0	+400 / 0	+18 / −45	−17 / −80	−45 / −108	−229 / −292	−517 / −580

附录五　部分参考图样

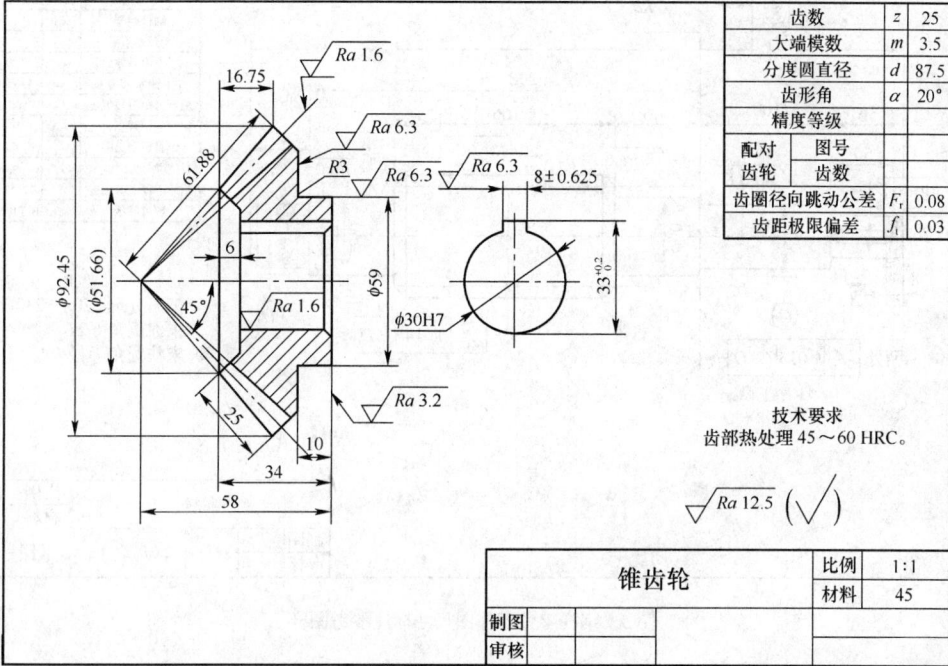

齿数		z	25
大端模数		m	3.5
分度圆直径		d	87.5
齿形角		α	20°
精度等级			
配对齿轮	图号		
	齿数		
齿圈径向跳动公差		F_r	0.08
齿距极限偏差		f_t	0.03

技术要求
齿部热处理 45～60 HRC。

$\sqrt{Ra\ 12.5}\ (\sqrt{\ })$

锥齿轮		比例	1:1
		材料	45
制图			
审核			

图1　直齿锥齿轮尺寸标注参考图样（尺寸作为参考，未注形位公差）

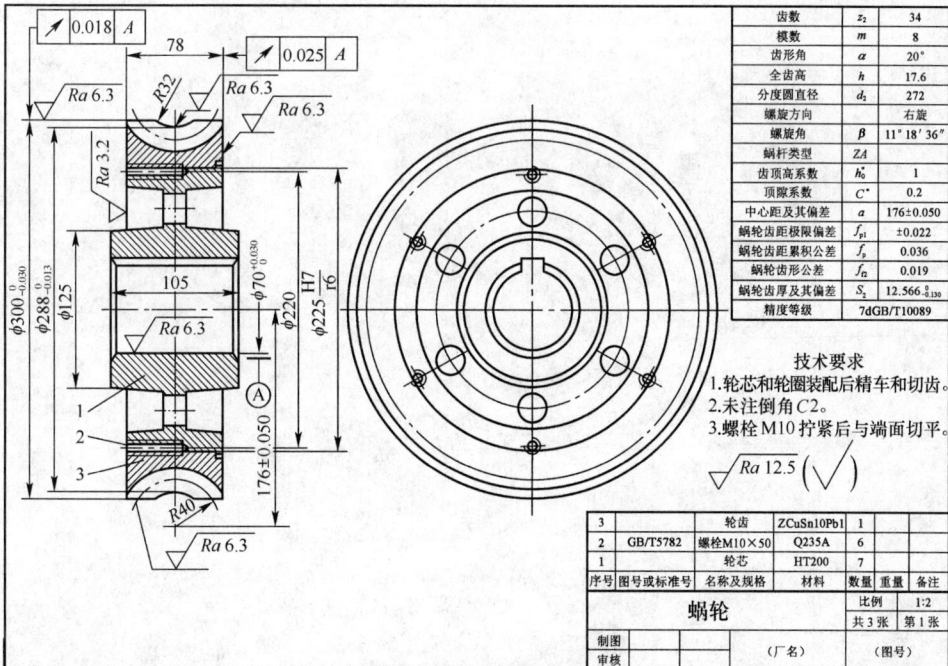

齿数		z_2	34
模数		m	8
齿形角		α	20°
全齿高		h	17.6
分度圆直径		d_2	272
螺旋方向			右旋
螺旋角		β	11°18′36″
蜗杆类型			ZA
齿顶高系数		h_a^*	1
顶隙系数		C^*	0.2
中心距及其偏差		a	176±0.050
蜗轮齿距极限偏差		f_{pt}	±0.022
蜗轮齿距累积公差		f_p	0.036
蜗轮齿形公差		f_{f2}	0.019
蜗轮齿厚及其偏差		S_2	$12.566_{-0.130}^{0}$
精度等级			7dGB/T10089

技术要求
1. 轮芯和轮圈装配后精车和切齿。
2. 未注倒角C2。
3. 螺栓M10拧紧后与端面切平。

$\sqrt{Ra\ 12.5}\ (\sqrt{\ })$

3		轮齿	ZCuSn10Pb1	1		
2	GB/T5782	螺栓M10×50	Q235A	6		
1		轮芯	HT200	7		
序号	图号或标准号	名称及规格	材料	数量	重量	备注

蜗轮		比例	1:2
		共3张	第1张
制图			
审核		（厂名）	（图号）

图2　蜗轮工作图尺寸标注参考图样

头数	z_1	2
模数	m	8
齿形角	α	20°
全齿高	h	17.6
分度圆直径	ch	80
螺旋方向		右旋
导程角	γ	11°18′36″
蜗杆类型		ZA
齿顶高系数	h_a^*	1
顶隙系数	C^*	0.2
中心距及其偏差	a	176±0.050
蜗杆齿距极限偏差	f_{px}	±0.017
蜗杆齿距累积公差	f_{pxt}	0.032
蜗杆齿形公差	f_{fl}	0.028
蜗杆齿槽径向跳动公差	f_r	0.02
蜗轮齿厚及其偏差	S_1	$12.566_{-0.130}^{0}$
精度等级		7dGB/T10089

技术要求
1. 调质处理 220 ～ 240HBS。
2. 未注倒角 C2。
3. 未注圆角半径 R2。

蜗杆	比例	1:2
	材料	45
制图		（厂名）	（图号）
审核			

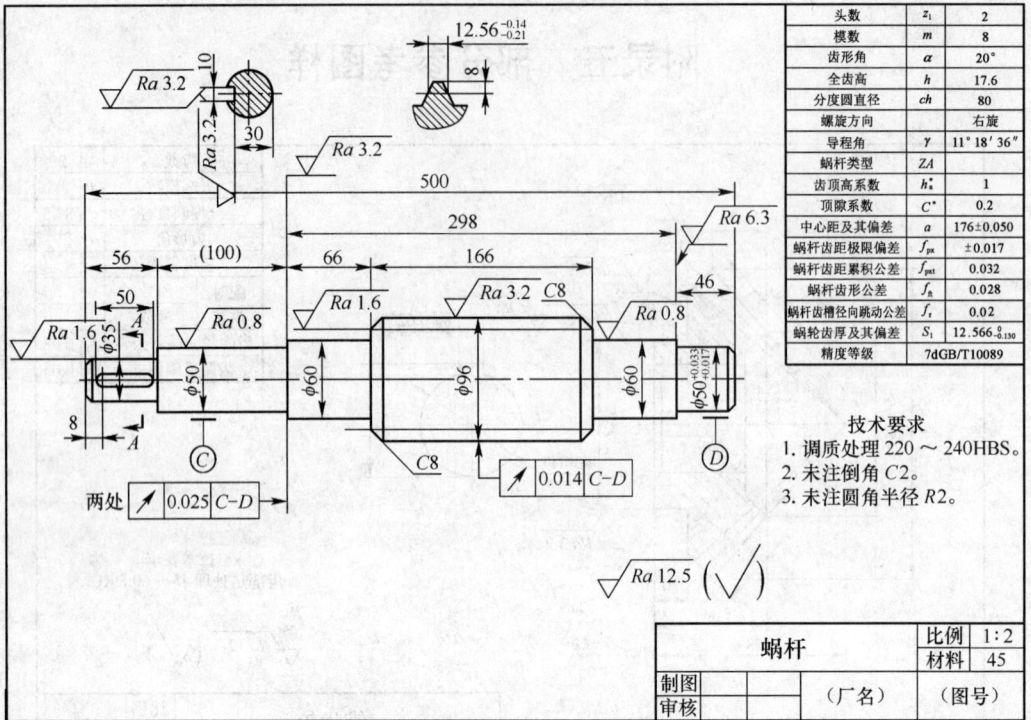

图3 蜗杆零件工作图尺寸标注参考图样

后记1 发动机拆装实践心得摘录

武顺贤：尊重科学，尊重实践。
要守义：干一份工作，担十份责任。
姚伟超：这是任何一堂理论课都无法比拟的课程。
王慧：这是一堂无比重要的课，知识量远大于普通课堂的十倍百倍。

在进行《机械制图》、《机械设计制图》教学同时进行拆装实践的教学，不仅帮助学生消化吸收了理论知识，加深了对机械构造的了解，使学生对发动机的零部件有了实践认识，如对连杆机构、曲柄活塞、齿轮的工作原理以及结构特点等知识有了更深刻的理解；对工程中使用的真实的轴承、键、销、铆钉、螺纹连接标准件，真实的润滑油、真实的艰苦作业环境，真实的结构原理、机构、工程材料、真实的公差配合、装配精度、真实的工具、正确的装配方法和顺序等等有了进一步的实践认识。而且培养了学生的观察能力、空间结构分析能力、理论联系实际能力、动手能力、工程实践能力、创新意识和严谨务实的科学作风，提高了学生的全面素质。每个学生根据自己的兴趣和理解都从不同的角度得到了很大的收获。

由作者负责筹建、开展并捐资 8 000 多元的发动机拆装实践教学部分，使其他 6 位教师圆满获得 "机械基础课堂教学与实践教学研究与实践" 课题，2004 年 4 月北京科技大学教学成果特等奖。教育部新世纪初高等教育教学改革工程项目《机械基础课堂教学与实践教学综合改革的研究与实践（1283B07012）》课题，2005 年 7 月国家级教学成果二等奖。作者为其他教师高兴，为自己自豪。正如清华大学刘朝儒教授说："发动机拆装实践教学是北京科技大学制图课程具有特色的一条腿，正是这条特色的腿具备了申请国家教学奖的条件。"

在此，让作者代表从发动机拆装这门实践课程收益的 15000 多学生，感谢所有为这门课开展付出心血、时间、精力和捐资工资的教师，感谢所有支持这门课开展的北京科技大学领导、教师、工人以及清华大学兄弟院校的工人、教师和领导。

实践课堂是综合工程意识和综合工程实践能力培养的全方位课堂，学生的素质不同，知识结构不同，兴趣不同，其收获也有不同的侧重点。正如罗圣国教授："实践教学必然给无数大学生拓宽工程实践意识和创新意识。"

俗话说：眼过千遍；不如手过一遍。可见动手的重要性，那么看看大学生的亲身感悟吧！

1．百闻不如一实践

张哲铠（冶金 0704）：在拆装发动机感想中写到："上周三，我们上了一节生动的摩托车发动机拆装实践课，我收获很多。我们学习机械制图快一年了，虽然老师的 PPT 做得生动形象，但是看 PPT 中的平面图，不如看实物生动形象。这次拆装摩托车发动机让我看到了很多从没见过的结构。"

"北京科技大学的校训中有'崇尚实践'这四个字，我认为这次摩托车拆装实践深深体现了这一点。这次实践，使我们理论得以与实践发生联系，促进了我们认识水平的提高。俗话说：'百闻不如一见'，但是我更加认识'百闻不如一实践'，我现在才深深体会到学校为什么把'实践'提到校训的地位……"

"我校的校训是'学风严谨，崇尚实践'，这次实践就是'崇尚实践'的具体体现。理论与实践相结合是最好的学习方法。毫无疑问地加深了我对'机械制图'这门课的理解和认识，对书本上的平面知识也有了具体的认识。"

"我们是新世纪的大学生，不仅要有知识，还更要亲自实践，这才是素质教育出来的人才。"

2．不注重积累实践经验，就会是一个百无一用的书橱

宋杰（机 036）："从小学到大学，我们接受的教育几乎全是来源于课本，然而这次的拆装实践给我这个以前只会一心只读圣贤书的书生上了一次特殊的课。通过这次实践，我深深地感到，当今的大学生如果不注重理论联系实际，不注重积累实践经验，就会是一个百无一用的书橱。"

3．发动机拆装产生了投身机械行业，为此奋斗终身的信念

"第一次接触发动机拆装课，让我在经过亲自动手实践之后，有了许多前所未有、全新的感受。我惊喜地发现，'机械'这一专业，同学们平常提起来都是刻薄的评价，但当你真正地面对、真正地接触时，那其中蕴含的复杂的原理，会让人感到极大的兴趣与乐趣，…，因此产生了投身机械行业，为此奋斗终身的信念…"

"…我对机械不感兴趣，经过樊老师给我们详细讲解了摩托车发动机结构原理，并且把金工实习的内容和发动机拆装联系起来讲解，就连拧螺栓都有方法…，使我对发动机里面的机械运动产生了浓厚的兴趣…，樊老师在发动机方面的积极钻研精神、坚忍不拔的意志是我今后工作应该学习的榜样，我一生都应该这样工作…"。

"…以前小看在生产一线的工人，甚至有些鄙视工人，通过樊老师的详细讲解和自己 4 个小时的辛苦拆装实践，才知道发动机是人类智慧的结晶，是设计师和工人共同创造出来的，工人和设计师是伟大的，我开始对工人产生了敬佩心理，对樊老师的知识渊博和无私奉献产生了敬仰。'路漫漫其修远兮，我将上下而求索'…。"

"使我对机械的兴趣更加强烈，原来我们学的东西是如此的奇妙，可以控制一堆铁狂奔，只要我们设计合理，就可以解决很多的问题。"

4．什么是实践——亲自体悟

"……带着兴奋的心情站在摩托车发动机面前，才知道自己在一个机器面前是怎样的无能和无知，除了会破坏，什么都不会，…通过亲自拆装实践，才知道'一花一世界，一树一菩提'的道理……。"

"……有很多东西看似简单，但当自己亲自去做时，才发现自己是那么幼稚，…本来理论与实践本来差距不大的事物对于我自己来说是那么疏远。……。"

李栋（设备 04）："…首先让我们兴奋的是老师对于马达各部件的讲解对于我们较顺利的拆装确实起到了一定的作用！使我们能够按照一定顺序，逐步对马达进行分解，而不是简单的：见螺丝就拧，因工作的无序使拆卸后的零件呈一盘散沙般地放置。…。（教师的专业知识非常关键和重要。）"

…我们才感觉自己并没有完全吸收老师在开始的讲解，陆陆续续地遇到了一系列的问题…，多出了几个零件！我们不得不再拆了，让老师在再指导，我们再装，…我们手心上的汗越来越多，但我们知道这也是掌握技术的必经过程。

这次拆装的过程是"充实"的，它让我们更加了解了"什么是机械"、"什么是耐心"、"什么是熟练"，以及"什么是'学会'而不是'学了'"！

曾庆龄（机 036）："……每一台机器都有许多复杂的部件构成，只有当我们充分了解了它内部的每一种零部件的构造和用途时，我们才能真正地懂得机器的使用。（体悟高度。）"

5．精确度和密封性的重要性

"听樊老师说，这种经过我们的手拆装过的发动机早已不能发动起来，即使把零件全部正确装上，其各种精确的程度也不能满足要求。我不禁感叹，这个普普通通的发动机尚且如此，各种精密车床和仪器更不必说，我们应该学的东西太多了！零部件的绘图精确度和密封性多么重要啊！

6．机械制造工种密切配合与思想升华

"通过这次实验，看到了机械制造中各个工种密切配合，共同完成的成果，令人向往。同时，也看到不足，可以说，在理论上、实践上及思想上均得到了升华。"

"机械制造业是令人向往，值得尊重的行业…"

7．对机械自动化、机器重要性有较大感受

谢小岗："对机械自动化、机器重要性在思想认识上有较大提高和较具体的感受。"

"零件的精度要求和装配要求都很严格，使我们知道了学习机械专业，必须养成严谨的习惯。各部分的联系十分紧密，让我们明白了制造机械必须兼顾生产、成本、性能等因素。"

8．学好实践这本书

"经过一上午的拆装实践（实验），我了解了什么是 YG150，认识了活塞、汽缸、曲轴、变速箱等各种零件，大概明白了发动机的工作原理，更重要的是我懂得了怎样才能成为一个合格的大学生。这不仅需要渊博的学识，更重要的是能联系实际。实际生活中到处充满我们不懂的知识，我们今后应该更多地在实践中摸索、学习，真正学好'实践'这本书。"

陈帅："实践真的是一种学习知识的捷径，书本上乏味的知识居然可以这样的生动，同时我们也学到了书本上根本学不到的知识！。"

9．制图课程应该变成以实践教学为主的一门课程

宋舒平（冶金 0703）："老师给我们讲解和演示，这个过程我收获最多，虽然只是在听在看，

特别是听到樊老师讲到'很多高校中只有我们学校开设了这门实践课'时，我和许多同学都受到鼓舞！……

下课后自己想象，感觉主要是实践教学条件自身的不足，当然我们知道这不能苛求，还有不知道多少学校，多少学生还享受不到我们这样的条件！再结合平时机械制图课程，我深深地感受到我们确实实践太少，包括一些很基本的认识实践。我想如果机械制图课程变成以实践为主的一门课，不知效果会怎样好！"

10．不致于稀里糊涂标上尺寸

"通过这次拆装，对我有许多帮助，不致于稀里糊涂标上尺寸，到最后画装配图时却不合理、装不上"，

11．机器设计的过程

"今天我们拆装的是发动机，明天我们就有信心拆装更复杂的东西，将来就有信心和能力设计出性能更优越的发动机。"

严政（冶金 0704）：樊老师给我们演示了一遍拆发动机的过程和步骤，让我们体会到自己在课堂上学到的东西都是来源于生活的，其中最重要的还是樊老师利用发动机给我们上了一节生动的机器设计的过程，所有的零件都是在先想到应有的功能下，再来进行构形设计，让其很多问题得以解决，比如，什么样的地方应用什么样的形状，怎样安装固定，其中还要注意的就是保证其可靠性，准确性和应用性…。"

"在这次实践中，让我们了解到了习以为常的摩托车发动机的秘密，在樊老师的讲解下，我们对发动机最基本的型号得到了一定的了解，其型号就包含了很多信息……"

勾雪（冶金 0703）："在这次实践中，我们深入了解一个机器设计过程中要考虑众多问题，譬如，一个螺钉的位置是否有利于拆装？采用怎样的螺钉合理？甚至螺钉拆装中还得考虑力矩问题，不然当拧到"咔"一声时不停止，以后恐怕再也拧不开了，这些都是设计者必须考虑的，而且我也理解对科学应有严谨的态度，…。"

12．当设计图纸和汽车一样重时，汽车就能上公路行驶了

"看到发动机零件每一个细小局部都制造得非常精密，设计时设计师们也一定将各种因素都考虑得非常周到，最后才确定了最佳的设计发案。譬如为了让活塞的密封性更好，以提高机械效率，活塞环从材料选择，到加工尺寸都有非常严格的要求，以前听说过这样一句话，'当设计图纸和汽

车一样重时，汽车就能上公路行驶了'今天才体会到这句话的真正含义，做事必须要有严谨的作风，才能将事情做好。"

13．发现小的但很致命的错

谷云岭（冶金 0704）："通过这次拆装实践后，收获是很大的，在装变速机构时，虽然只有几个齿轮，但它的设计布局很巧妙，还有发现了我们制图过程中的一些小的但很致命的错，比如齿轮的拆装问题，我自己做的图和实际不一样，实际我画的图在拆装的过程中会遇到很大的问题……"使我对机械的兴趣更加强烈，原来我们学的东西是如此的奇妙，可以控制一堆铁狂奔，只要我们设计合理，就可以解决很多的问题。

14．从实践中获取知识，培养了处理问题的方法和能力

尹滇平（机 036）："我们对一台摩托车发动机进行了拆装实习，通过这次实际的动手操作，以及教师的指导，我们对齿轮传动等复杂结构有了一定的感性认识，同时，在实践中，我们动手动脑的能力也有了一定程度的提高。"

"……例如，拧螺丝不要一下都拧紧，要在拧的过程中解决零件间的内应力等。此外，我们在动手的过程中，逐步学会了思考遇到的问题，例如，某个结构起什么作用？哪个部件安装在哪里？这样安装对不对等一系列问题，在分析、解决问题的过程中，我们提高了技能，学到了知识和处理问题的方法，所有这些将对我们今后的继续学习打下良好的基础。"

15．提高了理论联系实际的能力和综合能力

"通过这次实践，使我在《机械设计制图》课程中学到的知识有了形象的再现，从理论认识上升到感性认识，对我的学习有很大的帮助。"

"使我了解了机器的内部结构，懂得了零件的装配，对我的学习十分有帮助。"

"这种实践对我们大学生非常有意义，不仅提高了我们的动手能力，更能让我们把书本里学到的知识与实际结合，这无疑提高了我们大学生的综合能力。"

"发动机的内部结构相当复杂，拆卸顺序要合理，而且零件不能乱放，看到这一切，我们感到，理论与实践是有差距的，只靠课堂上学到的书本知识远远不够，我们必须参加实践，培养将自己学到的知识应用到实践中去的能力。"

16．这是一堂无比重要的课，知识量远大于普通课堂的十倍百倍

王慧（冶金 0704）："本周进行的摩托车发动机拆装实践课，着实让我受益匪浅。通过亲手实践，使原来课堂上学习的书本知识与实际应用完美结合，也进一步加深了知识的消化、吸收与理解。

本来，作为女同学，对这种实践课是没什么兴趣可言的。但樊老师对实践课重要性的阐述及老师在相关方面取得的成就，无一不让我敬佩，并由衷认识到，这是一堂无比重要的课，知识量远大于普通课堂的十倍百倍。

在下定决心努力学好这堂课时，开始了聚精会神的听课，樊老师寓教于实际，边讲解边操作，并不时对我们进行提问。我惊奇地发现，老师的问题都是曾经课堂上学过的知识，让我很是兴奋。这不但提高了学习兴趣，还对以前所学完善地复习了一遍。

经过老师的讲解后，便开始了自己动手拆装发动机。每完成一个零部件的拆卸，同学们都会对其功用进行讨论，这无疑是一种最好的学习新知识和复习方式。完成整个拆装过程后，内心中涌现起一种巨大的成就感。……同学们纷纷述说这堂实践课的收获的知识与心得。

一切真理的产生离不开实践，实践也是检验真理的标准。最关键的是亲手去做的过程深化了知识，加深了记忆，简明了信息，而且也培养了实践动手和团结协作能力。

作为北京科技大学的一名学生，真的觉得很幸运，在其他高校尚未普及这样一门课程的时候，接受了一次收获颇丰的实践课。自己以后会以此为基点，努力学习，重视实践，完善自己各方面的能力！"

17. 什么是实践——书本上根本学不到的知识

陈帅（机械0702）："我希望以后的课堂教学中能更多地融入实践环节。通过这次难忘的实践，我认识到了实践真的是一种学习知识的捷径，书本上乏味的知识居然可以这样的生动，同时我们也学到了书本上根本学不到的知识！"

邓昊（冶金0704）："通过发动机拆装实践，让我第一次直观地观察到了发动机的内部结构，它是如此精致与巧妙，是人类智慧的结晶。

……齿轮、轴等这些基本零件，虽然在机械制图课程中学习过，从来没有如此直观、切身地感受过其组合在一起是什么样子，如何运行。

这些东西是书本和课堂上学不到的，只有自己去亲身感受才能领悟其中的奥妙……

"这些零件散开来一无是处，只有组合起来才能运行得天衣无缝。"

"……拆装发动机是一次很好的将理论与实践相结合的机会，不仅可以让大家把学到的理论知识付诸实践，还锻炼了大家的动手能力，丰富了大家的见识，是一次难得的实践机会。"

18. 相比于课堂上靠大脑的想象要容易，印象更深刻

陈鹏（热004）："我很喜欢这种动手实际操作的课，比老师上课对着理论更容易让学生得到知识且能帮助理解上课讲的理论，……。"

阚福恒（机械0702）："由三视图想象出来的实物图与真的实物体有一定的差距。一切东西在动手之后，只要勤于思考，勤于动手，没有什么不能解决的，前提是要有付出，才有收获。"

鱼江永（冶金0704）："实践是课堂的延伸，是学习的另一重要组成部分。平时学到制图课时，涉及各种零部件、各种机构，但是终究没有实实在在地接触过真实的某些东西，更没有拆装过像发动机这样具有复杂结构的实体。这次拆装发动机，虽然没有说已经很熟悉它的各部分的结构以及功用，但是，对它整体的构型，主要部件的功用有了一个感性加理性的认识，这相比于课堂上靠大脑的想象要容易，印象要深刻得多，这就是一种实践行动，让人认识了动手的重要性，现实性，可以说，实践是课堂的延伸，是学习的另一重要组成部分。"

19. 收获带来满意的笑容

覃国航（机036）："最让我感兴趣的是那些挂挡的一大堆齿轮，其实，真的，当你弄明白它们的原理后，会有一种很满足的愉悦，然后你就会感叹人类的智慧是那么的登峰造极，那怕你只是一知半解。"

"……当我们转动它的时候，笑容满面。"

20. 实践很艰苦

"不消一袋烟的工夫，它就在我跟两个同伴的手中变成一堆各种形状的铁疙瘩。然而装的时候就没这什么顺了，不是齿轮咬不住链条，就是机盖套不上去，最令人头疼的汽缸，我们无论如何使劲都没能把活塞塞进去，后来经过仔细观察才发现原来汽缸放倒了。当我们充满成就感地拧上了最后一个螺栓的时候，已经是满头大汗，满手油污，实践很艰苦，今儿这课确实不容易。"

机械 0812 学生："……一种污浊难闻的空气令我几乎呕吐，我难以想象长年在这里工作的教师们是如何能忍受下去的，建议改善空气质量。"

张杰（冶金 0704）："……随着樊老师的耐心讲解，我们可以一点点的把这个东西大卸八块了，同时我们也知道樊老师为了讲好这们课，让我们更好地了解发动机也付出了非常多的个人财力和心力，我们真的很幸运，能碰上这样负责人的老师，她在教会我们知识的同时也教会我们做人，从某种角度上讲，这或许比单纯传授知识更令人感到敬佩！……。"

徐龙（信息 0507）："…老师的课穿越了古典与文明，传播道德与文化。不仅仅让我们对机械知识有了更深刻的理解，更重要的是帮助我们提高了人生境界，也是我们能更好的融入社会。"

马佺（材料 0710）："学生在上完樊老师的机械制图课后，颇有感受。感觉中国的文化其实很深，以前了解的很少，对文化的不重视是我们学习的弊端。好的文化对融入生活、融入学习是有必要的。

往常的学习中，我们习惯了传授式的教育，很少有老师会讲一些真正立足人生高度的知识，而在樊老师的课上我们感受到了异样的感觉，觉得老师是真正在用心教我们学习。我们收获的不止是制图课的本身，更是老师人格的魅力、文化的神韵。

在实践课上，我们亦可以动手完成拆装发动机，在拆装过程中懂得其中的原理，这比单纯的理论讲解更重要。理论在实践中认识，实践又巩固了理论，使得我们对于整个课程有了更深刻的认识。

有所学，有所思，学习知识，思考人生，这些道理和知识是樊老师教给我们的。"

21．提升灵魂道德品性

"平时总是有点瞧不起那些在生产线上的工人农民，总认为自己是学知识啃书本的，应比他们高一些。可当我站在发动机面前无所适从，一片茫然时，我的心一下子凉了，也只有此刻，我终于明白了那些劳动者的伟大。"

"那些装配工人师傅的工作真是特别值得尊敬，同样，他们一丝不苟的工作态度也值得学习。发动机制造这个行业，是一个值得尊敬和学习的行业。"

"我对在一线工作的工人有了一种另一个角度的敬佩，他们靠实践总结经验，是他们把理论成果直接变为应用成果。我们应该对'实践'给予高度重视！"

22．动手能力、吃苦耐劳能力与品质提高

"……只一次的实践，我就能切实感到自己无论是动手能力、吃苦耐劳等各方面的能力与品质得到了较大的培养和提高，这也是让我感到最为欣喜的，这种欣喜又让我对这门课有了更大的兴趣，希望以后能持续这门课。"

"…这次在逸夫楼拆装发动机的实践，不仅是对理论更深刻的认识，也是对实践的感知。加深我对发动机组成与结构，部件与工作原理的认识和理解，同时也初步掌握拆装的基本要求和一般的工作的顺序，当然，更多的是提高我们这些干啃书本学生的动手能力，最重要的是体现同学间团结意识和精神。"

23．培养了集体观念、协作精神和责任感

"通过这次实验，培养了我的责任感，使我具有一丝不苟的工作精神，并使小组成员团结起来，协作工作，具有一定的互助意识。"

"使我明白集体协作可以提高工作效率，在集体协作中，分工合理可以大幅度提高生产效率。"

24．期盼实践、开设更多的实践教学课程

赵雪斌（冶金0704）："在这学期刚开始时，老师就告诉我们将有一次拆装发动机的实践，听了这个消息我很激动，学了机械制图快一年了，却始终对着一些图片或是简单的模型，画来画去，现在终于看到了真实的家伙了……"

李双良（冶金0704）："……十分感谢学校给的机会，我建议学校多增设一些这样的实践课程，以提高学生的动手能力，激发学生的学习兴趣。"

刘谰冰（管理002）："樊老师，希望多开设几门实践课，实践课一直保留下去。…"

"对工科的学生，教学实践是必须的，正如樊老师说的，有些知识在大学接触过，日后就是一种优势——你比别人更熟悉它，而且这种理论结合实际的学习方式，有助于我们更好地掌握一门知识或是理论。"

黄丹（管理002）："希望让学生多拆几次，增加拆装时间，4学时不够。增加拆装实践次数更好……"

在发动机拆装实践教学过程中，学生可以直接获得工程能力的培养，既是理论学习不足的补充又是工程实践意识培养的捷径。

后记2　感动·感恩·感悟

一、有一种感动叫做付出

她，作为一位普普通通的常人，却做出了常人之所难做的：一个不可能的实践教学，在她这里变成了可能；一个其他院校连提都不提的实践教学，她却做了十几年；一个别的老师口中的："不可能，绝对不可能，这绝对不可能"，在她这里不仅变成了可能，而且达到了预期的效果；她，作为一位平凡的机械制图老师，却尽努力把自己的事情做到最好，尽量把更多的知识传授给同学们；她为了同学能学到更多的东西，自费去外校学习车辆工程专业课知识，花自己的工资为同学们购买工具和洗手液，从不计较个人得失。

她，作为理工院校的一位工科老师，身上却少不掉文人的风采，在她的课堂上，不仅仅得到的是专业知识，更多的则是人文气息，在现如今这种大众氛围下，我估计全校这样做的也只有她一人，她让我们引发对人生的思考，她让我们的灵魂得到升华，是她让我们这些大学生明白，我们首先要懂得怎样做一个人，其次才是学习我们的专业知识。

她，作为一位路人，见他人晕倒时，便挺身而出。周边多少人，没一个人帮她，因为其他人都怕招来麻烦，惹来祸害，俗话说："多一事不如少一事"，更何况现如今好心没有好报的事又不是只发生过一两次。他人的思想是能理解的，但她没有考虑这么多，心中有着理念，那就是责任，在她心中，她认为社会就是一个大家庭，所有的人我们都应该像亲人一样对待，不计较个人得失。她的原话是这样："哪怕我自己为救人，将来为这事引发来一场官司，我也得先救活她，如果我今天路过这儿，遇上了这件事，却没有救这人，而且她就是因为今天没人救她而离开了世界，那我将后悔一辈子，并且我的良心将一辈子受到谴责，内心一辈子将得不到安宁，我不会选择这样做。"试问现如今社会中又有几人能如此对自己说，最重要的是真正地做到，而她，一个平凡的老师，做到了。

她，作为一位普通的老师，经济并没有大家眼中的那么宽裕，而她却至今已为某一基金会捐出数十万元。自己穿着普普通通，甚至普通到如果你不知道她的身份，你绝对不会说她原来是首都高校的副教授。试问一下大家，哪个女人不爱美？就连生活在社会最底层的农民妈妈们，在有时间有经济的条件下，也一定会给自己添几件新衣裳，简单地买些化妆品。而她，作为一位大家的老师，难道她不爱美吗？难道她不想把自己收拾得更漂亮吗？难道她没有与其他教授争奇斗艳的想法吗？回答是否定的，这些想法她当然有过，因为她首先是一个女人，其次才是一个教授，不是有一句话这么说吗？"天性难改，本性难移"，爱美不仅仅是女性的天性，它更是人类的天性。对于以上所有问题，让我们来解释，只可能是万般的猜测，只有她才能告诉我们真正的缘由，而她的缘由只有简简单单的一句话："全世界的孩子都是我的孩子，试问哪一个母亲不想让自己的孩子有学上，让自己的孩子生活的更好一点，我没有做什么，我只是做了一位母亲应该做的事。"在别人眼中的万般猜测，到她这里却只是一句话，普普通通的一句话，却说得这么铿锵有力，如果说那些名人做善事就已经被授予"慈善大使"等称号，那么谁能告诉我，她这样做我们该授予她什么呢？？？

她这辈子只对不起两个人，就是她的女儿和丈夫，因为她，他们两人承受的太多，但同时也是因为他们的支持，她才能坚持到现在，一步步走过来。

如果说这不叫感动，那么请大家告诉我这叫什么？

如果说这不叫感动，那么请你们为之评价，或许这真的不是感动，因为仅仅感动二字是无法表达这所有的一切的!!!

二、有一种感恩发自内心

资源 02 全体同学赠给樊百林老师的贺卡上写着：

二木双×一大师　呕心沥血教人子

一横一撇感顽石　日上当头艳如斯

人道单本欠殷实　双木方能成大势

今日为国育学子　任劳任怨又无私

学子感恩心自知　他日功成名就时

科大校园舞雄狮　献上硕果谢恩师

信息 0507，学号 40550201，徐龙同学在写给樊老师的贺卡中如下写到：

在上课的时候，樊老师会用电脑演示出零件一步一步如何组装上的，从外部到内部，很细致的拆解，就像是自己在动手做一样，非常清晰。这样的零件演示每节课都会出现很多，我知道用电脑做视频演示非常浪费时间，但是为了学生能够对零件有更深刻的了解，老师不惜花费大量的时间来制作电脑视频。因此只要我上课认真听了，课下都不用怎么复习就能理解所学的内容。

老师的课穿越了古典与文明，传播道德与文化。不仅仅让我们对机械知识有了更深刻的理解，更重要的是帮助我们提高了人生境界，也使我们能更好地融入社会。

下边是众多大学生在上完半天的拆装发动机实践教学课程后写的心得体会和对樊老师的高度评价以及对老师的真挚感谢：

大学生一：随着樊老师的耐心讲解，我们可以一点点地把这个东西大卸八块了，同时我们也知道樊老师为了讲好这门课，让我们更好地了解发动机，也付出了非常多的个人财力和心力，我们真的很幸运，能碰上这样负责任的老师，她在教会我们知识的同时也教会了我们做人，从某种角度上讲，这或许比单纯传授知识更令人感到敬佩！

大学生二：这次在逸夫楼拆装发动机的实践，不仅是对理论知识的更深刻的认识，也是对实践的感知，加深我对发动机组成与结构，部件与工作原理的认识和理解，同时也初步掌握拆装的基本要求和一般的工作的顺序，当然，更多的是提高我们这些干啃书本学生的动手能力，最重要的是体现同学间团结意识和精神，老师的经验和知识的积累，让我明白，"不下一番苦功夫，难以修得正果！"

十分佩服我的指导老师—樊老师！感谢您的精心指导，相信您的求知和敬业精神，不仅让我在发动机拆装中受益，而且让我在求知路上有了路标！

大学生三：老师在拆装前为我们做了全面而详细的讲解，并亲自拆发动机的每一个零部件，为我们演示拆装过程和每一个部件的工作原理，看着樊老师熟练的拆装步骤，感觉拆装发动机也不是什么难事，当轮到自己拆解发动机时，才发现这并非易事……

通过这次实践，让我深深感受到理论与实践相结合的重要性，在课堂上学到的知识，并没有直观性的认识，当看到实物时，发现很多与自己从课本上学到的有出入，有些零部件的形状，细节构造与连接方式，只有在看到实物时才能认识到。

"纸上得来终觉浅，觉知此事要躬行"，理论储备知识，实践才能致用，只有将理论与实践相结合并关注细节，才是真正的学习过程。

大学生四：通过这次实践，我们才感觉到我们并没有完全吸收老师在演示时的讲解，陆陆续续地遇到了一系列的问题……多出了几个零件！我们不得不再拆了，让老师再指导，我们再装……我们手心上的汗越来越多，但我们知道这也是掌握技术的必经过程。

这次拆装摩托车发动机的过程是充实的，它让我们更加了解了"'什么是机械'，'什么是耐心'，'什么是熟练'"，以及"什么是'学会'而不是'学了'"！

大学生五：以前小看在生产一线的工人，甚至有些鄙视人，通过樊老师的详细讲解和自己4个小时的辛苦拆装实践，才知道发动机是人类智慧的结晶，是设计师和工人共同创造出来的，工人和设计师是同样伟大的，我开始对工人产生了敬佩，对樊老师的知识渊博和无私奉献产生了敬仰，"路漫漫其修远兮，吾将上下而求索"。

大学生六：樊老师在发动机方面的积极钻研精神和坚忍不拔的意志是我今后工作应该学习的榜样，我一生都应该这样工作。

大学生七：是樊老师让我更加深刻地理解了我校的校训："学风严谨，崇尚实践"，这次实践就是"崇尚实践"的具体体现，真的谢谢樊老师了。

大学生八：是樊老师让我懂得：不注重积累实践经验，那我们的知识就是一个百无一用的书橱，更重要的是使我懂得了怎样才能成为一名合格的大学生，这不仅需要渊博的知识，更重要的是能联系实际……

大学生九：通过这次实践，我深深地体会到实践的重要性，正如樊老师说的，老师的一句话，是老师20多年的工作，学习经验的积累和总结，那是花钱买不来的，我们也深深知道这个道理，所以真挚地对樊老师说一声：谢谢老师！

大学生十：地下室，空气真难闻，走到制图实验室门口，一种死亡的信息笼罩，真不知道樊老师是怎么在这待的，而且还需待十年多，真的太辛苦了，太佩服樊老师了。

三、有一种感悟在心中涌动

写到这里，我甚至不知道接下来该写什么，不是因为我不会写了，而是因为心里的声音太多了，想要写出来的东西太多了，想要对大家说的话太多太多，想要对樊老师的所作所为表达的敬意太多太多，叫我难以决定，不知从何下笔。

对于樊老师所做的一切，我想不必我再多说什么，通过以上的阅读，大家也应该知道，大家心里都有感悟：对于这么一位任劳任怨，无私奉献的老师，我们无话可说，因为太多而无法表达；对于这么一位"家人"，我们沉默了，因为我们感觉到自己的渺小与自私；对于这么一位"母亲"，我们体会到人间的至爱，领略到人性的光辉，更是体会到来自这个社会的温暖。

一位平凡的老师，平凡的教授，平凡的母亲，十几年来用自己的实际行动向我们诠释了什么叫做奉献？什么叫做关爱？什么叫做无私？什么叫做任劳任怨？什么叫做坚持不懈？什么叫做为人师表？什么叫做以身作则？什么叫做职业道德？什么叫做善良？什么叫做勤奋？什么叫做博学？什么叫做真正的追求？什么叫做"母亲"？？？

试问在如今社会，有多少人能够做到这般？有多少人都只是为了拿到工资而工作？有多少人对于帮助他人只是说说而已？有多少人都是"事不关己，高高挂起"？又有多少教师现在不嫌麻烦，不怕累不怕苦，不怕浪费时间，不嫌工资低，真正地为学生的切身利益，为学生将来的发展考虑？又有多少老师不是上完课转身就走？又有多少老师在大学这个校园中在自己的课堂上先教会学生做人，再教专业知识？又有多少人在自己的经济条件允许的情况下，尽自己最大能力去帮助别人？又有多少人一辈子只对不起自己的女儿和丈夫？又有多少老师在担当一个实践团队的指导老师时，每天好几个电话询问同学状况，恨不得跟同学们一起去？又有多少人在经济允许的状况下，做一个合格的"母亲"？

她，一位普普通通的大学老师，以上所说她全做到了。

她才是我们国家需要的真正的老师，真正能够以身作则，真正地为国家培养栋梁，真正地教书育人，真正的社会所缺的人……

她的所作所为应该引发我们现代人的思考，我们做到了几分，更应该我们当代大学生思考，当我们已不把尊师之道作为我们的理念时，我们是否会感到愧疚？我们是否会感觉到不安？我们是否感觉到心中的谴责？

我只希望这篇文章能够让大家认识一位平凡的老师，她的每一件事都值得我们称赞，都值得我们敬佩，也希望一些没做到的人能够好好反省自己，告诉自己以后该怎么做……

感动，感恩，感悟，不只仅仅发生在我们北京科技大学校园内，应该随处可见，如果每一天，感动，感恩，感悟都随处可见，那么我们的社会将会是什么样？世界又将如何？

贾　婷

北京科技大学安全 0802

2009．12．12

实践这把钥匙，开了众多的锁。

感谢为学生开展实践教学付出一切辛苦工作的所有工作者。

感谢对实践教学支持的各位领导、专家、教授、朋友、教师、工人、一切仁人志士。

参 考 文 献

1. 邓文英. 金属工艺学 [M]. (第 3 版). 北京：高等教育出版社，1991.

2. 丁殿忠. 金属工艺学课程设计 [M]. (第 1 版). 北京：机械工业出版社，1996.

3. 傅水根. 机械制造工艺基础 [M]. (第 1 版). 北京：清华大学出版社，1998.

4. 孟令启. 机械制造工艺学 [M]. (第 1 版). 郑州：郑州大学出版社，2007.

5. 万静. 机械工程制图基础 [M]. (第 1 版). 北京：机械工业出版社，2006.

6. 余问楷. 机械加工艺基础 [M]. (第 1 版). 北京：高等教育出版社，1998.

7. 清华大学金属工艺学教研室. 金属工艺学实习教材 [M]. (第 2 版). 北京：高等教育出版社，1994.

8. 宋宝玉.《机械设计基础》[M]. (第 1 版). 哈尔滨：哈尔滨工业大学出版社，2002.

9. 丁洪生.《机械设计基础》[M]. (第 1 版). 北京：机械工业出版社，2003.

10. 钟毅芳. 机械设计 [M]. (第 3 版). 长沙：华中科技大学出版社，2001.

11. 马香峰. 机械设计制图 [M]. (第 2 版). 北京：高等教育出版社，2000.

12. 尹常治. 机械设计制图. [M]. (第 3 版) 北京：高等教育出版社，2004.

13. 窦忠强. 工业产品设计与表达 [M]. (第 2 版). 北京：高等教育出版社，2009.

14. 清华大学金属工艺学教研室. 焊接工艺学. 1998.

15. 樊百林. 摩托车发动机拆装实践指导. 北京：北京科技大学教学讲义，2007.

16. 刘丹青. 摩托车发动机构造原理与维修 [M]. (第 1 版). 福州：福建科学技术出版社，1999.

17. 清华大学汽车工程系本书编写组. 汽车构造 [M]. (第 1 版). 北京：人民邮电出版社，2000.

18. 陈家瑞. 汽车构造 [M]. (第 3 版). 北京：人民交通出版社，1999.

19. 中国机械工程学会塑性工程学会编. 锻压手册（第 1 卷）[M]. (第 3 版). 北京：中国工业出版社，2007.

20. 机电技术常用标准实用手册编写组. 机电技术常用标准实用手册 [M]. (第 1 版). 北京：北京理工大学出版社，1994.

21. 陈济. 甲骨文字形字典 [M]. (第 2 版). 北京：长征出版社，2004.

22. 北京市环境保护宣传教育中心. 环境保护 [M]. (第 1 版). 北京：中国环境科学出版社，2007.

23. 纪江红. 影响世界的 100 位名人成才故事（中国卷）[M]. (第 1 版). 北京：北京出版社，2005.

24. 纪江红. 影响世界的 100 位名人成才故事（外国卷）[M]. (第 1 版). 北京：北京出版社，2005.

25. 雯莉. 101 位年轻人应该知道的名人 [M]. (第 1 版). 北京：中国华侨出版社，2005.

26. 中国科学院研究生人文学院和北京数字科普协会合编《科学与艺术·交叉与融合》

27. 2010 科学与艺术国际研讨会论文集 [M]. (第 1 版). 北京：清华大学出版社，2011.

28. 顾建平. 汉字图解字典 [M]. (第 1 版). 北京：东方出版中心，2008.

作 业 纸

汽车发动机拆装实践作业一

（非机类学生）

院系＿＿＿＿＿＿＿＿＿＿＿＿＿＿

班级＿＿＿＿＿＿ 姓名＿＿＿＿＿＿

1．汽车由＿＿＿＿＿＿＿＿、＿＿＿＿＿＿＿＿＿、＿＿＿＿＿＿＿＿＿、
＿＿＿＿＿＿＿＿＿组成。

2．发动机的作用是 ＿＿＿＿＿＿＿＿＿＿＿＿＿＿＿＿＿＿＿＿＿＿＿
＿＿＿＿＿＿＿＿＿＿＿＿＿＿＿＿＿＿＿＿＿＿＿＿＿＿＿＿＿＿＿＿＿＿＿
＿＿＿＿＿＿＿＿＿＿＿＿＿＿＿＿＿＿＿＿＿＿＿＿＿＿＿＿＿＿＿＿＿＿＿
＿＿＿＿＿＿＿＿＿＿＿＿＿＿＿＿＿＿＿＿＿＿＿＿＿＿＿＿＿＿＿＿＿＿＿。

3．汽缸体一般由＿＿＿＿＿＿＿＿＿＿或＿＿＿＿＿＿＿＿＿＿＿材料制成。

4．曲轴常用材料是＿＿＿＿＿＿＿＿＿＿＿＿＿＿＿＿＿＿＿。

5．曲轴的作用是什么？

6．汽油发动机由两大机构和六大系统组成，其中两大机构是＿＿＿＿＿＿＿＿
＿＿＿＿＿＿＿＿＿＿＿＿＿＿＿＿＿＿＿＿＿＿＿＿＿＿＿＿＿＿＿＿＿＿＿
＿＿＿＿＿＿＿＿＿＿＿＿＿＿＿＿＿＿＿＿＿＿＿＿＿＿＿＿＿＿＿＿＿＿＿
＿＿＿＿＿＿＿＿＿＿＿＿＿＿＿＿＿＿＿＿＿＿＿＿＿＿＿＿＿＿＿＿＿，六
大系统是＿＿＿＿＿＿＿＿＿＿＿＿＿＿＿＿＿＿＿＿＿＿＿＿＿＿＿＿＿＿＿
＿＿＿＿＿＿＿＿＿＿＿＿＿＿＿＿＿＿＿＿＿＿＿＿＿＿＿＿＿＿＿＿＿＿＿
＿＿＿＿＿＿＿＿＿＿＿＿＿＿＿＿＿＿＿＿＿＿＿＿＿＿＿＿＿＿＿＿＿＿＿。

7．写出在拆装过程中，你看到的标准件名称：＿＿＿＿＿＿＿＿＿＿＿＿＿＿
＿＿＿＿＿＿＿＿＿＿＿＿＿＿＿＿＿＿＿＿＿＿＿＿＿＿＿＿＿＿＿＿＿＿＿
＿＿＿＿＿＿＿＿＿＿＿＿＿＿＿＿＿＿＿＿＿＿＿＿＿＿＿＿＿＿＿＿＿＿＿。

8．写出在拆装过程中，你看到的零件名称：＿＿＿＿＿＿＿＿＿＿＿＿＿＿
＿＿＿＿＿＿＿＿＿＿＿＿＿＿＿＿＿＿＿＿＿＿＿＿＿＿＿＿＿＿＿＿＿＿＿

_____
_____ 。

9. 写出在拆装过程中，你看到的运动机构名称：_____
_____
_____ 。

10. 结合拆装实践，指出齿轮轴向固定是如何实现的？

11. 对汽缸体进行构形分析，并用二维视图表达其结构。
12. 对图 1 中所示各零件进行构形分析，并用二维视图表达。

图 1　零件

13. 结合拆装实践，对汽缸盖进行构形分析，并用视图表达其结构。
14. 结合拆装实践，对曲轴进行构形分析，并用视图表达其结构。

汽车发动机拆装实践作业二

（机类学生）

院系＿＿＿＿＿＿＿＿＿＿＿＿＿

班级＿＿＿＿＿＿ 姓名＿＿＿＿＿＿＿

1. 汽油发动机由一个机体组、二大机构和六大系统组成；其中二大机构分别是＿＿＿＿＿＿＿

＿＿＿

机构和＿＿＿＿＿＿＿＿＿＿＿＿＿＿＿＿＿＿＿＿＿＿＿＿＿＿＿＿＿＿＿＿＿＿＿＿＿＿

机构。

2. 曲轴常用材料是＿＿＿＿＿＿＿＿＿＿＿＿＿＿＿＿＿＿＿＿＿。

3. 在拆装过程中，你见过的螺纹连接件有哪些？

4. 在拆装过程中，是否遇到过轴承？属于什么类型？

5. 对你拆的活塞结构进行分析，试用视图表达其结构，并进行三维数字化立体造型。

6. 对图 2 所示的汽缸盖结构进行分析，并进行三维数字化立体造型。

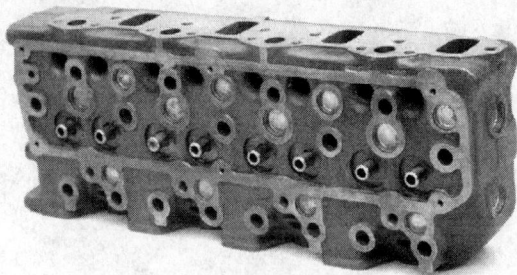

图 2　汽缸盖

7. 对你拆的发动机汽缸体结构进行分析，并用视图表达其结构。

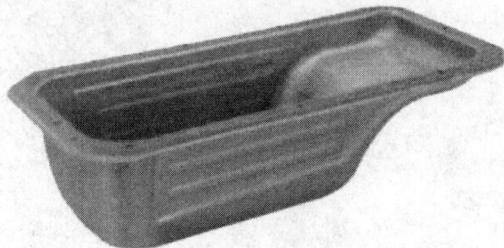

图 3　油底壳

8. 对你拆的发动机连杆结构进行分析，测量并绘制二维平面视图。

9. 对图 3 所示的油底壳结构进行分析，测量并绘制二维平面视图。油底壳是如何制造的？

10. 写出在拆装过程中，你看到的标准件名称：＿＿＿＿＿＿＿＿＿＿＿＿＿＿＿＿＿＿＿＿＿

_____

_____ 。

11. 写出在拆装过程中，你看到的零件名称：_____

_____

_____

_____ 。

12. 写出在拆装过程中，你看到的运动机构名称：_____

_____

_____

_____ 。

摩托车发动机拆装实践作业一

（非机类学生）

院系_____

班级_____ 姓名_____

1. 观察图 1，你有什么感想和启发？请写出来！

图 1   河南农民吴中元自己利用摩托车发动机制造的"土飞机"试飞场景

2. 结合拆装实践，对汽缸体进行构形分析，绘制零件结构示意图。
3. 结合拆装实践，对图 2 所示零件进行构形分析，并画出零件图。
4. 结合拆装实践，指出图 3 所示部件是什么零件，应用在何处。
5. 结合拆装实践，指出图 4 所示的传动零部件，齿轮如何实现轴向固定？并绘制花键轴的零件图。

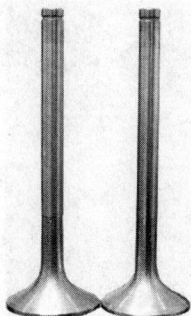

图 2   零件

图 3   部件

图 4   传动零部件

6．发动机型号是 152FM，其中 1 代表的含义是＿＿＿＿＿＿＿，52 代表的含义是＿＿＿＿＿＿，F 的含义是＿＿＿＿＿＿＿＿＿＿，M 的含义是＿＿＿＿＿＿＿＿＿。
你拆的是＿＿＿＿＿缸、＿＿＿＿＿＿冲程摩托车发动机。

7．发动机的作用是＿＿＿＿＿＿＿＿＿＿＿＿＿＿＿＿＿＿＿＿＿＿＿＿＿
＿＿＿＿＿＿＿＿＿＿＿＿＿＿＿＿＿＿＿＿＿＿＿＿＿＿＿＿＿＿＿＿＿＿＿
＿＿＿＿＿＿＿＿＿＿＿＿＿＿＿＿＿＿＿＿＿＿＿＿＿＿＿＿＿＿＿＿＿＿＿
＿＿＿＿＿＿＿＿＿＿＿＿＿＿＿＿。

8．从外形上分类，摩托车发动机机体主要由＿＿＿＿＿＿＿＿＿＿＿、＿＿＿＿＿、
＿＿＿＿＿＿＿＿、＿＿＿＿＿＿＿＿＿、＿＿＿＿＿＿＿＿＿部件组成。

9．汽油发动机由一个机体组、两大机构和六大系统组成，其中两大机构分别是＿＿＿＿
＿＿＿＿＿＿＿＿＿＿机构和＿＿＿＿＿＿＿＿＿＿＿＿＿＿＿＿机构。

10．写出在拆装过程中，你看到的标准件名称：＿＿＿＿＿＿＿＿＿＿＿＿＿＿
＿＿＿＿＿＿＿＿＿＿＿＿＿＿＿＿＿＿＿＿＿＿＿＿＿＿＿＿＿＿＿＿＿＿＿
＿＿＿＿＿＿＿＿＿＿＿＿＿＿＿＿＿＿＿＿＿＿＿＿＿＿＿＿＿＿＿＿＿。

11．写出在拆装过程中，你看到的零件名称：＿＿＿＿＿＿＿＿＿＿＿＿＿＿＿
＿＿＿＿＿＿＿＿＿＿＿＿＿＿＿＿＿＿＿＿＿＿＿＿＿＿＿＿＿＿＿＿＿＿＿
＿＿＿＿＿＿＿＿＿＿＿＿＿＿＿＿＿＿＿＿＿＿＿＿＿＿＿＿＿＿＿＿＿。

12．写出在拆装过程中，你所看到的运动机构名称：＿＿＿＿＿＿＿＿＿＿＿＿
＿＿＿＿＿＿＿＿＿＿＿＿＿＿＿＿＿＿＿＿＿＿＿＿＿＿＿＿＿＿＿＿＿＿＿
＿＿＿＿＿＿＿＿＿＿＿＿＿＿＿＿＿＿＿＿＿＿＿＿＿＿＿＿＿＿＿。

13．摩托车的传动机构是通过＿＿＿＿＿＿＿＿＿＿＿＿机构进行传动变速的。

14．汽缸体一般由＿＿＿＿＿＿＿＿＿或＿＿＿＿＿＿＿＿＿材料制成。

15．曲轴常用材料是＿＿＿＿＿＿＿＿＿＿＿＿＿＿＿＿。

摩托车发动机拆装实践作业二

（机类学生）

院系＿＿＿＿＿＿＿＿＿＿＿＿＿

班级＿＿＿＿＿＿姓名＿＿＿＿＿＿

1．从外形上分类，摩托车发动机机体主要由＿＿＿＿＿＿＿＿＿＿、＿＿＿＿＿＿＿＿＿、＿＿＿＿＿＿＿＿＿＿＿＿、＿＿＿＿＿＿＿＿＿＿＿＿、＿＿＿＿＿＿＿＿＿＿＿部件组成。

2．写出在拆装过程中，你看到的零件名称：＿＿。

3．曲轴常用材料是＿＿。

4．观察图 1 所示活塞连杆组，结合拆装实践，对活塞进行构形分析，并进行三维立体造型，用二维平面视图表达活塞结构。

5．结合拆装实践，对汽缸体进行构形分析，并进行三维立体造型，画出零件图。

6．对曲轴箱进行构形分析，并进行三维立体造型，画出零件图。

7．结合拆装实践，对图 2 所示的齿轮零件结构进行分析，测绘并画出零件图。

8．摩托车发动机有哪些连接方式？

9．结合拆装实践，观察图 3 所示的零部件，指出属于什么类型的弹簧，弹簧的功用是什么。

10．试将图 4 所示的曲柄连杆机构用机构图表示。

图 1　活塞组分解示意图

图 2　齿轮零件

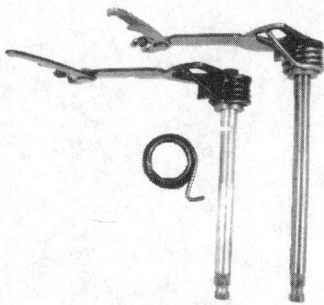

图 3　弹簧及变速部件

图 4　曲柄连杆机构

11. 了解曲轴箱的功用，分析图 5 所示的曲轴箱零件结构，并用视图表达其结构。

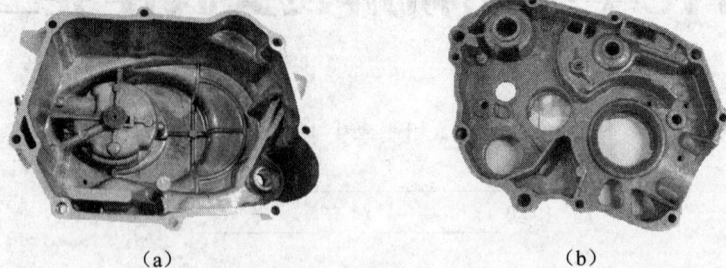

（a）　　　　　　　　　　　　　（b）

图 5　曲轴箱零件

作 业 纸

作 业 纸